新时代上海"人民城市"建设的探索与实践丛书

# 发展公共交通是现代城市发展的方向

## 公交都市卷

Developing Public Transport is the Direction for Modern City Development

Transit Metropolis

上海市交通委员会　编著
上海市道路运输管理局

中国建筑工业出版社

人畅其行，人享其行

公交都市

## 丛书编委会

**主　　任：** 张小宏　上海市人民政府副市长
　　　　　　秦海翔　住房和城乡建设部副部长
**常务副主任：** 王为人　上海市人民政府副秘书长
**副 主 任：** 杨保军　住房和城乡建设部总经济师
　　　　　　苏蕴山　住房和城乡建设部建筑节能与科技司司长
　　　　　　胡广杰　中共上海市城乡建设和交通工作委员会书记、
　　　　　　　　　　上海市住房和城乡建设管理委员会主任
**委　　员：** 李晓龙　住房和城乡建设部办公厅主任
　　　　　　曹金彪　住房和城乡建设部住房保障司司长
　　　　　　姚天玮　住房和城乡建设部标准定额司司长
　　　　　　曾宪新　住房和城乡建设部建筑市场监管司司长
　　　　　　胡子健　住房和城乡建设部城市建设司司长
　　　　　　王瑞春　住房和城乡建设部城市管理监督局局长
　　　　　　宋友春　住房和城乡建设部计划财务与外事司司长
　　　　　　牛璋彬　住房和城乡建设部村镇建设司司长
　　　　　　张玉鑫　上海市规划和自然资源局党组书记、局长
　　　　　　于福林　上海市交通委员会党组书记、主任
　　　　　　史家明　上海市水务局（上海市海洋局）党组书记、局长
　　　　　　邓建平　上海市绿化和市容管理局（上海市林业局）党组书记、
　　　　　　　　　　局长
　　　　　　王　桢　上海市住房和城乡建设管理委员会副主任，
　　　　　　　　　　上海市房屋管理局党组书记、局长
　　　　　　徐志虎　上海市城市管理行政执法局党组书记、局长
　　　　　　张玉学　上海市公安局交通警察总队党委书记、总队长
　　　　　　咸大庆　中国建筑出版传媒有限公司总经理

## 丛书编委会办公室

**主　　任：** 胡广杰　中共上海市城乡建设和交通工作委员会书记、
　　　　　　　　　　上海市住房和城乡建设管理委员会主任
**副 主 任：** 金　晨　上海市住房和城乡建设管理委员会副主任
**成　　员：** 徐存福　杨　睿　鲁　超　韩金峰　杨俊琴　庄敏捷
　　　　　　张则乐　赵　雁　刘懿孟　赵　勋

# 本卷编写组

**主　编：** 于福林　上海市交通委员会党组书记、主任
**副主编：** 刘　斌　上海市交通委员会副主任、
　　　　　　　　　　上海市道路运输管理局局长
　　　　　　蔡敬艳　上海市道路运输管理局副局长
**撰　稿：** 杨俊琴　李　彬　陈文彬　杨慧俊　王义祥　董　晖
　　　　　　倪沈霆　杨朋珏　谢　莹　黄　凰　李挺然　陈婷婷
　　　　　　解雯静　李　涛　张　谨　林　敏　邱　佳
**顾　问：** 李俊豪　王秀宝　陈毅影　郭海鹏　茅伯科

# 丛书前言

上海是中国共产党的诞生地，是中国共产党的初心始发地。秉承这一荣光，在党中央的坚强领导下，依靠全市人民的不懈奋斗，今天的上海是中国最大的经济中心城市，是中国融入世界、世界观察中国的重要窗口，是物阜民丰、流光溢彩的东方明珠。

党的十八大以来，以习近平同志为核心的党中央对上海工作高度重视、寄予厚望，对上海的城市建设、城市发展、城市治理提出了一系列新要求。特别是2019年习近平总书记考察上海期间，提出了"人民城市人民建，人民城市为人民"的重要理念，深刻回答了城市建设发展依靠谁、为了谁的根本问题，深刻回答了建设什么样的城市、怎样建设城市的重大命题，为我们深入推进人民城市建设提供了根本遵循。

我们牢记习近平总书记的嘱托，更加自觉地把"人民城市人民建，人民城市为人民"重要理念贯彻落实到上海城市发展全过程和城市工作各方面，紧紧围绕为人民谋幸福、让生活更美好的鲜明主题，切实将人民城市建设的工作要求转化为紧紧依靠人民、不断造福人民、牢牢植根人民的务实行动。我们编制发布了关于深入贯彻落实"人民城市人民建，人民城市为人民"重要理念的实施意见和实施方案，与住房和城乡建设部签署了《共建超大城市精细化建设和治理中国典范合作框架协议》，全力推动人民城市建设。

我们牢牢把握人民城市的战略使命，加快推动高质量发展。国际经济、金融、贸易、航运中心基本建成，具有全球影响力的科技创新中心形成基本框架，以五个新城建设为发力点的城市空间格局正在形成。

我们牢牢把握人民城市的根本属性，加快创造高品质生活。"一江一河"生活秀带贯通开放，"老小旧远"等民生难题有效破解，大气和水等生态环境质量持续改善，在城市有机更新中城市文脉得到延续，城市精神和城市品格不断彰显。

我们牢牢把握人民城市的本质规律，加快实现高效能治理。政务服务"一网通办"和城市运行"一网统管"从无到有、构建运行，基层社会治理体系不断完善，垃圾分类引领低碳生活新时尚，像绣花一样的城市精细化管理水平不断提升。

我们希望，通过组织编写《新时代上海"人民城市"建设的探索与实践丛书》，总结上海人民城市建设的实践成果，提炼上海人民城市发展的经验启示，展示上海人民城市治理的丰富内涵，彰显中国城市的人民性、治理的有效性、制度的优越性。

站在新征程的起点上，上海正向建设具有世界影响力的社会主义现代化国际大都市和充分体现中国特色、时代特征、上海特点的"人民城市"的目标大踏步地迈进。展望未来，我们坚信"人人都有人生出彩机会、人人都能有序参与治理、人人都能享有品质生活、人人都能切实感受温度、人人都能拥有归属认同"的美好愿景，一定会成为上海这座城市的生动图景。

# Series Preface

Shanghai is the birthplace of the Communist Party of China, and it nurtured the party's initial aspirations and intentions. Under the strong leadership of the Party Central Committee, and relying on the unremitting efforts of its residents, Shanghai has since blossomed into a city that is befitting of this honour. Today, it is the country's largest economic hub and an important window through which the rest of the world can observe China. It is a brilliant pearl of the Orient, as well as a place of abundance and wonder.

Since the 18th National Congress of the Communist Party of China, the Party Central Committee with General Secretary Xi Jinping at its helm has attached great importance to and placed high hopes on Shanghai's evolution, putting forward a series of new requirements for Shanghai's urban construction, development and governance. In particular, during his visit to Shanghai in 2019, General Secretary Xi Jinping put forward the important concept of "people's cities, which are built by the people, for the people". He gave profound responses to the questions of for whom cities are developed, upon whom their development depends, what kind of cities we seek to build and how we should approach their construction. In doing so, he provided a fundamental reference upon which we can base the construction of people's cities.

Keeping firmly in mind the mission given to us by General Secretary Xi Jinping, we have made more conscious efforts to implement the important concept of "people's cities" into all aspects of Shanghai's urban development. Adhering to a central theme of improving the people's happiness and livelihood, we have conscientiously sought ways to transform the requirements of people's city-building into concrete actions that closely rely on the people, that continue to benefit the people, and which provide the people with a deeply entrenched sense of belonging. We have compiled and released opinions and plans for the in-depth implementation of the important concept of "people's cities", as well as signing the *Model Cooperation Framework Agreement for the Refined Construction and Government of Mega-Cities in China* with the Ministry of Housing and Urban-Rural Development.

We have firmly grasped the strategic mission of the people's city in order to accelerate the promotion of high-quality urban development. We have essentially completed the construction of a global economy, finance, trade and shipping centre, as well as laying down the fundamental framework for a hub of technological innovation with global influence. Meanwhile, an urban spatial layout bolstered by the construction of five new towns is currently taking shape.

We have firmly grasped the fundamental attributes of the people's city in order to accelerate the creation of high standards of living for urban residents. The "One River and One Creek" lifestyle show belt has been connected and opened up, while problems relating to the people's livelihood (such as outdated, small, rundown or distant public spaces) have been effectively resolved. Aspects of the environment such as air and water quality have continued to improve. At the same time, the heritage of the city has been incorporated into its organic renewal, allowing its spirit and character to shine through.

We have firmly grasped the essential laws of the people's city in order to accelerate the realization of highly efficient governance. Two unified networks – one for applying for government services and the other for managing urban functions – have been built from sketch and put into operation. Meanwhile, grassroots social governance has been continuously improved, garbage classification has been updated to reflect the trend of low-carbon living, while micro-scale urban management has become increasingly precise, like embroidery.

Through the compilation of the *Exploration and Practices in the Construction of Shanghai as a "People's City" in the New Era series*, we hope to summarize the accomplishments of urban construction, derive valuable lessons in urban development, and showcase the rich connotations of urban governance in the people's city of Shanghai. In doing so, we also wish to reflect the popular spirit, effective governance and superior institutions of Chinese cities.

At the starting point of a new journey, Shanghai is already making great strides towards becoming a socialist international metropolis with global influence, as well as a "people's city" that fully embodies Chinese characteristics, the nature of the times, and its own unique heritage. As we look toward to the future, we firmly believe in our vision where "everyone has the opportunity to achieve their potential, everyone can participate in governance in an orderly manner, everyone can enjoy a high quality of life, everyone can truly feel the warmth of the city, and everyone can develop a sense of belonging". This is bound to become the reality of the city of Shanghai.

# 本卷前言

## "公交都市"——人民城市应有之义

百年沧桑,百年印记。上海是国内最早拥有公交车的城市之一。从1908年3月5日,英商开通上海第一条有轨公交线路起,上海便开启了公共交通发展的"元年"。此后,各条公交线路相继开通。经过近三十年的发展,上海公共交通形成了英商、法商和多家华商三足鼎立的局面,由有轨电车、无轨电车、公共汽车等构成的城市公共交通初期网络基本形成,发展水平在当时处于全国领先地位。1937年抗日战争爆发,侵华日军占领上海,上海公共交通遭受重创,景况惨淡不堪。1945年抗战胜利,但内战爆发,刚复苏的上海公共交通又遭遇了寒流。直到1949年,公共交通还是未能恢复到1937年的规模。

百年巨变,百年辉煌。新中国成立后,上海公共交通在为社会主义建设服务中迅速发展。但随着城市人口激增,公共交通需求迅猛增长,公交供需矛盾日渐突出,"乘车难"开始困扰上海。公交车厢里1平方米能塞进11双脚,就是当年"乘车难"的真实写照。1978年十一届三中全会将改革开放的春风吹遍祖国大地,上海公共交通迎着春风迅速发展壮大。改革促进公交经营体制发生重要变革,1988年首家社会投资的公交企业成立，1992年首家沪港合资公交企业成立，国有独资独家经营公交的计划经济模式开始转变，多家经营的400多条专线车线路弥补了常规公交线路的不足，至1995年，上海公交线路达到了960条，车辆达到了11600辆。然而，随着改革开放的不断深入，阻碍公交发展的深层次问题凸显出来，"乘车难"没有根本缓解，上海公交自1987年后连年亏损，1995年亏损达到8亿元。上海公共交通呼唤进一步改革。1996年上海市政府实施了第一轮公交行业改革，引入了市场机制，也拉开了地面公交改革的序幕。与此同时，随着1993年上海第一条轨道交通线路1号线开通运营，关于地铁发展的探索也在不断推进。

历经"十一五""十二五""十三五"三个五年规划的大力发展，轨道交通形成了831公里全球第一的线网规模；地面公交行业则在三轮改革和三轮深化改革后逐步脱胎换骨，基本形成"浦西、浦东、一区一骨干"区域经营的市场格局，公交线网不断优化，车辆质量、绿色化和信息化水平明显提升，整体服务质量明显提升；轮渡、慢行交通也得到持续发展。上海公共交通多元化、多模式的发展格局基本奠定，市民"乘车难"的问题得到根本解决，供需矛盾也从"有没有"向着更高质量不断发展，市民交通出行的幸福感、获得感、安全感不断得到提升。

经过多年发展和实践，公共交通的人民属性得到强化。我们始终认为，公共交通是最贴近人民的出行方式，它在城市交通出行比重占据半壁江山，并且还将持续增长，是广大市民出行的主要选择。公共交通也是最懂人民的交通方式，在不同时期被赋予了不同特质，回应了市民出行所需。无论是新中国成立初期的上海，还是勇立改革潮头的上海，市民对公交出行的需要，以及全市上下克服困难和挑战、为发展公共交通作出的贡献，无不是建设"公交都市"的实践写照，无不是一座"人民城市"的题中之义。

我们编撰本书，就是为了回顾、总结和固化党的十八大以来，上海公共交通发展和创建公交都市取得的经验。其中，第一章介绍了上海公共交通发展的历程；第二章至第五章分方式介绍了轨道交通、地面公交、中运量公交、水上客运的历史和发展思路；第六章介绍了作为公共交通延伸的慢行交通系统的建设转变；第七章介绍了公共交通枢纽的变迁。

本书是《新时代上海"人民城市"建设的探索与实践丛书》的一卷，由上海市交通委员会和上海市道路运输管理局组织编写。通过对 80 余位参与公共交通规划、建设、运营与管理的亲历者进行采访，以对话的形式，全面、系统、生动地讲述了在公共交通优先发展战略指导下上海公共交通行业发展的历程,尤其是党的十八大以来的为民服务、改革创新之路,展现了政府、企业、社会组织、专家、市民等各参与方的攻坚克难和辛苦付出,总结了推进公共交通优先发展的经验与不足,描绘了一幅全民共建、共治、共享美好生活的写实画卷,为更高标准、更好水平建设人民城市提供了很好的案例和借鉴。

公交都市是全体上海市民的公交都市。我们衷心希望广大热爱交通、喜欢上海的读者、学者能够提出宝贵意见,携手推进上海公共交通向着更高质量、更好体验的未来不断迈进。

# Preface

# Public Transport for the People

A history of vicissitudes has left its mark on Shanghai's public transport. Shanghai is one of the earliest cities in China to have buses. On March 5, 1908, the British opened Shanghai's first tram line, which marked the start of the city's public transport development. Since then, Shanghai has put into operation various bus lines. After nearly three decades of development, an urban public transport network composed primarily of trams, trolleys and buses, operated by British, French and Chinese businesses, had taken shape. At that time, Shanghai maintained a leading position in public transport development in China. Unfortunately, in 1937 when Shanghai was captured by the invading Japanese forces during the Anti-Japanese War, its public transport suffered a heavy blow. Though the war ended with Japan's defeat in 1945, the resumption of the Chinese Civil War in the same year left the then municipal government little time for the restoration and development of public transport in the city, sending another chill to the newly revived sector. The public transport had not been restored to its 1937 scale even in 1949.

Reforms have taken public transport in Shanghai to a new height. After the founding of the PRC, public transport in Shanghai developed rapidly in the process of serving the socialist cause. However, with the surge in urban population, the demand for public transport services rose sharply, resulting in a growing gap between demand and supply. The difficulty of traveling by public transport—up to 11 pairs of feet camming into a one square meter area on the bus in some cases—began to plague Shanghai. In 1978, when the Third Plenary

Session of the 11th CPC Central Committee ushered China into a new era of reform and opening up, public transport in Shanghai grew rapidly and underwent profound changes in terms of the operating system. In 1988, the first private bus enterprise was established. In 1992, the first Shanghai-Hong Kong joint venture bus company was set up. These marked a move away from the planned economy model characterized by the exclusive operation of buses by wholly state-owned enterprises. More than 400 special bus lines of various operators made up for the lack of conventional lines. By 1995, Shanghai had over 960 bus lines and 11,600 buses. With the deepening of reform and opening up, however, the deep-seated problems hindering the development of public transport became apparent. It turned out that the traveling difficulty had not been fundamentally alleviated. Shanghai's public transport sector had suffered losses for years since 1987, and the loss reached 800 million yuan in 1995. There was an urgent need for further reforms. In 1996, the municipal government initiated the first round of reform in the public transport sector by introducing the market mechanism, a prologue to the bus sector reform. At the same time, metro development has been continuously advanced following the opening of Shanghai Metro Line 1, the first metro line in the city.

Through vigorous development in the 11th, 12th and 13th Five-Year-Plan periods, Shanghai's rail transit network has extended to 831 kilometers, ranking first in the world. On the other hand, the city's bus sector has been gradually transformed through three rounds of reforms and another three of deepened reforms, with a regional operating structure featuring "one operator for Puxi, one for Pudong, and one backbone operator for each suburban district" taking shape, the bus network continuously optimized, the quality, eco-friendliness and informatization level of vehicles significantly improved, and the overall service quality enhanced. Efforts have also been directed to develop ferries as well as non-motorized transport. With a diversified, multi-modal and more accessible public transport system established, the traveling problem has been fundamentally solved and citizens, now having an increased demand for higher quality services, are feeling greater happiness and security with public transport.

After years of development and practice, public transport has become increasingly people-oriented. We have always believed that public transport is the mode of travel closest to the people. Accounting for half of urban travel, with the proportion continuing to grow, it is a first-choice travel option for many people.

Public transport is also the mode of transport that understands people the most. It has been given different qualities at different times in response to people's demand for travel. Whether during the early years of the founding of the People's Republic of China, or the era of reform, Shanghai's efforts to overcome difficulties and challenges and develop its public transport to meet people's needs truly embody the practice of building a "transit metropolis" and capture the essence of "people's city".

This book is intended to review, summarize, and record the experience gained in the development of public transport in Shanghai and the building of Shanghai into a transit metropolis. It consists of seven chapters. The first outlines the history of public transport development in Shanghai. The second to fifth chapters introduce the history and development strategy of rail transit, conventional buses, medium-capacity buses, and waterway passenger transport, respectively. The sixth chapter describes the development of non-motorized transport as an extension of public transport, and the seventh chapter focuses on the changes in public transportation hubs.

This book complied by Shanghai Municipal Transportation Commission and Shanghai Municipal Road Transport Administrative Bureau is a book in the *Exploration and Practices in the Construction of Shanghai as a "People's City" in the New Era* series. Through interviews with more than 80 people involved in the planning, construction, operation and management of Shanghai's public transport system, this book provides a comprehensive, systematic and vivid account of public transport development in Shanghai under the strategy of prioritizing public transport. In particular, the book describes the path of serving the people, reform and innovation taken by Shanghai since the 18th CPC National Congress, demonstrates the efforts of the government, social organizations, experts, citizens and other parties involved, sums up the experience and deficiencies in prioritizing public transport, and paints a vivid picture of a better life created, governed and shared by all. In general, the book offers a good case and example for building a higher-standard people's city.

Public transport development is for all residents in Shanghai. We sincerely welcome valuable comments and suggestions from readers and scholars who love transportation and Shanghai and look forward to higher-quality public transport with better services in Shanghai as a result of joint efforts.

# 目录

第一章　综述　001
　　公交都市的雏形——世博交通保障成功实践　孙建平　朱　洪　006
　　成功创建国家公交都市建设示范城市　谢　峰　杨小溪　董明峰　017
　　更高水平公交都市建设　于福林　刘　斌　薛美根　026

第二章　全球领跑的轨道交通　041
　　上海轨道交通规划思路的变迁　李俊豪　046

　　第一节　轨道交通规划与建设　054
　　轨道交通设计与 TOD 理念实践　曹文宏　055
　　轨道交通建设的新突破、新举措　张　川　063

　　第二节　轨道交通的运营管理和服务　071
　　书写地铁网络化运营监管的"上海样本"　戴　祺　072
　　上海的"暖"，从人性化服务开始　张凌翔　077
　　投身地铁事业 13 载，擦亮上海地铁服务名片　高　煜　082
　　地铁调度和应急管理，变得越来越智慧　殷　峻　088

　　第三节　轨道交通的高质量发展　100
　　绿色出行、"洁净所能"——上海地铁的绿色低碳之路　刘加华　101
　　地铁出行——"可阅读、有温度、有情怀"的人文之旅　吴昕毅　107
　　互联互通的长三角——11 号线连接两座城　徐正良　112
　　市域铁路发展为金山找到了轨道交通最优解　陈　莽　116

| 第三章 | 百年公交的蝶变 | | 121 |
|---|---|---|---|
| | 改革在持续——地面公交的三轮改革与深化 | 周　淮 | 128 |
| | 地面公交的提升和发展 | 蔡敬艳 | 131 |
| 第一节 | 持续优化与拓展的公交网络 | | 138 |
| | 公交线网优化工作的持续推进 | 王建军 | 139 |
| | 基于骨干公交通道的线网优化实践 | 陈　琛 | 145 |
| | "两网融合"的成功实践：轨道交通17号线的公交配套服务 | 钟　璀 | 149 |
| | 小马路上的便民服务：普陀区社区巴士 | 唐　军 | 154 |
| | 长三角区域一体化背景下的毗邻公交发展 | 李　彬 | 157 |
| 第二节 | 高品质的公交服务体系 | | 160 |
| | 专用道让公交车一路畅行 | 王宝辉 | 161 |
| | "聪明"的电子站牌让候车不再茫然 | 顾文俊 | 167 |
| | 公交站点品质提升的实践 | 殷　波　郁　夫 | 171 |
| | 品质不断提高的公交车辆 | 胡　军 | 178 |
| | 公交调度的发展与创新 | 邹碧伟 | 183 |
| 第三节 | 企业可持续发展 | | 187 |
| | 久事公交：改革促进企业运营良性循环 | 张必伟 | 188 |
| | 浦东公交：为民服务再上新台阶 | 王斌峰 | 195 |
| | 嘉定公交：暖心服务在行动 | 沈　燕 | 200 |
| | 临港新片区：公交领域的发展创新 | 冯文庆 | 204 |

| | | | |
|---|---|---|---|
| 第四章 | **中运量公交的探索与实践** | | **207** |
| | 中运量公交的发展变迁与未来展望 | 何 莉 | 212 |

### 第一节　71 路中运量公交的成功实践　　　　　　　　　　　　　　217

|  |  |  |
|---|---|---|
| 上海中心城第一条中运量公交——71 路的规划建设 | 戴 伟 | 218 |
| 71 路信号优先的实施 | 潘振兴 | 228 |
| 71 路配套公交线网的优化 | 钟保国 | 235 |
| 71 路服务团队：在平凡中绽放光彩 | 周建平　张 卓　方 进 | 237 |

### 第二节　在探索中创新：中运量公交的上海新样本　　　　　　　　　241

|  |  |  |
|---|---|---|
| 现代有轨电车的松江实践 | 屠婵燕　何利英 | 242 |
| 数字轨道中运量公交的临港实践 | 董 磊 | 247 |
| BRT 中运量公交的奉浦样本 | 袁文杰 | 251 |

| | | | |
|---|---|---|---|
| 第五章 | **水上客运：从百转千回到柳暗花明** | | **255** |
| | 水上客运的演变 | 张 林 | 260 |

### 第一节　城市变迁中的黄浦江轮渡和三岛客运　　　　　　　　　　　263

|  |  |  |
|---|---|---|
| 更好的服务设施，更优质的服务体验 | 李立民 | 264 |
| 适应新时代发展的服务功能演变 | 倪荣春 | 272 |
| 呵护着上海绿肺的三岛客运 | 汤 雄 | 282 |

### 第二节　上海的水上旅游名片　　　　　　　　　　　　　　　　　　286

|  |  |  |
|---|---|---|
| 浦江游览的发展与规范 | 胡 敏 | 287 |
| 领略国际大都市风采的黄浦江游览 | 蔡 尧 | 292 |
| 海上人文风情浓郁的苏州河游览 | 洪朝辉 | 299 |

| 第六章 | **高品质的慢行交通** | | | | **309** |
|---|---|---|---|---|---|
| | 慢行交通的轮回 | | | 陈小鸿 | 317 |
| | 慢行交通的今天 | | | 戴敦伟 | 321 |
| | 第一节　慢行交通新理念 | | | | **328** |
| | 上海市交通发展白皮书 | | | 邵 丹 | 329 |
| | 上海市慢行交通规划设计导则 | | 何 莉 | 李 彬 | 334 |
| | 上海市街道设计导则 | | 胡晓忠 | 蒋应红 | 344 |
| | 第二节　全域畅通的慢行系统 | | | | **352** |
| | 构建连续完整的慢行网络 | 何 莉 | 朱华勇 | 陈 祥 | 353 |
| | 上天入地的立体慢行系统 | | 牟 娟 | 镇雪锋 | 361 |
| | "一江一河"滨水慢行空间 | | 黄则伟 | 王 娴 | 369 |
| | 第三节　慢行交通品质提升 | | | | **376** |
| | 步行设施提质提优 | | | 周晓青 | 377 |
| | 共享单车从"野蛮生长"到"有序管制" | | | 梁华军 | 385 |
| | "人文名片+慢行"，南京东路步行街东拓 | | | 高浩中 | 387 |
| | "红色故事+慢行"，红色露天博物馆 | | | 应立仁 | 390 |
| | "城市更新+慢行"，从街道向街区转变的成功样本 | | | 刘绍旭 | 394 |
| | "功能开发+慢行"，嘉定新城远香湖慢行示范区 | | | 刘 翅 | 398 |

| | | |
|---|---|---|
| **第七章** | **功能复合、层次分明的公共交通枢纽** | **403** |
| | 上海综合交通枢纽体系的建设历程 | 刘　涛　410 |

**第一节　顶天立地的大枢纽**　　　　　　　　　　　　　　　　　　　**415**
　　虹桥枢纽的世界之"最"　　　　　　　　　　　　　　　　黄　岩　416
　　打造上海交通北枢纽　　　　　　　　　　　　　　　　　　雷　宏　424
　　老车站变新枢纽　　　　　　　　　　　　　　　　　　　　王卓瑛　427

**第二节　充满生活气息的城市活力源**　　　　　　　　　　　　　　　**432**
　　老广场焕新颜——TOD革新莘庄南广场枢纽　　　　　　　　王伟强　433
　　体现破解世界级工程难题的神之一笔——徐家汇枢纽　　　　徐正良　439

| | | |
|---|---|---|
| 繁忙的轨道交通枢纽 | 张凌翔 | 442 |
| 公交枢纽的升级改造 | 殷　波 | 448 |
| 用绣花针功夫打造公交"微枢纽" | 张晓英 | 451 |

**第三节　五大新城发力，公交枢纽引领**　　　　　　　　　　453

| | | |
|---|---|---|
| 对标上海西枢纽功能定位，积极打造安亭枢纽 | 陆　凤 | 454 |
| "四网融合"的松江综合交通枢纽 | 姜　立 | 457 |

**第四节　无形的线上交通枢纽——MaaS 平台**　　　　　　460

| | | |
|---|---|---|
| 打造 MaaS 平台，推进数字化转型和碳普惠 | 李哲梁　唐　韶 | 461 |

# Contents

**Chapter 1  Overview** ........ 001
    The Birth of a Transit Metropolis—Successful Transportation for the Shanghai World Expo ........ 006
    National Model City of Transit Metropolis Development ........ 017
    Advancing Transit Metropolis Development to New Heights ........ 026

**Chapter 2  World-Class Rail Transit** ........ 041
    The Evolution of Shanghai's Rail Transit Planning ........ 046

    **Part 1  Rail Transit Planning and Construction** ........ 054
    Rail Transit Design and TOD Practices ........ 055
    Innovations and Advances in Rail Transit Construction ........ 063

    **Part 2  Rail Transit Operation Management and Services** ........ 071
    Setting The "Shanghai Standard" for Supervising Rail Transit Network Operation ........ 072
    Welcoming Travelers with Human-Oriented Services ........ 077
    A 12-Year Career Dedicated to Shanghai Metro Services ........ 082
    Smarter Metro Dispatching and Emergency Management ........ 088

    **Part 3  High-Quality Development of Rail Transit** ........ 100
    Green and Clean Travel: Shanghai Metro's Path to Green and Low-Carbon Development ........ 101
    Metro Travel: A Human-Oriented and Culture-Rich Journey ........ 107
    Interconnected Yangtze River Delta Region: Line 11 Links Two Cities ........ 112
    Railway Development in Urban Areas Presents the Optimal Solution for Rail Transportation in Jinshan District ........ 116

| | |
|---|---|
| Chapter 3  The Century-Long Evolution of Bus Transit | 121 |
|     Ongoing Reforms: Three Waves of Bus Transit Transformation | 128 |
|     Enhancement and Advancement of Bus Transit | 131 |
|     Part 1  Ongoing Optimization and Expansion of the Bus Network | 138 |
|     Ongoing Optimization of the Bus Line Network | 139 |
|     Network Optimization Based on Backbone Bus Lanes | 145 |
|     Successful Network Integration: Buses Complement Rail Transit Line 17 | 149 |
|     Convenient Services on Small Roads: Community Buses in Putuo District | 154 |
|     Inter-Provincial Buses in the Yangtze River Delta Region | 157 |
|     Part 2  High-Quality Bus Service System | 160 |
|     Dedicated Lanes for Smooth Bus Transit | 161 |
|     Smart and Informative Electronic Bus Stop Signs | 167 |
|     Bus Stop Upgrades | 171 |
|     Bus Upgrades | 178 |
|     Developments and Innovations in Bus Dispatching | 183 |
|     Part 3  Sustainable Corporate Development | 187 |
|     Jiushi Bus: Reforming Corporate Operations for Success | 188 |
|     Pudong Bus: Elevating Service to New Heights | 195 |
|     Jiading Bus: Heartwarming Services in Action | 200 |
|     Lin-gang New Area: Innovations in Bus Transportation | 204 |

| | |
|---|---|
| **Chapter 4  Exploration and Practices of Medium-Capacity Bus Transit** | 207 |
| The Evolution and Prospects of Medium-Capacity Bus Transit | 212 |
| Part 1  The Success Story of Route 71 Medium-Capacity Bus | 217 |
| Planning and Development of Route 71: The First Medium-Capacity Bus Line in Central Shanghai | 218 |
| Signal Priority for Route 71 | 228 |
| Optimizing the Supporting Bus Line Network for Route 71 | 235 |
| The Extraordinary Lives of the Ordinary Workers in Route 71 Service Team | 237 |
| Part 2  Innovative Exploration: Shanghai's New Models of Medium-Capacity Buses | 241 |
| Modern Trams in Songjiang District | 242 |
| Digital-Rail Rapid Transit in Lin-gang | 247 |
| Fengpu Express BRT Line | 251 |
| **Chapter 5  Waterway Passenger Transport: A Rebirth** | 255 |
| The Evolution of Waterway Passenger Transport | 260 |
| Part 1  Huangpu River Ferry and Islands Shuttle Ferry Amidst Urban Transformation | 263 |
| Better Service Facilities and Passenger Experience | 264 |
| The Adaption of Service Functions to the Modern Era | 272 |
| Island Ferries Preserving Shanghai's Green Lung | 282 |
| Part 2  A Business Card of Water Tourism in Shanghai | 286 |
| Development and Standardization of Huangpu River Cruises | 287 |
| Cruising Huangpu River for an International Metropolis Experience | 292 |
| Suzhou River Cruises with a Rich Blend of Shanghai-Style Culture | 299 |

| | |
|---|---|
| **Chapter 6  High-Quality Slow Traffic** | **309** |
| The Evolution of Slow Traffic | 317 |
| Slow Traffic in the Modern Context | 321 |
| Part 1   A New Paradigm of Slow Traffic | 328 |
| Shanghai Transportation Development White Paper | 329 |
| Guidelines for Slow Traffic Planning and Design in Shanghai | 334 |
| Shanghai Street Design Guidelines | 344 |
| Part 2   A Fully Connected Slow Traffic System | 352 |
| The Development of a Comprehensive and Interconnected Slow Traffic Network | 353 |
| A Three-Dimensional Slow Traffic System | 361 |
| Slow Traffic Spaces along Huangpu River and Suzhou River | 369 |
| Part 3   Elevating the Quality of Slow Traffic | 376 |
| Upgrading Pedestrian Facilities | 377 |
| Transitioning Shared Bicycles from Chaotic Growth to Orderly Control | 385 |
| "Culture + Slow Traffic" : The Eastward Expansion of East Nanjing Road Pedestrian Street | 387 |
| "Revolutionary Stories + Slow Trafic" : Open Air Museums | 390 |
| "Urban Renewal + Slow Traffic" : Successful Street-to-Neighborhood Transformation | 394 |
| "Function Development + Slow Traffic" : The Yuanxiang Lake Slow Traffic Demonstration Zone in Jiading New Town | 398 |

| | |
|---|---|
| **Chapter 7  Multi-Function and Well-Structured Public Transportation Hubs** | **403** |
| The Evolution of Shanghai's Comprehensive Transportation Hub System | 410 |
| Part 1  A Towering Transportation Hub | 415 |
| Hongqiao Hub: A World-Class Transportation Marvel | 416 |
| Building a North Transportation Hub in Shanghai | 424 |
| From an Old Station to a Modern Hub | 427 |
| Part 2  Bustling Hubs Pulsating with Urban Vitality | 432 |
| Reviving an Old Square: Xinzhuang South Plaza Hub's TOD Transformation | 433 |
| Xujiahui Hub: A World Engineering Feat | 439 |

| | |
|---|---|
| The Busy Rail Transit Hubs | 442 |
| The Upgrading of Bus Transit Hubs | 448 |
| Building Micro Bus Transit Hubs with Precision | 451 |
| Part 3　The Development of Transit Hubs in Five New Towns | 453 |
| Building Anting into Shanghai's Western Hub | 454 |
| Songjiang Comprehensive Transportation Hub Integrating Four Networks | 457 |
| Part 4　MaaS Platforms: Intangible Online Transportation Hubs | 460 |
| Building a MaaS Platform to Promote Digital Transformation and Carbon Inclusion | 461 |

第一章 Chapter 1

# 综述
# Overview

世博交通其实是公交都市建设的缩影，为我们创建"国家公交都市建设示范城市"提供了良好的土壤。

——孙建平

从最初的《上海世博交通发展和保障行动方案》到最终的《上海世博会交通保障方案》，用公共交通等集约化方式解决世博会交通问题是主基调。

——朱洪

"十三五"期间，公共交通系统的整体服务能力和品质得到了进一步增强与提升，为更好地服务城市经济社会发展作出了积极贡献。

——谢峰

经过四年的努力，上海于2017年底提前一年完成相关创建指标，成为第一批获得国家"公交都市"称号的示范城市。

——杨小溪

我们建立了上海公交都市考核评价指标体系，包含出行特征、服务供应、服务水平、安全管理、政策支持等五大板块30个定量指标。

——董明峰

未来公交都市建设将会注重从公共交通优先发展向公共交通和慢行交通优先转变，从以公共交通分担率为评价指标向以绿色交通分担率为评价指标转变，从以中心城为主向主城区、新城、上海大都市圈拓展，从注重供给侧服务水平向注重需求侧人本体验转变，从注重设施布局向强化模式创新转变，从传统驱动向创新驱动转变。

——于福林

绿色和智慧是更高水平公交都市建设的重要内涵。

——刘斌

公交优先始终是上海国际大都市一体化交通发展的核心，纵观三轮交通白皮书，伴随公共交通体系的建设发展，公交优先的内涵也随发展阶段和功能定位特征的转变发生了一定的变化。

——薛美根

The transportation system during the Expo 2010 Shanghai served as a miniature representation of Shanghai's endeavor to develop as a "Transit Metropolis", laying a solid foundation for the establishment of a national model city of transit metropolis development.

—Sun Jianping

From the initial *Action Plan for the Transportation Development and Security of Expo 2010 Shanghai* to the final *Overall Plan for the Transportation and Security of Expo 2010 Shanghai*, the primary objective remained consistent: to address the transportation challenges of the Expo by implementing intensive measures, particularly in the realm of public transportation.

—Zhu Hong

Throughout the 13th Five Year Plan period (2016—2020), significant efforts were made to enhance and improve the overall service capacity and quality of the public transportation system. These efforts contribute to the objective of better serving urban economic and social development.

—Xie Feng

After four years of effort, Shanghai achieved its relevant targets at the end of 2017, one year ahead of schedule, making it the first city in China to be awarded the national title of "Transit Metropolis".

—Yang Xiaoxi

We have developed the Assessment and Evaluation Index System for Shanghai as a Transit Metropolis, which comprises 30 quantitative indicators across five key sectors, including mobility characteristics, service supply, service level, safety management, and policy support.

—Dong Mingfeng

In the future, the construction of a transit metropolis will undergo a significant shift. The focus will transition from solely prioritizing public transportation development to prioritizing both public transportation and slow traffic. The evaluation indicator will shift from the public transportation sharing rate to the green transportation sharing rate. The scope of development will expand from downtown areas to encompass main urban areas, new towns, and the entire Shanghai metropolitan area. The emphasis will move from the supply side service levels to prioritizing demand side people-oriented experiences. Additionally, there will be a shift from simply emphasizing facility layout to strengthening model innovation. This transformation will move away from traditional-driven approaches and embrace innovative-driven strategies.

—Yu Fulin

"Green" and "smart" are essential aspects of developing a higher-level transit metropolis.

—Liu Bin

As Shanghai evolves into an international metropolis, the "Public Transportation First" strategy remains at the heart of its integrated transportation development. Analyzing the three rounds of white papers on transportation development, we can observe how the concept of "Public Transportation First" has adapted and evolved in tandem with the development of the public transportation system. These changes reflect the shifting development stages and the distinctive functional positioning of public transportation.

—Xue Meigen

# 公交都市的雏形——世博交通保障成功实践

中国 2010 年上海世界博览会（简称世博会）历时半年，出现了 20 多次日超 50 万人次的大客流，甚至还有单日超百万人次（103 万人次）的极端客流，但整个城市交通依然平稳有序，既满足了世博交通，也保障了日常交通。虽然距离世博会成功举办已经过去十余年，但其"城市，让生活更美好"的主题，尤其是交通保障中坚持的公共交通优先发展（简称公交优先），为后来公交都市建设奠定了坚实的基础。

访谈人：孙建平　同济大学城市风险管理研究院院长，
　　　　　　　　原上海市交通委员会主任
　　　　朱　洪　上海市城乡建设和交通发展研究院副院长

问题 1：请您介绍一下，世博交通保障所面临的挑战主要有哪些？

孙建平：好的。首先谈一下世博交通保障面临的挑战。世博交通保障作为上海世博会运行的重要组成部分，在保障全市日常交通正常运行的前提下，圆满完成了 7308 万人次客流的交通运输任务。现在回想起来，还是觉得这个成功来之不易。当时，上海已经有承办全运会、F1 赛事等大型公共活动的组织经验，但在客流规模和时间跨度上与这个全球最高级别的展览盛会无法相提并论。

在世博会筹备期间，我们对总客流及分布特点进行了全面的预判，比如，世博会持续 6 个月，参观客流总量约为 7000 万人次，而且客流日均差异较大：日均 40 万人次，高峰日 60 万人次，极端高峰日 80 万人次。比如，日常交通与世博交通同向叠加，参展客流出行高峰出现在 8：00—10：00；在 60 万人次的高峰日，入场高峰约 20 万人次/小时，与工作日早高峰（7：00—9：00）有 1 小时的重叠；夜场游客入园高峰为 17：00—18：00，与工作日晚高峰（16：00—18：00）有 1 小时的重叠。再比如，世博交通呈现以世博园区为核心的单向集聚状态，对交通设施能力配置造成巨大压力，世博园区 6 公里半径区域以外，世博客流占交通总量不到8%；2—6公里半径区域，世博客流占36%；1—2公里半径区域，世博客流占75%；1公里半径区域，世博客流占95%。还比如，参展客流空间分布与园区浦西、浦东区域面积匹配不均衡，从客源地分析，无论是长三角一日往返游客，还是外地住宿客和本地游客，大部分习惯从浦西入园，浦西约占75%，浦东约占25%。而世博会主会场在浦东，在出入口闸机能力配置上浦西占30%，浦东占70%，若缺少有效的引导，届时可能造成浦西客流集聚，而浦东设施能力放空的情况。

所以世博交通保障面临的最大挑战就是，世博交通以世博园区为核心呈单向集聚状态，而且日常交通和世博交通存在同向叠加。

**问题2**：面对挑战，当时建交院[1]交研所作为技术支撑的牵头单位，以公共交通为主导的交通组织模式在实际保障中发挥了决定性作用，请您具体讲一讲。

**朱洪**：在2002年世博会申办成功之后，我们就着手开展世博交通的筹划工作。从2005年起，在市委、市政府领导下，由原市建设交通委牵头，世博、发改、规划、交通、交警、港口等相关部门共同参与，由原市交研所等单位作为技术支撑单位。2006年8月编制完成了《上海世博交通发展和保障行动方案》，明确了世博交通保障的总体思路，即"以轨道交通为主体、其他公交方式为重要支撑，多元交通方式为补充，同时严格限制小汽车直达"。设定了轨道交通占50%、专线巴士和常规公交占30%、小汽车和出租车占3%、水上巴士占10%、慢行交通占7%的直达交通方式结构目标，并结合"十五"规划进一步梳理、平衡骨架设施的规划方案，提出了全市确保建成11条406公里、力争建成12条478公里的轨道交通；计划运能按30.87万人次/小时配置，设置世博专线网络，适时优化地面公交网络，规划6—10条水上航线等具体的工作方案。2008年7月开始，工作重点逐步转向交通管理和运营组织方案的深化。2009年初，随着世博会筹办工作进入冲刺阶段，成立了世博会筹办工作领导小组交通组，组织开展世博交通保障方案的编制，并最终形成了包括道路交通组织、客运交通服务和综合交通管理在内的《上海世博会交通保障方案》。总的来

---

[1] 即上海市城乡建设和交通发展研究院，本书简称建交院。

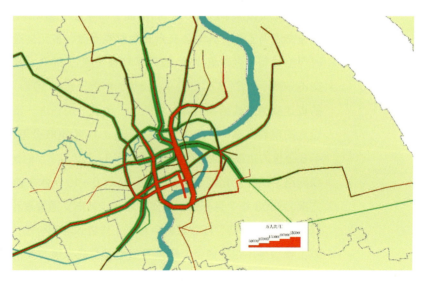

## 上海世博会交通保障方案公示稿

**上海市世博会筹办工作领导小组交通组**

（2010年1月6日）

为保障2010年世博会期间的交通正常运行，市世博会筹办工作领导小组交通组、建设交通委、交通港口局、交通信息中心、公安局交警总队等相关单位在科学研究的基础上，针对上海交通特征，借鉴世博举办城市及类似重大活动交通保障的做法，共同组织制定了《上海世博会交通保障方案》。现予以公示。

一、世博期间本市交通的总体保障供应能力

（一）设施供应增长情况

在市委、市政府的领导下，通过相关部门的共同努力和社会各界的支持，世博会期间交通保障能力有较大提高。

一是道路设施方面：世博会前，本市高速公路通车里程可达到767公里，比2008年增长20%。中心城快速路达到145公里，较2008年增长25%。中心城黄浦江形成4桥12隧的越江道路体系，园区周边38条配套道路全部建成。中心城道路容量较2008年增加11%，园区周边路网容量增长30%，为世博会期间的交通组织创造了扎实的基础。

二是对外通道方面：浦东、虹桥两个机场可保障日均起降2190架次，高峰日2401架次，实际保障能力可达26万人次，略高于世博会期间日均22至26万人次的预测值。沪宁、沪杭两条快速铁路

1

上海世博会交通保障方案公示稿
图片来源：上海市城乡建设和交通发展研究院

轨道系统世博交通与日常交通叠加示意图
图片来源：上海市城乡建设和交通发展研究院

说，从这个最初的行动方案到最终的交通保障总体方案，用公共交通等集约化方式解决世博会交通问题是主基调。

在世博会举办过程中，统计数据显示，超过90%的游客是使用公共交通方式入园的，实现了集约化交通方式结构引导目标，这为减少世博交通对日常交通的影响发挥了基础性作用。

从道路交通运行来看，由于世博交通以轨道、巴士等集约化交通方式为主导，日均抵达园区的车流规模控制在2—3万辆。在未采取尾号限行交通管制预案的前提下，世博交通对本市日常交通的叠加影响始终处于可控状态，全市道路交通保持通畅运行。在世博车流拉动下，南北高架西侧、内环西南段外圈、沪闵高架东侧、中环西段外圈等快速路局部

世博交通月报

图片来源：上海市城乡建设和交通发展研究院

路段工作日早晚高峰拥堵时段延长，园区周边道路尤其是浦东主要入园干道交通压力较大，靠近游客规模最大的后滩、长清路、上南路出入口的济阳路、长清路、上南路平均行程车速逐月下降，6—10月入园高峰时段始终处于拥堵运行状态，但从总体上来讲，早高峰内环内车速32公里/小时、中环45（外圈）—55（内圈）公里/小时、外围射线高架车速34公里/小时，行程车速与世博会前基本相当，全市未发生长时间、大面积道路交通拥堵，市区交通主干路、高架道路、越江桥隧交通情况正常，交通安全形势平稳。

此外，公共交通服务水平总体上也比较好。在日常客流、世博客流的叠加拉动下，轨道交通客运量显著增长。从2010年5月工作日的550万人次/日，快速增长到10月工作日的590万人次/日，最高单日客运量16次刷新纪录，其中5月21日、9月30日，网络客流分别跨越600万和700万大关，10月22日达到731万人次。受客流规模快速增长影响，工作日早晚高峰1、2、3、5、6、8、9号线环线外入城方向局部断面拥挤程度有所增加，但影响总体可控。世博客流对轨道交通的影响主要集中在涉博线路和园区周边9个站点。从线路分布来看，世博

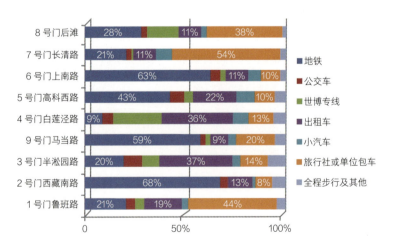

世博会分出入口离园高峰交通方式结构及占比

图片来源：上海市城乡建设和交通发展研究院

客流主要通过 7 号线和 8 号线进入园区，这两条线的世博客运量占全网世博客运量的 45%，占涉博 5 线世博客运量的 60%，9 号线分担率约为 15%，4 号线和 6 号线由于站点距离世博园较远，承担比例不高。园区周边 9 个轨道站点日均客流集散量约 45 万人次，世博客流比重近六成。世博客流对常规公交线路影响较小。全市地面公交日均客运量较 2009 年同期略有增长，约 2%。其中，涉博的 90 条常规线路日均客运量 102 万人次，其承担世博客流比例较低，月变化趋势与全市地面公交客流变化情况基本一致。

世博会后，我们组织人员专门编写了专著《上海世博交通研判技术与实践》，对世博会期间的交通需求预测、运行特征、组织经验等进行了系统梳理，也算对世博交通宝贵财富的记录。

问题 3：世博会筹办期间，也是本市交通系统尤其是公共交通大建设、大投入的时期，请您介绍一下当时的主要举措。

孙建平：为了迎办世博会，上海开展了迎世博 600 天行动，在此期间我们做到了几个"大力推进"，重点介绍四个。

第一个是大力推进轨道交通建设。世博会申报成功后，上海在既有的 810 公里轨道交通线网规划基础上，于 2002 年进一步编制了总规模约 400 公里的基本网络规划，并在 2003 年编制了轨道交通第一期建设规划，旨在大力推进轨道交通建设。到世博会举办之前，上海总共拥有 12 条轨道交通线路，运营里程 410 公里，率先成为国内首个突破 400 公里的城市。其中，直接服务世博会的线路就有 4、6、7、8、9 号线和世博园内专用线 13 号线；车站合计 267 座，其中换乘站 32 座，为疏散世博大客流提供了重要的支撑。

第二个是大力推进地面公交线网调整。当时为了配合世博交通保障的需要，累计新辟、调整了 425 条公交线路，线网优化调整力度前所未有。线网调整的工作非常复杂，重点就是如何兼顾市民多样的乘车需求和习惯。我举个例子。当时普陀区有一条线路要调整，要在原来终点站后面再延长两站，主要服务于新开发的几个小区，但是原来在终点站上车的部分市民担心延长后挤不上车或坐不上座了，所以上访。问清情况后，我的第一想法就是推后调整，当时正值过年，总要让老百姓们先过好年嘛。过完年后我去踏勘了现场，提出将既有50辆的配车，30辆车开到新的终点站，20辆车开到老的终点站，这样就可以兼顾市民需求与线网调整了。试行一段时间后，上访的乘客发现在老终点站坐车位子也很多，最终接受了线路的延伸方案。另外，我们还为世博会准备了一批公交专线。

第三个是大力推进P+R停车场建设。为了引导游客通过集约化方式入园，我们对从外环线以外进入市区和世博园区的车辆进行了引导和分流，建成了"分层疏流、引导换乘"的世博专用P+R系统，方便外围自驾车游客停车后换乘专线车或轨道交通入园。第一层次，即在外环外的上海国际赛车场、虹桥枢纽、松江新城等地共设置5个大型P+R停车场，提供10000个换乘泊位。长三角自驾车游客按照引导路径将车辆停至P+R停车场后，可换乘直达专线或轨道交通入园。在外环内区域的共和新路停车场、沪太路停车场、航天博物馆设置了第二层次的P+R停车场，泊位1570个，本市郊区游客可选择在这些停车场停车换乘世博配套公共交通设施直达世博园区。

第四个是大力推进新能源车辆投放。世博会共投放1538辆新能源汽车开展示范运行，其中园区内投放948辆，园区外投放590辆。新能源车辆在运行中经受住了高温的考验，车辆工作率达到99.59%，不仅满足了世博客流的出行需求，也做到了园区内公共交通"零排放"、园区外低排放，体现了低碳世博、绿色交通的理念，对于树立社会节能环保的消费理念具有积极的意义。这里要重点讲一下的是园内120辆纯电动公交车，这是一次全新的尝试和探索。这批车在世博会期间运输任务非常重，车日行达到181.4公里，世博园区内专门建设了一座充电站，方便快速更换电车。这批车辆在世博会期间的投运，为后续新能源车辆的推广应用奠定了很好的基础。一方面，当时世博服务车辆的续航里程提升了。上海最先用的是超级电容车，到站充电需要几分钟的时间，最初续航里程也少，只有150公里，所以我们只能通过多配40%的备车来解决。后面随着电池技术的提高，续航里程能提高到250公里，一天运营下来可以不用一直充电了，效率也高了很多。另一方面，创新应用了"电池租赁"模式。这个模式和全国其他城市都不同，我们不用再担心后续电池的处理问题，也改善了整体公交车的形象。

问题4：上海在世博会期间逾7千万人次的大客流下，成功实现了"交通保畅"，请问成功经验是什么呢？对于以后交通发展有哪些启发呢？

孙建平：当时我们提炼了三点经验，有"三个化"。

首先是"集约化"。在交通方面我们推行的是集约化原则。简单地说，就是希望游客能够通过公共交通解决出行问题。通过建立综合公共交通系统、省际包车客运系统、多层次停车换乘系统，让95%的参观者通过公共交通解决了出行问题，这样就大大缓解了交通拥堵状况。

其次是"信息化"。我们充分运用现代通信技术，通过世博交通指南、世博交通网、交通服务热线、电台电视台、车载导航终端、手机和触摸屏等方式，帮助世博游客选择合适的出行方式、路径、出入口和换乘方案。以信息化道路指挥系统为例，全市的道路信息经过整合之后，就可以通过新闻媒体给观博的游客提供一些指示性引导，比如说奉贤地区的居民参观世博会应该怎么走，崇明地区的又应该怎么走，什么时候出行可以错开高峰，诸如此类。不但为广大市民观博提供了便利，对缓解交通压力也起到了很大的作用。除此之外，我们利用信息化技术作支撑，辅助交通管理决策，加强交通运营监管，成效很显著。

第三是"一体化"。我们协同构建了"一体化"的指挥调度体系。世博会期间由副市长任总指挥，35家市政府工作部门、中央在沪单位以及相关运营企业参加的世博交通协调保障组，在凝聚全市力量、统筹协调全市交通资源的基础上，构建了"各司其职、协同配合、指挥有力、运转高效"的世博交通一体化指挥调度体系。通过一体化的交通指挥调度体系，实现了园内、园外交通之间，动态、静态交通之间，以及各种交通方式之间的有序协调和衔接。

问题 5：世博会后，上海申请创建公交都市示范城市，能讲讲当时我们都做了哪些准备吗？

孙建平：通过世博交通的成功保障，公共交通优先发展理念在社会各个层面更加坚定了，同时，通过公共交通基础设施的大规模建设，尤其是在交通运营组织方面积累了丰富的管理经验，使得上海交通基础设施和治理水平在整体上都有了质的飞跃，为后续本市公共交通的发展奠定了坚实的基础，也为上海被评为全国首批公交都市示范城市打下坚实的基础。可以说，世博交通其实是公交都市建设的缩影，为我们创建"国家公交都市建设示范城市"提供了良好的土壤。

世博会结束后不久，交通运输部于 2011 年发布了《关于开展国家公交都市建设示范工程有关事项的通知》，我们于 2012 年着手准备、2013 年正式申报。说起来当时还有个小插曲。在交通运输部搞公交都市创建之初，大多是像佛山、中山这样的中小城市申报，按同样城市尺度比较的话，上海倒是适合参加"公交城区"的评比，所以没有参与，后来北京、重庆都申请了我们才恍然大悟，于是开始着手准备。申报成功后，我们还专门制定了《上海市创建国家"公交都市"示范城市实施计划》。该实施计划提出了公交都市示范城市创建的总体思路，是坚持公共交通优先发展战略，进一步提高公共交通设施供应水平、服务能力和运行效率，营造适度宽松、有序的乘车和候车环境，为广大市民提供符合国际大都市水平的公共交通服务，加快建立以公共交通为导向的城市发展模式，促进城市发展与城市交通的良性互动，缓解城市交通拥堵，让市民能切身感受"公共交通优先"政策实施的效果。在当时实施的工作计划中，有几项工作对创建起了非常重要的作用。

第一项，在目标中明确要建立"以轨道交通为骨干、地面公交为基础、轮渡为补充、慢行为延伸的公共交通客运体系"，也就是说上海的客运体系是以公共交通为主，而不是以小汽车为主。当然，上海也是一直这么做的。比如 20 世纪 90 年代上海就搞了牌照拍卖，整整延缓了小汽车 15 年的增长速度，不然现在可能连高架道路上都停满了车。相应的，我们牌照拍卖的钱是"源自交通，用于交通"，即便大家都在诟病"全世界最贵的铁皮"，但这些钱也真正用到了上海公共交通发展的方方面面。

第二项，结合上海实际确定建设指标。比如，地铁站出来50米范围内，要有公交站、出租车候客点、自行车停放点等接驳设施，这主要是为了适应未来以轨道交通为主体的出行模式；比如，从市区的任何一个小区出来，步行300米范围内一定要有公共交通，要么是地铁，要么是公交车，这些指标是要确保公共交通的覆盖率；再比如，通过换乘可以到达上海的任何一个地方，旨在建立一个便捷、畅通的公共交通网络，可以让市民到达城市的每个角落。

第三项，提出在轨道交通变成公共交通系统的骨干甚至主体后，地面公交要做到"一路一线，区域成网"。主要有两方面内涵：一是对于出行时间宽松的人，比如老人，可以通过坐地面公交车解决出行问题，所以要保证每条路上起码有1条公交线路；"区域成网"是指乘客到上海任何地方都可以坐到公交车，其中，为了解决"最后一公里"问题，我们买了一批7米的小型车，专门用来接驳地铁和居住小区之间的乘客，还实行了时刻表挂牌服务。

第四项，把中运量建设纳入重点任务。除了松江有轨电车、奉贤BRT[1]之外，我们还推动了延安路中运量公交的规划建设。中运量公交建设的原因主要有两点：首先，延安路本身是交通主干道，是一条公交客流比较高的客运走廊，但地下没有地铁，也没有建设地铁的条件，所以我们想在这条客运走廊上建一个中运量系统；其次，当时延安路上有64条公交线路，线路重复度比较高，我们想通过建中运量把线路资源重新整合一下。当时，为了减少对社会车辆、沿线设施的影响，我们还把原先路侧式专用道改成了路中式，这就意味着公交车要从右面开门换成左面开门。中运量公交运行后，社会的主要质疑是车道的利用率问题。现在每天的载客量已超过4万，车速也比旁边车道的小汽车更有优势，充分彰显了上海公交优先的理念。而且专用道对救护车、消防车等应急救援车辆开放了使用权限。以

---

[1] 即快速公交系统（Bus Rapid Transit，BRT）。

后通过左开门等措施，最大限度地归并其他公交线路，切实提升延安路的畅通能力。

经过 5 年的不懈努力，2017 年我们被授予首批"国家公交都市建设示范城市"称号。这一称号背后达到的一项项指标数据，也折射出上海城市交通更便捷、更绿色、更智慧的发展历程。

# 成功创建国家公交都市建设示范城市

访谈人：谢　峰　上海东方枢纽建设集团董事长，
　　　　　　　　曾任上海市交通委员会主任
　　　　　杨小溪　上海市交通运输协会党委书记，
　　　　　　　　原上海市交通委员会副主任
　　　　　董明峰　华东建筑设计研究院有限公司交通规划设计研究院
　　　　　　　　院长、教授级高工，曾任上海城市交通设计院院长

问题1：虽然上海第一批获得了公交都市示范城市称号，但当时并不是第一批申请的，您认为是什么让上海决心创建公交都市示范城市？

杨小溪：2011年11月，交通运输部运输服务司发布《关于开展国家公交都市建设示范工程有关事项的通知》，明确优先选择城市人口较为密集、公共需求量大、公共交通发展水平较高、轨道交通或快速公交系统发展较快、有明确扶持政策的大中城市，要积极开展国家公交都市建设示范工程建设。

当时，上海公共交通的行政管理部门是上海市交通运输和港口管理局（简称交通港口局），也就是现在的上海市交通委员会（简称交通委）的前身。当时，对于公交都市的创建，我们的理解是有偏差的，认为这项工作主要是针对中小城市，而上海本身已经是公交都市，还用得着创建吗？因此，我们并没有第一时间向交通运输部提出创建申请。

后来，经过与交通运输部的充分沟通，我们深刻理解了创建国家公交都市的初衷，这不但是实现城市与城市交通可持续发展的重要途径，而且对于缓解城市交通拥堵、降低能源消耗、改善生态环境都具有重要意义。所以，2012年我们抓紧时间组织编制了创建方案。当时上海城市交通设计院是技术支撑单位，我们专门赴北京进行了汇报，在2013年8月正式向交通运输部提交了《上海市创建国家公交都市申报材料》，并通过了交通运输部组织的评审。2013年底，上海正式被交通运输部确定为国家"公交都市"创建城市，同时在2013年上海市人民政府发布《关

于贯彻〈国务院关于城市优先发展公共交通的指导意见〉的意见》(沪府发〔2013〕46号)中,明确了"要建成与社会主义现代化国际大都市地位相匹配的国家'公交都市'"目标,积极实施国家公交都市示范工程建设。

之后,在市领导的高度重视下,在市推进公共交通优先发展联席会议这一平台的有力推进下,在发改、财政、公安等相关部门的大力支持下,经过四年的努力,上海于2017年底提前一年完成相关创建指标,成为第一批获得国家"公交都市"称号的示范城市。

问题2:进入"十三五"时期,公交都市创建进入了攻坚阶段,请您介绍一下当时面临的主要困难有哪些。

谢峰:经过"十二五"时期的大力发展,上海"枢纽型、功能性、网络化"的综合交通体系架构已经基本形成。公交都市创建取得了重大进展:从总体上看,公共交通整体服务水平显著提升,全市公共交通日均客运量达1820万乘次。从轨道交通看,2015年底运营线路15条,长度达到617公里,运输能力大幅提高,客运主体地位逐步体现。从地面公交看,线网优化调整力度持续加大,运营水平和服务品质得到提升。同时,"两网融合"进一步推进,换乘优惠受益乘客规模逐年增长。可以说,以上成果为"十三五"时期的综合交通发展和成功创建公交都市奠定了坚实基础。但是,"十三五"时期的公交都市建设又面临着新的挑战。

从城市发展的角度来看,道路交通拥堵形势依然严峻。随着市民生活水平的不断提高,交通需求,特别是个体化、机动化出行需求持续增长,对私人小汽车的需求快速增长。记得当时,非营业性客车额度拍卖一度成为社会热点。但从土地等道路交通设施建设所需的必要因素看,上海明确提出规划建设用地"负增长"的要求,可供交通设施建设的用地十分有限。这就意味着,有限的道路资源难以无限制地满足日益增长的小汽车出行需求,交通拥堵形势日益严峻。同时,道路交通带来的污染排放,也成为城市空气污染的重要来源之一。如何破解,还是那一句话,必须坚持优先发展公共交通，这是解决像上海这样的超大型城市交通问题的根本途径。

从市民出行的角度来看，对出行品质的要求越来越高。当时，公共交通进入了由"地面公交为主体"向"轨道交通为主体"转变的发展新阶段，轨道交通已成为市民交通出行的首选方式，但轨道交通拥挤严重，市民感受不是很好。我记得 2016 年时，工作日客流超过 1000 万人次，客流增速超过设施供应增速，轨道交通拥挤区段从市中心环线附近延伸至外围区甚至外环以外的近郊地区。轨道交通 1 号线、2 号线等 10 条线路处于高峰超负荷状态，高峰拥挤里程比例超过 17%，部分车站出现乘客滞留现象。换乘车站成为大客流的拥堵节点，人民广场、世纪大道等多线换乘的枢纽站高峰客流密度超过 2.5 人 / 平方米，2015 年已有 39 个车站执行了限流措施。同时，地面公交运行的可靠性不高、换乘不便等问题，也影响了其对市民的吸引力。比如，当时地面公交运营速度慢，中心城地面公交全天平均运营速度为 15 公里 / 小时，早高峰时段平均运营速度 10—12 公里 / 小时，拥堵路段公交平均运营速度不足 10 公里 / 小时。公交都市要创建成功，这些问题必须要突破。

问题 3：针对当时公交都市建设中存在的上述问题，是如何破题的？

谢峰：一方面，我们持续推进创建方案提出的"六大工程、四大保障"体系，主要涉及健全公共交通规划体系、落实基础设施建设计划、推进公共交通服务提升、发展低碳绿色公共交通、推进公共交通智能化建设、创造安全文明可持续发展的公共交通环境等方面，还从体制、资金、宣传等方面提出了保障举措。另一方面，市委、市政府对"十三五"交通工作提出了"管为本、重体系、补短板"的总体思路。2016 年，我们按照市委关于"补短板"的部署和要求，加强交通领域"补短板"工作。其中，轨道交通、地面公交成为这次"补短板"的重中之重，重点是聚焦轨道交通高峰拥挤、地面公交可靠性不足、"两网"融合度不高等问题，通过优化完善设施、服务、管理三大体系，统筹资源、建管并举、综合施策、补好短板，着力提升公共交通服务水平。

首先，从设施体系来看，轨道交通方面，其作用和定位发生了变化，成为公共交通体系的主体。如何发挥好主体作用呢？一方面，我们落实"十三五"综合交通规划发展要求，加快新线建设，通过新线投运进一步完善和优化网络，均衡流量；另一方面，我们通过车辆增购、站点扩容等措施，持续推动既有线路增能，缓解高峰拥挤。截至"十三五"期末，轨道交通线网总长增至 729 公里，日均客运量超过了 1000 万乘次，实现了中心城区高峰发车间隔 3 分钟以内。地面公交方面，关键是如何提高可靠性的问题，而路权优先是可靠性的重要保障之一。为此，我们在"十二五"公交专用道建设基础上，一方面，坚定不移地持续推进专用道建设，特别是着力建设和打通"20+8"骨干客流通道的公交专用道网络，到"十三五"期末，公交专用道达到了 500 公里；另一方面，我们根据"上海 2035"总规[1]提出的"三个 1000 公里"，推动建设延安路 71 路中运量公交示范工程等具有独立路权的公交系统，弥补轨道交通无法覆盖骨干客流通道的不足，也丰富了公共交通的层次。同时，我们也鼓励各郊区规划建设自己的中运量公交系统，比如，松江有轨电车、奉贤 BRT 等都是非常有益的尝试与探索。另外，我们还以"一路一骨干"为导向，持续推进公交线网优化，如沪太路的鱼骨状公交线网优化等。

其次，从服务体系来看，我们始终以人为本，坚持问题导向、需求导向，推动服务品质提升。轨道交通方面，重点推出和实现了中心城线路重大节假日和周末延时运营。地面公交方面，一方面，我们以时刻表为抓手，通过手机 App、电子站牌等信息化手段，实时预报车辆到站信息，提高公交出行可预期性和可靠度；另一方面，持续推动公交车辆更新，实现全面空调化，加快新能源化和无障碍化步伐。此外，我们还进一步推进轨道交通、地面公交"两网融合"，特别是做好新开轨交站点周边的公交配套，持续推进"最后一公里"线网布设，不断提升市民出行获得感。

最后，从管理体系来看，政府层面，当时虽然大交通管理体制改革已基本完成，但面对新形势、新要求，我们在改革基础上，对管理机构进行了优化，将道路交通相关

---

[1] 即《上海市城市总体规划（2017—2035 年）》，简称"上海 2035"总规。

管理职能整合到一起，组建成立了上海市道路运输管理局，进一步加强包括公交都市建设在内的城市道路交通管理。行业层面，为了提高地面公交企业的经营活力，我们以改革为抓手，持续推动公交行业围绕"体制、机制、票制、规制、法制"等方面深化改革，取得了积极成效，政府监管进一步加强，企业经营内在动力和活力持续提升，行业可持续发展得到保障。

总的来看，"十三五"期间，公共交通系统的整体服务能力和品质得到了进一步增强与提升，很好地支撑了城市经济社会发展。

**问题 4：在推动公交都市创建过程中，上海有哪些探索创新的举措？**

杨小溪：第一点，2016 年 4 月底我们正式公布了《上海市公共汽（电）车客运线路优化导则》，让公交线路调整做到有据可依。过程中，2015 年上海市交通行业公众意见征询意见委员会就《上海市公共汽（电）车客运线路优化导则》开展了专题意见征询，使得市民充分参与到城市公共交通的政策制定当中。

第二点，2016 年 6 月 25 日，71 路中运量公交系统工程正式开工建设，作为中心城区极为重要的东西向交通走廊和大客流公交走廊，相应的公交线网优化调整研究工作同步展开。2017 年 2 月 1 日，延安路中运量公交 71 路正式开通载客试运营。作为本市首条专道行驶、信号优先的快速公交线路，该线路东起延安东路外滩，西至沪青平公路申昆路，全长 17.5 公里。71 路中运量公交的路权是 24 小时的，要知道，专用道做到 24 小时可是很不容易的，当时部里来上海评审的专家也感觉很震撼。在规划建设以及后续的运营中，我们确实经受了很多质疑，承受了社会各界的压力，但我们还是始终坚持专业判断，坚持公交优先发展理念不动摇，通过进一步加大运行效果的社会宣传力度，不断统一思想，凝聚共识。目前，71 路运营车速已达 17.5 公里 / 小时，工作日日均客流达到 4.6 万人次以上，达到设计标准。总的来看，市民对 71 路还是给予肯定和支持的。

创建过程中我们做的又一个尝试就是社区巴士。上海有些社区因为通行条件受限，比如道路比较窄，常规的 12 米公交车进不去，但居民又特多，需求高，我们就想开一些社区微公交。这实际上跟我们当时的一些制度安排（比如公交车必须在固定的站点上下客等）不相符，但我觉得这个创新值得尝试，不行再退回来嘛。后来普陀区首先提出在桃浦地区作尝试，为此，桃浦镇专门注册了"上海智迅客运有限公司"。这条线路相较常规公交线路更加灵活便民，扬招即停，线路全程约 5 公里，票价 1 元，在桃浦新村地区巡回穿梭行驶，全线共设置了 9 个固定站点，几乎涵盖了桃浦新村内的菜场、地铁站、社区医院、大型超市和近 10 个居民社区。运营刚满一个月时，乘客就达到 3.5 万人次，基本实现保本。线路连起了断头路、覆盖了"最后一公里"，大大提升了区内居民尤其是老年人的出行便捷度，所以我觉得这个尝试是很有意义的。

问题 5：当时上海公交已经处于国内领先地位，请您介绍一下在编制创建方案时，是想创建一个怎样的公交都市，怎么去创建呢？

董明峰：是的，上海在创建国家公交都市方面具有很好的基础。2012 年，上海已经开通轨道交通 15 条（含磁悬浮）567.7 公里，营运车站 331 个，中心城 600 米半径覆盖率 35%。公交线网规模达到 7787 公里，线路数 1338 条，中心城公交专用道 161.8 公里。公共交通客流日均客运量约 1742 万乘次（当时出租汽车客运量还计算在内，为 294.8 万乘次），其中轨道交通 686.7 万乘次，地面公交 742.6 万乘次，轮渡 17.4 万乘次。另外，还有 500 余公里的轨道交通正在建设中。如果按照综合交通"十二五"规划确定的路径和举措推进，上海市应该很快可以达到交通运输部的创建目标。但上海作为超大城市、国际化大都市，在交通领域有责任、有使命，也有能力走在全国前列，为全国公交都市的建设当好示范。

上海城市交通设计院有幸配合当时的上海市交通运输和港口管理局编制上海创建国家公交都市的实施方案。在编制过程中，结合交通运输部对国家公交都市建设示范工程的要求，我们从设施保障、服务品质、运营安全、规范管理、组织保障、规划引领、扶持政策、动态监管等方面着手，开展公交都市创建的方案编制。原上海市交通运输和港口管理局，于 2013 年 8 月正式向交通运输部提交《上海市创建国家公交都市申报材料》，其中就包括了上海创建国家公交都市的实施方案。

在方案编制过程中，我们认为难度比较大的就是确定创建目标与定量评价指标，这关系到上海公交都市创建的愿景和目标。在实施方案制定过程中，我们通过现状研判、头脑风暴、意见征询、专家甄别等多种方式，建立了上海公交都市考核评价指标体系，包含出行特征、服务供应、服务水平、安全管理、政策支持等 5 个板块 30 个定量指标（20 个考核指标和 10 个参考指标）。因为城市外围地区与中心城区有明显的差异，有些指标重点考察中心城的实施水平，如公共交通机动化出行分担率、公交站点 500 米覆盖率；有些考察的是全市整体发展水平，如万人公共交通车辆保有量、正点率、拥挤度、满意度等。结合 2012 年底公共交通发展水平及各重点指标的发展表现，我们对五年期创建目标值进行了评估预测。为了保证数据统计延续性、准确性，我们还编制了一套指标体系说明文件，明确定义了指标内涵、计算方法与数据来源，为后续每年开展的评估监测提供了良好基础。

另外，确定具体的举措是最核心的内容。我们结合交通运输部要求与上海城市发展特色，提出了要打造与国际大都市相匹配、与智慧城市相适应的"立体公交""低碳公交""智慧公交""优质公交"；明确要注重公共交通专项规划的引领作用，注重轨道交通网络建设、有轨电车及快速公交系统发展、公交优先车道建设与路权优先、综合交通枢纽建设、公交站点 500 米服务半径全覆盖等服务供应的增加，提出到 2017 年底要建成 700 公里轨道网络、380 公里公交优先道网络。突出地面公交线网优化、"最后一公里"接驳网络形成、轨道站点 50 米内公交站点衔接等服务水平的提高，这在国内起到了一定的示范引领作用。同时，在发展新能源和清洁能源公交车、用地综合开发、文明行业创建、城市交通综合施策等政策方面积极引导。

问题 6：您觉得能够成功创建公交都市，哪些因素最为关键？

谢峰：第一个也是最关键的因素是市领导的重视。公共交通优先发展不只是个口号，说到底要落实到包括用地、资金、路权等在内的方方面面。虽然公共交通优先发展理念已经在上海各个层面达成了共识，但到了操作层面，大家思考的角度不一样，有时候会有较大矛盾。在整个公交都市建设过程中，上海市的领导在决策时始终把公共交通优先作为基本原则，比如，成立了市公共交通优先发展联席会议机制，为公交都市建设推进搭建了平台，大力推进该项工作。再比如，在延安路上建设71路路中运量公交，给予其全天候24小时的路权。这些都足以看出市里推进公共交通优先发展的决心。

第二个就是"一城一交"综合交通管理体制的建立。2014年上海市交通委员会成立，职能包含了原上海市交通运输和港口管理局职责，以及上海市城乡建设和交通委员会的交通发展规划、道路公路管理、交通综合协调、国防交通战备等职责，同时，上海市规划和国土资源管理局的组织编制轨道交通网络系统规划、选线专项规划职责，以及上海市公安交警部门路设管理等职责，也整合划入上海市交通委员会，改变了上海交通"多龙治水"的局面，大大提升了协调效率。在体制改革之前，公交和路政分属原市交通港口局、住房和城乡建设管理委员会两个部门，在公交专用道、港湾式公交站建设等涉及多部门协调的工作需要牵扯较多的精力，而全部划归市交通委之后，初期我们就干"拉郎配"的事，比如在港湾式公交站建设中协调委内的公交部门与路政部门，后来就形成了一套工作机制，在路政部门列出道路养护计划时，公交部门在此基础上列出需要建设的港湾式公交站，然后一并实施。比较遗憾的是，49路在规划馆前面的站点还没有建成港湾式公交站。

第三个就是公交优先战略成为所有政策制定的原则和依据。国家公交都市建设的核心，就是想通过不断提高公共交通系统的吸引力，来降低市民对小汽车的依赖，从根本上缓解城市交通拥堵。上海从20世纪90年代就开始进行牌照拍卖，城市的机动车管理也有个"总量控制"的概念，就是说小汽车的发展不能够无节制，以至于超出城市道路可以容纳的范围，毕竟上海作为超大型城市，还是需要依靠公共交通来解决更多市民的出行问题，不然道路拥堵没法缓解。与此同时，上海牌照拍卖的钱又全部作为促进城市公共交通发展的专项资金，支撑上海的公共交通发展。所以多个政策之间的相互配合，形成闭环，也是上海能够建成公交都市的关键因素。

# 更高水平公交都市建设

访谈人：于福林　上海市交通委员会主任
　　　　刘　斌　上海市交通委员会副主任，
　　　　　　　　上海市道路运输管理局局长
　　　　薛美根　上海市城乡建设和交通发展研究院院长

问题1："十四五"初，上海启动了更高水平公交都市建设。请您讲一讲当时面临的形势和要求。

于福林：要讲形势和要求，就要先讲基础和条件。

经过多年发展，上海已经基本建成了"枢纽型、功能性、网络化"的综合交通体系，为"十四五"上海交通，尤其是公共交通的发展奠定了良好的基础。无论是公共交通网络、客运交通枢纽等基础设施，还是体制机制、战略规划等管理举措，相较于过去都有了质的飞跃。比如，我们建成了831公里轨道交通网，建成500公里公交专用道，浦西中心城区地面公交实时到站信息预报实现全覆盖；成立了上海市交通委员会，形成了"浦西、浦东、一区一骨干"区域经营的市场格局，等等。其中，还有一点非常重要，就是坚持公共交通优先发展战略。经过几轮改革和发展，公交优先已经深入人心。

对于上海这样一个拥有2500万常住人口的超大城市来讲，只有发展公共交通才是有效缓解道路交通拥堵这个大城市"通病"的唯一正确的出路。确立这个理念，为未来上海城市公共交通的发展明确了总体目标和方向。进入"十四五"，站在新的起点上看，上海的公交都市建设面临许多新形势、新问题，概括来说就是机遇与挑战并存。

从挑战上来看，主要是落实国家战略和解决多年改革发展留下的难啃的硬骨头。比如，长三角区域一体化上升为国家战略后，给区域交通一体化带来的新要求，特别是大都市圈周边地区的交通出行联系，必须纳入公交都市考量的范围；又比如，近年来市委提出的打造"中心辐射、两翼齐飞、新城发力、南北转型"的空间新格局，五个新城作为综合性节点城市，内部公共交通和对外联系成为新的课题；再比如，国家提出的智慧、绿色转型也成为公交都市建设的内在本质要求；最后，轨道交通高峰时段部分区段的拥挤，地面公交运行的可靠性与效率，轨道交通与地面公交"两网融合"，地面公交与轨道交通企业的可持续发展，等等，这些"老大难"问题有待持续发力予以缓解。

从机遇上来看，主要是社会环境支撑和体制保障。进入"十四五"之后，一方面，大环境变化为更高水平推进公交都市建设提供了更好的支撑。为贯彻落实2019年党中央、国务院发布的《交通强国建设纲要》，我市于2021年3月发布了《交通强国建设上海方案》，明确提出了到2035年要实现"五个全面"，其中一项就是"全面建成支撑超大城市宜居、宜业、宜游的市域交通体系"，目标是到2035年，将"建成世界一流、国内领先的'公交都市'"，并将这部分任务作为交通运输部交通强国建设试点任务全力推进。另一方面，体制机制的不断完善为推进更高水平公交都市建设提供了更坚强的保障。2019年上海市道路运输管理局成立，将运政与路政管理合并，同时，还成立了市道路运输事业发展中心。很多原来分属两个部门的管理事务，比如港湾式公交站的建设、出租汽车站点建设、公交专用道的施划等，现在在一个部门内就可以统筹协调了。

在这样的背景下，2021年9月，市政府办公厅发布了《关于深入践行人民城市重要理念 建设更高水平公交都市示范城市的三年行动方案（2021—2023年）》，标志着更高水平的公交都市建设全面启动。

**问题2：与之前的公交都市建设相比，您认为更高水平公交都市建设的内涵有什么不同？**

于福林：上海长期坚持公共交通优先发展理念，但在每个阶段，都会针对形势特点、阶段特色、发展要求对公交优先的重点任务进行调整和安排，创建符合时代特点的公交都市。

"十四五"时期，我们紧扣"更高水平"这个关键，着重在"公交都市"的内涵和外延上，进行了进一步深化。

在"公交都市"外延上，我们进行了进一步拓展。最初，在申请创建公交都市示范城市时，主要涵盖的交通方式是轨道交通、地面公交、出租汽车、轮渡等。这次，更高水平公交都市建设是为了适应当前形势的变化，为市民提供更高品质的交通服务。首先，我们将慢行交通作为公共交通的延伸，纳入公交都市建设范畴，作为实事工程、民心工程大力推进。比如，人行道整治、机非隔离栏整治、中心城38座人行天桥加装电梯等，取得了良好的社会评价。其次，我们更加重视客运交通枢纽的建设。比如，为支撑五个新城建设，大力推进嘉定的安亭枢纽、松江的松江枢纽、奉贤新城枢纽，临港新城的四团枢纽、青浦新城枢纽等"一城一枢纽"建设，建成之后，可实现新城内外交通便捷高效的联系，发挥新城交通辐射作用与吸引力。除这些大型枢纽外，我们还对轨道枢纽、公交枢纽、公交站点品质提升等进行了系统的规划设计，以利于系统推进、整体提升。最后，为强化绿色交通方式为公共交通的唯一属性，我们将个性化的出租汽车调整出公共交通范畴，将道路交通需求管理也作为重要任务，通过运用行政、经济手段来减少小汽车的拥有与使用。同时，持续推进缓解拥堵等措施，改善道路通行环境，为公交都市建设创造良好的道路运行环境。目前，公交都市建设的内容涵盖了与交通出行相关的方方面面，包括绿色出行理念、出行文化等多个方面的内容，是对"十五"以来公共交通优先发展理念的进一步拓展。

在"公交都市"内涵上，我们进行了进一步深化。"十三五"之前，我们进行了大量的基础设施建设，采取了精细化管理，对既有设施进行了提标升级。面向"十四五"，公交都市建设的重点是"提质"。

轨道交通方面，突破了城市轨道交通的范畴，融入了市域铁路的新鲜血液。随着长三角同城化交通需求日益强烈，通过城市轨道交通、地面公交以及并不集约的小汽车交通方式，很难支撑区域一体化更高质量发展。在上海2035城市总体规划中提出的市域铁路线路陆续进入规划建设阶段，比如正在建设的机场联络线、南汇支线、嘉闵线、长三角示范区线，以及正在推进前期工作的南枫线、金平线、嘉闵线北延伸等线路。可以说，这一阶段除了持续推进城市轨道交通建设外，市域铁路的规划建设工作已成为公交都市建设的重要任务。其中，机场联络线预计于2024年底开通运营，目前正在加紧处理运营筹备工作。

地面公交方面，将聚焦更高品质服务，推进线网重构。一方面，我们大力推进中运量公交系统，包括五个新城中运量公交系统的规划建设，推进北横通道、南北高架地面道路、沪太路等中运量公交建设。另一方面，我们持续推进已经规划的"20+8+X"骨干通道建设，完成剩余公交骨干通道建设。同时，还配套调整现有公交线网，减少复线率，提升地面公交的运行效率和经济性。

加强科技赋能，面向未来塑造公共交通核心竞争力。2020年，市委、市政府公布《关于全面推进上海城市数字化转型的意见》，明确城市数字化转型重大战略。交通领域可应用、可落地的场景非常多，市交通委和市道路运输管理局迅速行动，坚持发挥交通"先行官"和"开路先锋"作用，率先编制了交通行业第一个数字化转型的三年行动计划，即《上海市交通行业数字化转型实施意见（2021—2023年）》，在数字化领域抢抓机遇、乘势而上，构筑面向未来的交通新优势。实施意见确定以建设场景为主要任务，其中许多场景都与公交都市建设相关。比如，"出行即服务"就是当时分管交通的副市长张为同志牵头抓的，现在已经推出了随申行1.0。还比如，我们推出了"三码整合"，实现了"随申码"、乘车码、地铁码的"一码通行"。

此外，我们依然坚持公共交通的大众属性，在建设公交都市的路上，不忽视任一群体、任一方式、任一区域。比如，轮渡这种传统的交通方式，相比轨道交通，它的运量较小，日平均客运量6.72万人次，只占公共交通客运量的0.54%，但它却是助动车过江的重要交通方式，其服务和安全都是不容忽视的。接下来，我们还将继续注重轮渡的服务品质和安全，同时考虑更多的过江方式以服务市民。

问题3：您能介绍一下上海公交都市建设在绿色智慧转型方面的做法吗？

刘斌：绿色和智慧是更高水平公交都市建设的重要内涵。一方面，坚持公交优先，就是坚持集约优先、绿色出行，也是实现"双碳"目标的有效手段和有力支撑。从某种程度上讲，建设公交都市的过程本身就是推进交通绿色转型的过程。另一方面，科技是第一生产力、第一竞争力。要让上海公交都市更具吸引力、更有竞争力，离不开智慧赋能。

在绿色转型领域，近年来，上海在公交都市创建过程中，将绿色作为公交都市的重要内涵，着力改善绿色出行环境、提升绿色出行品质、增加绿色出行方式、增强绿色出行意识，2022年我们成功创建了首批全国绿色出行城市。这一年，全市交通运输行业总能耗持续下降，约为1902万吨标准煤，同比减少约19%，其中轨道交通能耗与2021年基本持平，常规公交能耗同比减少31.2%。城市绿色出行比例不断提高，中城新区绿色交通出行比例达到80.5%，公共交通机动化出行分担率达到64.1%。我们重点聚焦几个方面：

第一，强化规划引领，引导绿色交通发展。在《交通强国建设上海方案》、《上海市综合交通发展"十四五"规划》、新一轮《上海市交通发展白皮书》等战略发展文件中，倡导公共交通支撑和引导城市发展。开展轨道近期建设规划、慢行交通规划、更高质量公交都市发展等专项规划研究。加强对规划实施过程的监管与评估，确保规划的权威性与落地性。持续开展公交客流调查、综合交通调查等相关工作，确保交通出行相关数据真实、可靠、有效。

第二，巩固发展基础，加大绿色交通基础设施建设力度。轨道交通方面，持续推进网络建设。开工建设南汇支线、上海示范区线、20号线一期西段等项目，有序建设推进机场联络线、嘉闵线、崇明线、2号线西延伸、21号线一期等项目。地面公交方面，大力推进中运量公交系统建设，开工建设71路西延伸等项目。慢行交通方面，大力推进示范路、示范区建设，建成环中共二大会址纪念馆"红色经典步道"。综合交通枢纽（场站）方面，积极引导综合开发。

第三，提高绿色出行品质，深化供给侧结构性改革。一方面，公共交通服务模式更加多元，我们探索并推出了中运量公交、定制公交、接驳巴士、社区巴士等地面公交服务模式，实现了上海、苏州双城11号线的无缝衔接，推出了"悠游苏州河"等交游融合产品。另一方面，既有设施的增能提效也加快进行。比如轨道交通，通过缩短高峰时段发车间隔以缓解拥堵；进一步优化延时运营，满足市民夜生活交通需求。比如地面公交，我们联合公安部门加大公交专用道违法占用执法力度，保障公交路权与效率。比如"两网融合"，优化轨道交通、地面公交站点车辆到站信息预报，方便市民换乘。比如慢行交通，通过制定慢行规划设计导则，推动慢行设施建设的标准化、规范化、特色化；通过推进过街人行天桥加装电梯、道路盲道整治、路缘石衔接坡度改造、轨道车站无障碍设施配置等实事工程，不断提升市民慢行交通满意度；通过打造慢行示范区、打造品质特色的各区慢行新地标，构建连续完整、适宜市民漫步的"15分钟生活圈"。这些年，结合"一江一河"，越来越多的像徐汇滨江、外滩第二立面等市民喜闻乐见的漫步区域成为网红打卡地。

第四，加速清洁能源应用，促进交通领域减碳降碳。一方面，坚持纯电发展路径，加速推进公交、出租、分时租赁、轻型物流、环卫、邮政、公务车等新能源化发展，引导燃料电池汽车示范运行。截至2022年，上海新能源汽车累计推广总量约101.4万辆。其中，纯电动汽车占比55%，插电式混合动力汽车占比45%；燃料电池汽车方面累计推广2465辆；新能源公交车达到15242辆，约占总量的88.5%；新能源出租车达到2.24万辆；新能源物流车辆累计约3万辆。另一方面，积极审慎地探索应用其他清洁能源。比如氢能，2022年，国内首条应用氢能源动力的临港中运量T2线开通试运营。比如甲醇，我们正在研究制定甲醇加注全链条服务方案。比如光伏，我们推出了全国首个依法合规全容量并网的交通组合光伏发电应用项目——延安路高架光伏声屏障和光伏发电棒组合光伏试点。此外，我们还加快布局充换电设施网络，累计建成各类充电桩69.7万个、换电站120座，车桩比约1.4∶1，在全国处于领先地位。

另外，我们还加大"公交优先、绿色出行"的宣传引导，通过无车日、绿色出行宣传月、公交出行宣传周等重要时间节点，开展绿色出行宣传相关活动，让越来越多的市民认同公交优先，让越来越多的市民践行绿色出行。

在智慧转型领域，近年来，我们深入贯彻落实《"十四五"交通领域科技创新规划》，围绕上海实际和上海优势，注重顶层谋划、立足数字赋能、狠抓创新应用、强化环境营造，取得了一些成效，为公交都市建设提供了有力的科技支撑。比如，我们强化交通领域的顶层设计，印发了《上海市智能交通系统顶层设计（2021—2025年）》，提出"三全发展愿景、四优建设目标、五融架构体系、七可数字底座、八化关键系统、N智特色示范"总体设计。比如，我们持续深化智慧场景应用，搭建上海首个交通"出行即服务"（MaaS）平台，即随申行App；完成交通出行多码整合，实现智能手机用户"一码通行"、无智能手机用户"一卡通行"；大力推进公交电子站牌建设，浦西中心城区和浦东中环以内区域，中途站点车辆到站信息实现实时预报，中心城区预报准确率达96%以上；持续推进便捷停车服务，覆盖全部1400个收费道路停车场、3400个大型经营性停车场库；积极推进"一键叫车"服务进社区、进医院，覆盖全市16个行政区80多个街镇及单位；推出"免申即享"服务，为全市7.6万余名特定人群提供便利。比如，我们积极拓展自动驾驶创新应用，持续深化"四全一融合"测试道路场景布局，开放926条、1800公里道路，基本实现嘉定及临港全域开放；持续推进洋山港智能重卡示范运营，已累计完成超22万标准箱运输量；2023年，我们还在嘉定启动首批智能网联出租示范运营，在临港新片区启动首批智能网联公交示范运营，上海市智能网联汽车商业化路径探索进一步加速。比如，我们稳步推进新型基础设施建设，印发《上海市智慧高速建设技术导则》，实施S32、G60、G15嘉浏段等智慧高速示范工程，总里程约144公里。目前，S32智慧高速基本建成，初步实现"智慧设施、智慧管控、智慧服务、智慧决策"四大功能；G15、G60智慧高速已全面启动；稳步推进车路协同环境建设，嘉定区完成230.6公里测试道路、287个路口智能化改造，实现对路口全时空、全要素的数字化管理。

问题4：《上海市交通发展白皮书》是指导上海交通发展的纲领性文件。公共交通优先发展理念贯穿三轮白皮书，成为上海交通发展的核心理念。请问每轮白皮书对公共交通优先发展的定位和内涵有怎样的变化？

薛美根：公交优先始终是上海国际大都市一体化交通发展的核心理念，纵观三轮交通白皮书编制，随着综合交通体系的建设完善，公交优先的内涵随城市发展阶段和交通特征的转变而不断丰富。

21世纪的上海城市定位为集聚国际经济、金融、贸易和航运中心等功能的国际化大都市，1999版上海城市总体规划明确提出要建设一个以轨道交通为骨架、地面公交为基础，出租车、轮渡为补充，具有良好换乘条件、运营高效、充分满足市民出行需求的客运服务体系。为更好落实城市总体规划，2002版第一轮交通白皮书明确提出了公交优先、车路平衡和区域差别三大核心政策，并开始成网推进轨道交通建设。地面公交依然是城市公共交通的绝对主力，配合轨道交通的建设，重点开展优化线网、场站和路权保障、车辆更新、枢纽衔接、秩序规范等问题。

2002年中国成功获得2010年上海世博会的举办权，上海举办世博会为上海城市和交通的跨越式发展创造了难得的契机，成为推进城市总体规划和2002版交通白皮书实施落地的重要动力和保障。短短10年时间，上海的公共交通体系有了跨越式的发展。2010年，全市12条轨道交通线路（含磁悬浮线）投入运营，总里程452公里，比2000年（66

三轮交通发展白皮书目标发展沿革

图片来源：上海市城乡建设和交通发展研究院

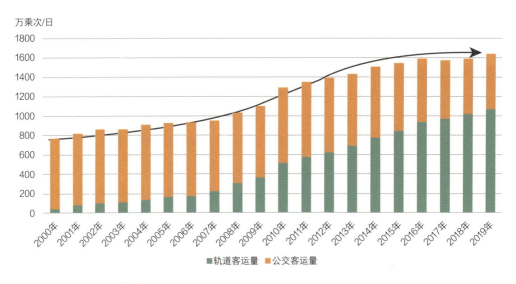

公共交通客运量结构变化沿革

图片来源：上海市城乡建设和交通发展研究院

公里）增长了5倍多。此外地面公交经历了三轮改革，公交管理体制由最初改革前的政府主导，到充分市场化，再回归到政府主导。而受到轨道交通快速成网、私人小汽车快速增长、道路拥堵矛盾加剧、公交体制局限等因素影响，地面公交难以适应市场变化，客流量开始持续下降。

在此背景下，第二版交通白皮书（2013版）的政策重点在坚持公交优先的战略前提下，对轨道交通和地面公交的发展政策进行了优化调整。2013版交通白皮书发布时，轨道交通已经形成12条线500公里的网络规模，轨道交通的客运量持续快速增长，而地面公交的功能已经在逐步调整，公交客运量自2010年世博会以来呈现逐年下降的态势。到2014年3月，轨道交通客运量首次超过地面公交，成为公共交通的主体。这也意味着公共交通客运体系内部已经出现了结构性变化。对于轨道交通，除了持续推进轨道交通建设外，更加关注提升以轨道交通为核心的公共交通出行链整体服务品质，持续强化运营组织优化管理和安全保障。对于地面公交，更加强调地面公交的转型和升级发展，尤其是要适应轨道交通网络运营后对地面公交功能定位的影响，进一步优化地面公交网络。

地面公交客流走廊分布
图片来源：上海市城乡建设和交通发展研究院

此外，对地面公交骨干客流走廊要进行设施功能的升级，因地制宜地发展中运量公交系统，更好地发挥地面公交作用。

第三轮上海交通白皮书（2022版）编制，正逢上海城市功能定位进一步提升、全面深化"五个中心"建设、加快建设具有世界影响力的社会主义现代化国际大都市的发展背景。伴随经济社会及科技的发展，人的出行需求特征也发生了较大的变化：一是上海"五型经济"[1]发展特征、都市圈同城化特征趋势、人口老龄化特征、家庭少子化特征更加明显，居民出行距离延长，非通勤出行比例提升，特殊出行需求增多，对高品质、多样化、个性化的出行需求持续增加；二是新一轮科技革命和产业变革方兴未艾，尤其是人工智能、互联网、5G、新能源等前沿新技术的广泛应用，将给经济、生活、治理带来颠覆性变化。交通已经成为重要应用场景，传统交通必将迎来历史性变革。

公交优先战略依然是必须坚持的方向，但要顺应消费升级、"互联网+"、"五型经济"等快速发

---

[1] 所谓"五型经济"，指的是创新型经济、服务型经济、开放型经济、总部型经济、流量型经济。

展趋势，应不断提供多样化、高品质的客运服务，并加强与城市功能场景的紧凑融合度。一是打造灵活多样的客运服务供给体系。建成以公共交通为骨干、慢行交通为衔接、具有较低小汽车依赖度的多模式客运出行体系；推进出租汽车行业可持续发展，形成网约车与巡游车相互补充、协调发展的格局；鼓励定制客运服务规范化、多元化发展。二是提供更高效可靠的交通服务。推进轨道交通网络建设，加强既有线路增能改造，缓解高峰时段客流拥挤；引导地面公交与轨道交通融合和错位发展，加快形成骨干线、支线、接驳线、快线及多样化线路等多层次的线网结构，推进公交专用道成网；推进轮渡与其他城市交通"零换乘"。三是打造便捷的管家式出行服务新体验。践行出行即服务理念，打造实时在线、跨平台聚合的一体化管家式出行服务，为出行的规划预约、行程诱导、支付查询等全过程提供全新体验，让交通出行更加便利。四是提升公共交通空间与城市功能场景的紧凑融合度。创新交通划拨用地综合开发机制和模式，在满足交通主体功能的基础上，推进公共交通基础设施用地复

上海出行即服务联盟成立
图片来源：文汇报，2022-11-07，《进博会上，上海市出行即服务联盟正式成立》

合利用，强化与商务、办公、游憩等城市公共空间节点的耦合互动，强化轨道交通站城融合，建立便捷、舒适的一体化换乘模式，塑造服务型、交流型枢纽。

问题 5：公交都市建设任重而道远，请您介绍一下未来公交都市建设的思路和方向。

于福林：2022 年 10 月，为指导上海交通未来的发展，市政府发布了新一轮交通发展白皮书，为公交都市建设明确了方向。具体来讲，未来公交都市建设将会注重以下几个转变。

第一个转变是从公共交通优先发展向公共交通和慢行交通优先发展转变。刚才讲过，在 2021 年发布的公交都市建设三年行动计划中，已经将慢行交通正式纳入公交都市的建设范畴。当前，慢行交通在市民中越来越受欢迎，在中心城的出行方式中占比达到一半以上，其重要性可见一斑。所以在新一轮白皮书中，我们郑重提出要将慢行交通放在优先地位，也就是大家看到白皮书提出的三大战略之一——坚持公共交通和慢行交通优先发展。为此，我们正在制定《关于加快推进本市慢行交通品质提升工作的实施意见》《关于加快推进本市慢行交通品质提升的三年行动方案（2023—2025 年）》，以及《上海市慢行交通标志标线设置技术指南》等文件，从工作机制、标准规范、试点推进等方面全方位系统推进全市慢行交通品质提升。

第二个转变是从以公共交通分担率为评价指标向以绿色交通分担率为评价指标转变。评价公交都市，最重要、最核心的指标就是公共交通分担率，这是对公交都市建设整体水平的综合反映。新冠感染疫情对经济、人口及交通出行模式都形成了一定程度的影响，期间公共交通出行量出现了一定程度的回落，虽然有一部分转移到了小汽车交通方式，但更多的是选择了慢行交通方式。据统计，疫情后上海非机动车保有量增加了 300 多万辆。我们应当鼓励和支持慢行交通这种绿色、健康、经济的交通方式，不应再简单地追求轨道交通、地面公交、轮渡客运量的提升，所以未来我们考虑将绿色交通方式分担率作为核心评价指标。

第三个转变是以中心城为主向主城区、新城、上海大都市圈拓展。

前些年，由于中心城交通矛盾相对较为突出，我们把更多的精力放在提升中心城交通服务水平上。近来，一方面，我们加快沪通铁路二期、沪苏湖铁路等铁路建设，开辟毗邻公交，优化工作机制，推动长三角交通设施互联互通、交通服务互通共享、行业管理协同高效。另一方面，我们通过建设市域铁路、鼓励探索中运量公交、推动各区编制综合交通发展规划等举措，加快提升五大新城综合交通管理与服务水平。下一步，我们将把公交都市建设由中心城向主城区、五个新城、长三角毗邻地区等更大范围拓展，探索五个新城骨干公交的主体模式，打造慢行交通示范区，推动更广区域的公共交通服务均等化，结合"交通强区"建设，将五个新城打造成更高水平的"公交强区"。

第四个转变是从注重供给侧服务水平向注重需求侧人本体验转变。经过多年建设，上海的交通网络与设施覆盖面已经比较完善，如何让市民舒心出行、放心出行将是更高水平公交都市建设要提升的重点。比如，更关心出行时间。2022版白皮书已提出"中心城通勤时间控制在45分钟以内，降低极端通勤人口比例"。比如，更关心出行环境。我们已经着手打造更高品质的慢行街区，让市民漫步在可休闲、可游憩的步道中；促进公交首末站品质提升，让候车环境更舒适宜人；推进适老化、适儿化改造，让城市交通更有温度，等等。未来我们将会针对乘客体验制定系统的推进举措。

第五个转变是从注重设施布局向强化模式创新转变。高效一直是公交都市建设的价值取向，下一步将在注重服务的基础上，进一步解决效率问题。比如，在处理公交专用道成网和使用效率问题上，既会根据需求继续增加公交专用道，也将通过采用合乘车道、公交专用道等不同形式来提高使用效率。比如，在处理公交线网覆盖面和车辆满载率问题上，将充分利用信息化技术支撑更为灵活的运营模式，如定班车、高峰线、响应式运营等，在确保公交线网高覆盖率的前提下，进一步提高公交运行的经济性。再比如，在处理轨道交通运行效率问题上，将更新信号系统，进一步缩短发车间隔，也将在新线建设过程中，探索大站车、越站车等运行模式，给市民更多出行选择的同时，缩短乘车时间。

第六个转变是从传统驱动向创新驱动转变。智慧绿色是战略取向，也是发展方向，更是我们突破传统赛道，实现换道超车的契机。下一步，我们将抢抓历史机遇，大胆试、大胆闯，让智慧和绿色成为上海交通的标志和底色。比如，绿色领域，主要是应对全球气候变暖、国家"双碳"目标，继续推广应用电能、氢能、甲醇、光伏等新能源应用；智慧领域，主要是持开放态度，接纳更多的人工智能、区块链、元宇宙等新技术和新科技。同时，两者也是一个相互促进的关系。通过科技创新支撑绿色发展，也通过绿色发展为科技创新创造场景，比如随申行推出的碳积分场景。

最后，市民的获得感、幸福感离不开安全这根底线。安全感是对公交都市建设最直接、最感性的评价。所以我们还将持续压实各方安全责任，也呼吁市民共同参与进来，大家一起携手创造一个安全的出行环境。

第二章
Chapter 2

# 全球领跑的轨道交通
World-Class Rail Transit

我们积累了丰富的实践经验，总结下来就三点：坚持规划引领，关注线网的系统功能和做到轨道交通建设与城市空间的协同，这三点经验也指引了我们后期轨道交通的规划和建设。

——李俊豪

轨道交通中车辆基地作为城市建设的"用地大户"，需要通过土地资源的集约利用和城市功能结构的优化提升，最大限度地提高土地开发收益并反哺轨道交通建设和运营，车辆基地结合车站站点及周边土地的轨道交通上盖开发势在必行。

——曹文宏

世博会前运营总里程迅速拓展到420公里，完成了被外界认为"不可能完成的任务"，展现了"上海速度"。党的十八大以后，上海的轨道交通建设就开始进入高质量发展阶段了。

——张川

上海地铁历经30年的发展，迈入了网络化运营新阶段。为了打造人民满意的轨道交通，我们总结了"三个坚持"：坚持以乘客为中心、坚持新发展理念、坚持世界眼光。

——戴祺

上海这个世界级的超大规模地铁网络，离不开世界级的运营管理体系。结合习近平总书记"人民城市"理念的提出，我们也提出了"人性化服务、精细化管理、标准化建设"三方面内容，来探索形成行业内可复制可推广的质量管理模式。

——张凌翔

这些年我服务过许多天南海北的乘客，也遇到很多棘手难办的事情，但始终坚持初心，将乘客疑难愁盼的问题变成自己前进的动力和改进的方向。

——高煜

为了适应超大规模网络精细化管理和高质量发展要求，我们不断突破，持续确保线网运营安全可控、列车运行高效便捷，为乘客出行保驾护航。

——殷峻

我们将绿色发展理念融入到地铁规划、设计、施工和运维的全过程，率先在国内提出了"打造绿色地铁、提升网络品质"的目标。

——刘加华

地铁公共文化作为城市文化发展的新阵地和大舞台，是城市公共文化传承和演绎的重要窗口，是上海文化大发展、大繁荣的重要内容。

——吴昕毅

跨城地铁的互联互通，不仅满足了需要跨市通勤的乘客需求，也带来城市和城市之间"边界"的变化，并最终成为连接都市圈内城市间的重要基础设施。

——徐正良

金山铁路是国内首条公交化运营的市域铁路，为金山区的轨道交通发展找到了最优解。

——陈莽

We have amassed a wealth of practical experience, which can be distilled into three key points: adhering to guidance of the overarching plan, emphasizing the system functions of the rail transit network, and achieving the coordination between rail transit construction and urban space. These three points have informed and guided our subsequent planning and construction endeavors.

—Li Junhao

As a significant land user in urban construction, rail transit vehicle bases are supposed to maximize land development income and contribute to the construction and operation of rail transit through intensively utilizing land resources and optimizing urban functional structures. Therefore, it is crucial to develop vehicle bases in conjunction with station sites and the upper spaces of surrounding areas.

—Cao Wenhong

Before Expo 2010 Shanghai, the total operating mileage of the Shanghai Metro experienced a rapid expansion to 420 kilometers. This accomplishment involved completing tasks that were deemed "impossible" by the outside world, showcasing the renowned "Shanghai speed" in development. Following the 18th National Congress of the CPC in 2012, Shanghai's rail transit construction entered a phase of high-quality development.

—Zhang Chuan

After 30 years of development, the Shanghai Metro has embarked on a new era of networked operation. To create a rail transit system that truly meets the needs of the people, we have embraced three guiding principles: putting passengers at the center, embracing the new development concept, and adopting a global perspective.

—Dai Qi

Given Shanghai's remarkably large metro network, it is imperative to establish a world-class operation and management system. In line with General Secretary Xi Jinping's vision of creating a "People's City", we have put forward three specific targets: "humanistic services, refined management, and standardized construction". These efforts aim to develop a quality management model that can be replicated and promoted throughout the industry.

—Zhang Lingxiang

Over the years, I have had the privilege of serving passengers from diverse backgrounds, encountering numerous challenging situations along the way. Despite the difficulties, I have remained steadfast in my commitment and turned each challenging encounter into a catalyst that propels me forward and points the direction for improvement.

—Gao Yu

To meet the demands of refined and high-quality development of a large-scale rail transit network, we consistently strive to make breakthroughs. Specifically, we ensure the safe and controllable operation of the network and prioritize efficient and convenient train operations, thus providing the necessary safeguards for the passenger's journey.

—Yin Jun

We have incorporated the concept of green development throughout the process, from metro planning, design, construction, and operation and maintenance. Furthermore, we have taken the lead in setting the goal of "building a green metro and improving the quality of rail transit network" in China.

—Liu Jiahua

As a new frontier and platform for urban cultural development, metro-based public culture serves as a vital window for preserving and interpreting the public culture of the city. It also constitute a significant part in the extensive growth and prosperity of Shanghai's cultural landscape.

—Wu Xinyi

The interconnectivity facilitated by cross-city metros not only serves the commuting needs of passengers traveling between cities but also redefines the traditional "boundaries" between cities. Ultimately, cross-city metros become vital infrastructure that connects cities within the metropolitan area.

—Xu Zhenglian

Jinshan Railway, the first commuter-oriented, public transit municipal railway in China, is the perfect way out for the rail transportation development in Jinshan District.

—Chen Mang

# 上海轨道交通规划思路的变迁

习近平总书记在视察北京大兴机场线时指出:"城市轨道交通是现代大城市交通的发展方向。发展轨道交通是解决大城市病的有效途径,也是建设绿色城市、智能城市的有效途径。"这一论述深刻阐述了轨道交通发展的功能定位,也为上海大力发展轨道交通提供了根本遵循。在历版城市总体规划和轨道交通线网规划的指导下,上海轨道交通系统快速发展。今年正好是上海轨道交通开通运营 30 年。在这 30 年时间里,上海轨道交通从 1 条线变成 1 张网,从最初开通的 6.6 公里变成 831 公里。这里有几个重要节点。1990 年 1 月,轨道交通 1 号线开工建设。1993 年 5 月 28 日,1 号线徐家汇站到锦江乐园站 6.6 公里建成通车,实现了上海地铁零的突破。到 2004 年,1 号线、2 号线、3 号线都陆续建成,5 号线与 4 号线相继开工,初步形成了十字加环线约 120 公里的基本骨干线网。后来经过世博会之前的轨道交通大建设,2010 年成为国内首个突破 400 公里的城市。到 2013 年底,运营里程增加到 567 公里,跃居世界第一,上海轨道交通也正式迈入网络化运营管理阶段。2021 年,上海成为世界首个轨道交通运营里程突破 800 公里的城市,日均客流高达千万,网络规模领跑全球。

访谈人:李俊豪　原上海市交通委员会总工程师,一级巡视员

问题 1:上海为什么要发展轨道交通呢?

2021 年,上海成为世界首个地铁里程突破 800 公里的城市,网络规模领跑全球。而在 20 世纪 50 年代初,上海市人民委员会市政建设交通办公室就提出了《上海市地下铁道初步规划(草案)》;但真正促使上海下决心加快轨道交通建设是在 20 世纪八、九十年代。随着上海战略地位的变化,城市空间布局加快调整,交通需求快速增长。当时市民的中长距离出行主要是靠公交车,而公交车非常拥挤。有调查数据显示,公交线路中日均客流超过 20 万人次的已多达 16 条。当时的老百姓中还流

20世纪80年代,延安东路外滩拥挤不堪的211路终点站

图片来源:搜狐网,2018-10-22,《[话说上海]挤公交、推公交,那些年魔都出行的日常》

传着这么一道另类的数学题:在什么情况下,能在1平方米的面积里站12个人?答案是:在上海的公交车上!因为每个人都是踮着脚尖站着的。同时,建成区路网密度和人均道路面积率还比较低,道路交通设施供需日趋紧张,地面公交运行也并不顺畅,这种依靠地面公交支撑市民出行的模式已难以为继。

为此,1986年批复的《上海市城市总体规划》提出了"规划并着手建设地下铁道"。上海大力发展轨道交通系统,依托对其基础设施的革新,来大幅提升城市、交通系统的容量和运输速度。

问题2:您刚提到上海的轨道交通线网规划始于20世纪50年代初,能讲讲早期对轨道交通网络规划的探索吗?

没错,上海的轨道交通线网规划始于20世纪50年代初。1956年,出于加强战备需要,上海市市政建设交通办公室向人民委员会提出《上海市地下铁道初步规划(草案)》,随后成立上海市地下铁道筹建处,开始上海地下铁道的规划设计、方案论证和试验研究。1958年之后,上海地铁先后设计了三线一环、四线一环、四线两环等一系列比较方案。但出于保密考虑,这个方案并未列入1959年编制的上海城市总体规划方案中,但是相关的工作还是在推进了。比如,1965年4月,上海市城市建设局提出《上海市地下铁道第一期工程计划任务书》，这个任务书中的线路与现在1号线基本相同。同一时期，大概是从1960年开始，先后在浦东塘桥试验成功第一段隧道，在衡山公园试验成功第一座车站和两条隧道（1965年开始），1978—1983年在漕宝路用新方法试验车站隧道成功，上海轨道交通成功完成了三次标志性的探索，填补了国内软土地层中建造地铁的空白，为上海轨道交通后续推进建设打下了良好基础。到1986年，刚才提到过了，国家批复了《上海市城市总体规划》，提出"规划并着手建设地下铁道"。在1986版城市总体规划编制的过程中，上海规划未来城市空间格局呈现出以中心为核心、单中心圈层式扩张的基本特征，中心城规划用地300平方公里，650万人口，为支撑城市发展，提出了7条线（4条直径线、1条半径线、1条环线、1条半环线）、176公里、137个车站的地铁系统。

到了20世纪90年代初，上海城市建设快速发展，国务院也批准同意上海市加快浦东地区的开发，我们也调整了地铁原有规划的走向和网络，与城市空间相协同。比如，考虑到人民广场重要的政治、经济、文化功能，对1号线选线方案进行了优化，1号线接入人民广场并形成枢纽，与规划线网中的其他线路进行了锚固。虽然在线路走向上略有绕行，运营上也增加了一些曲线，却有效提高了地铁车站布局与城市功能的协调性，缓解了市中心的交通拥堵，支撑了市级中心的规划建设。比如，2号线，当时东段的原规划设想是往虹口、杨浦两区的主客流方向延伸，以解决当时市中心交通堵点虹口南部一带的交通"蜂腰"问题。但为了响应浦东开发开放的号召，我们开始研究线路接入浦东的方案。当时市区浦东、浦西之间的通勤交通主要依靠黄浦江上的21条轮渡航线，黄浦江轮渡的日均客流量最高时超过100万人次，而且雨雾天能见度低时还要停航。所以，我们将2号线的走向调整到浦东陆家嘴、张江等地区，并预留了继续向东延伸至浦东国际机场的可能性，契合了城市总体规划的东西向发展轴线。2000年6月，轨道交通2号线建成通车。再比如，建设3号线缘起于沪杭铁路内环线对城市发展和城市交通的影响。在与铁路局协商之后，拆除了沪杭内环线和淞沪铁路江湾镇以南的线路，并利用该通道建设高架形式的3号线，彻底解决了原铁路沿线20余处平交道口的交通阻塞和苏州河原沪杭铁路桥下潮涨"闷船"之患，成为国内利用既有铁路通道服务城市交通的经典案例，也形成了上海西南至东北走向的大容量骨干线路，也是连接上海南站和上海新客站的客运纽带。2000年12月，3号线上海南站至江湾路站开通运营。

这个阶段，可以说还处于轨道交通规划建设的初期。从1号线、2号线、3号线的调整可以看出，轨道交通与城市空间在协同上迈出了一大步。同时，通过轨道交通建设，大大提升了城市交通的运能和效率，提高了公共交通服务水平，轨道交通对城市发展的引导和支撑作用逐步凸显。当然，受限于当时的经济、技术条件等因素，这个阶段部分线路区段选用了高架和地面的敷设方式，给城市空间品质带来了一定的影响。

问题3：2001年国务院批复了轨道交通远景网络规划，涉及轨道交通的三个功能层级、共计810公里的规划里程。请问当时的规划背景、思路是什么？当时的远景规划与城市发展的关系如何？重点支撑了哪些区域的发展？

1999年，上海开始编制面向新世纪的城市总体规划，下面简称99版总规吧。该规划提出的城市总体布局是以中心城为主体形成"多轴、多层、多核"的市域空间布局结构。编制过程中，轨道交通网络的规划是其中一个非常重要的课题。为了集思广益，我们在1999年邀请了五家境外机构参加轨道交通线网规划方案征集工作，在参考了多家国际规划设计机构方案的基础上，上海市城市规划设计研究院结合上海的实际情况，提出了两点基本原则：一是在总体导向上，轨道交通发展要支撑99版总规提出的城市发展战略，同时积极改变当时私家车发展较快的势头；二是在线网组织上，将整个轨道交通线网分为市域线、市区线和局域线三个层次，做到与上海城市空间布局调整和居民出行活动相匹配，体现轨道交通系统自身建设以及与城市协同共生的发展要求。2021年最终形成了总长810公里，由4条市域快线（R线）、8条市区线（M线）和5条区域轻轨线（L线）三个功能层级组成的轨道交通线网（简称"810"线网规划）。

在世博会筹备期间，上海进入了以轨道交通为代表的交通设施适度超前发展时期。在这一时期，为了优先推进重点轨道交通线路建设，我们选取了一批线路形成"基本网络"，编制了基本网络规划，作为轨道交通集中快速发展阶段的重要依据和指导。经过充分论证和研究，2002年轨道交通基本网络规划提出由11条规划线路组成的基本网络方案，基本网络总规模约为400公里，其中，中心城范围内约311公里。这个网络具有较高的网络效益，具备远景网络的主要功能，对上海建设国际化大都市具有强有力的支撑作用。非常有趣的是，在世博会举办前期，上海轨道交通线路运营里程刚好达到410公里，规模上与基本网络规划基本一致。

问题4：世博会前后，上海先后发布了两轮轨道交通建设规划，涉及了多个轨道交通建设项目、共计700余公里的建设里程，请问当时编制建设规划的背景和考虑是什么？整个过程为轨道交通的快速建设发展提供了哪些经验？

在99版总规和02年基本网络规划的引领下，上海于2003年、2009年组织编制了两轮建设规划。其中2003年编制的一期建设规划在2005年7月获得国家发展改革委[1]批复。在这一计划中，上海想在2012年以前建成13条线路，线网总长约510公里（中心城线路长约332公里），旨在初步建成功能性、枢纽型、网络化的轨道交通格局。建设计划的编制和批复，打破了此前单条线路报国家发展改革委的状况，首次实现多条线路一次批复，加快了上海市轨道交通建设的进程，有效促进了城市发展。2007年底6、8、9号线陆续投入试运营，形成了8条线、236公里、162座车站的轨道交通基本网络雏形，网络化运营优势初步显现。

2008年，上海对当时的"810"线网规划进行了动态优化，重点深化了虹桥枢纽、城市副中心、保障性住房等重点功能区的衔接需求，17条线最终演化为21条，形成了"1051"网络规划，并以此为基础编制了二期（2010—2015年）建设规划，包含了13项轨道交通工程，线路全长248公里，建设完成后网络线路总

---

1 即国家发展和改革委员会，本书简称发展改革委。

长将达到 815 公里。以举办世博会为契机，至 2010 年上海轨道交通 1 号线至 11 号线以及 13 号线世博段建成，形成覆盖中心城区、连接市郊新城、贯通重要枢纽的轨道交通 425 公里基本网络。

两版建设规划涉及的轨道交通建设里程有 758 公里，加速了整个网络的发展。在这两个加速阶段，我们积累了丰富的实践经验，总结下来就三点：坚持规划引领，关注线网的系统功能和做到轨道交通建设与城市空间的协同，这三点经验也指引了我们后期轨道交通的规划和建设。

问题 5："上海 2035"总规提出了形成"三个 1000 公里"的轨道交通网络构想，当时主要基于什么样的战略考虑呢？与以往的规划理念相比有哪些继承和提升？

2017 年，基于上海建设全球城市的发展目标，我们将国家战略、市民期待与上海实际相结合，在整体继承 99 版总规线网规划理念的基础上，提出了"一张网、多模式、广覆盖、高集约"的规划理念，和"三个 1000 公里"的轨道交通网络格局，旨在支撑五个中心建设和大都市圈的协同发展。

"上海 2035"总规基本上继承了 99 版总规的规划理念，提出了"一张网、多模式、广覆盖、高集约"的规划思路，在网络层次上提出市域线、市区线、局域线三个功能层次，形成"三个 1000 公里"的轨道交通网络规划，支撑上海建设全球城市的发展目标。

市域线网。形成由 21 条线路构成的市域公共交通骨架，规划总里程达到 1000 公里以上。规划 2 条联系重要交通枢纽、重点功能区和 2—3 条深入中心城内部、贯穿主城区重要客流走廊的轨道快线，更新利用南何和北杨铁路支线、专用线等现状通道。建立 9 条主城区联系新城、核心镇、中心镇及近沪城镇的射线，新城与主城区之间的公共交通出行比例提升至 80%，枢纽之间的轨道交通出行时间缩短至 40 分钟以内。在新城、核心镇和中心镇之间构建 10 条左右联络线。通过市域枢纽节点转换和部分区段的跨线直通运行，实现多模式轨道交通系统之间的互联互补。

市区线网。在主城区规划 25 条、总里程 1000 公里以上的市区线，其中中心城轨道交通线网密度达到 1.1 公里 / 平方公里以上。适度加密中心城北部、东部地区网络，加强对发展潜力地区和沿黄浦江等主要客流走廊的轨道交通服务，研究新增线路的快慢线复合功能，在中环附近预留环线运行条件，实现重要交通枢纽、市级中心之间 30—45 分钟互通可达。围绕轨道交通枢纽及站点提升公共活动功能，加强轨道交通沿线新建和更新项目的控制和引导，加强土地集约、综合利用和立体开发。

经本轮规划修编，上海轨道交通网络规划总规模约 2200 公里，其中市域线约 1157 公里，市区线约 1043 公里。

依据"上海 2035"总规，上海进行了第三轮建设规划和调整研究。2018 年 12 月、2022 年 6 月，《上海市城市轨道交通第三期建设规划（2018—2023 年）》及其调整规划相继获得国家发展改革委批复，包括 9 条地铁线和 3 条市域铁路，总长 342.6 公里。

时至今日，上海轨道交通三轮五次建设规划项目，除部分延伸段及改造项目仍在建设中以外，其余项目均已建成。到 2022 年底，运营线路 20 条，运营里程 831 公里，上海轨道交通首次跨入 800 公里的发展新阶段。近年来，国家层面、长三角区域层面及上海市陆续提出了一系列新的发展政策、规划及需求，对照新的需求，为适应上海中心辐射、两翼齐飞、新城发力、南北转型的城市发展新格局，2021 年 9 月，上海第四轮建设规划亦已全面启动编制工作。

"上海 2035"总规理念其实是以往规划理念的继承与提升，我们高度关注了交通和空间的深度协同，也超前考虑了上海这一超大城市轨道交通网络化运营的各种需求，做到了一边扩充线网规模，一边关注既有线路的提质增效和能力挖潜，从而为乘客的出行提供更高效率的服务保障。

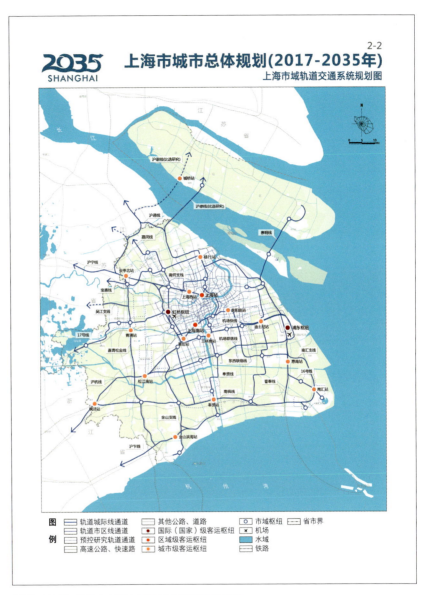

"上海2035"总规中上海市域轨道交通系统规划图

图片来源:《上海市城市总体规划(2017—2035年)》

第一节
Part 1

# 轨道交通规划与建设
Rail Transit Planning and Construction

# 轨道交通设计与 TOD 理念实践

地铁建设是项复杂缜密的大工程,线路设计要考虑城市整体规划和工程建设条件,更要主动引导沿线土地开发利用,促进区域空间的合理有序发展。

访谈人:曹文宏　上海市隧道工程轨道交通设计研究院原副院长、
　　　　　　　　总工程师

问题 1:您被称为"从现场中走出的大师",负责设计了多条地铁线,请问在设计中,您突破了哪些技术瓶颈呢?

的确,在参与设计线路时,我们随时会遇到各种困难,比如设计 10 号线的时候,想把 10 号线作为全国首条全自动驾驶的大运量地铁线,前期我们做了大量的试验,整个过程也不是一帆风顺的。

在 10 号线规划初期,全自动无人驾驶技术已在国际上得到了一定的应用,所以我们也大胆提出了应用"全自动无人驾驶系统"的构思,在国内率先开展了专题研究。轨道交通是重要的城市交通出行工具,10 号线一期工程还是一条穿越市中心的大运量地铁线路,所以我们从项目规划、工程可行性研究到项目立项、设计、实施的整个过程都在反复论证全自动无人驾驶系统建设的必要性和可实施性。同时,我们还引进了国外先进的管理理念和建设咨询团队,为 10 号线的全自动无人驾驶系统方案提供技术支持。经过多维度、全覆盖地对可靠性和安全性进行分析论证,10 号线一期工程的全自动无人驾驶系统才最终落地实施。

我们知道,作为重要城市交通出行工具的地铁设施,"从有司机到无司机"的改变是对当时成熟的传统运营方式的全面突破。地铁的全自动无人驾驶系统主要依托自动化、高集成的控制系统,结合人工监视、干预的机制,通过向操作人员提供风格相同、操作一致的人机界面,促使调度人员、车站和车辆基地值班员、系统和设备维修人员等,在没有司机的情况，同样可以完成对列车、信号及设备等的综合监控。此外，全自动无人驾驶系统通过对列车的精确定位和实时跟踪，能够实现缩短行车间隔、提高旅行速度的目的，也能减少全线网地铁驾驶员的配置数量，降低企业的运营成本。

这项技术的应用，给国内传统的轨道交通建设、管理、运营等诸多领域都带来了革命性的突破，打破了传统模式中专业和工种分工的局限性，加快了轨道交通建设中的系统化、标准化、模块化进程，对国内城市轨道交通建设起到了引领作用。目前，作为国内首条全自动无人驾驶线路的10号线已开通十多年了，全自动无人驾驶系统运行平稳，运营管理体系渐趋完善，各项运营指标较网络中传统线路有明显提升，且运营维护定员与常规线路相比大幅减少，为全国全自动线路的建设提供了宝贵的建设及运营经验。

此后，在"十三五"期间，上海建设的14、15、18号线都采用了全自动无人驾驶模式，三条新线的评审得到专家组"高质量、高水平、高

10号线无人驾驶线路后台监控室
图片来源：上海申通地铁集团有限公司

15 号线全自动驾驶列车车厢
图片来源：上海申通地铁集团有限公司

全自动列车车库
图片来源：上海申通地铁集团有限公司

标准、供借鉴"的高度评价。其中获得外交部发言人华春莹点赞的 15 号线是国内首条一次性开通公里数最长且开通运营即具备最高等级全自动驾驶的轨道交通线路，18 号线是上海首批全功能一次性开通最高等级全自动运行的线路，也是上海首条全线应用建筑信息模型（BIM）智慧运维平台的线路。

问题 2：我看您在地铁设计中一直应用了 TOD[1] 理念，当时这个理念是如何产生的，您又作了哪些探索呢？

对的，在地铁与商业的结合建设方面，我们很早就进行了探索。20 世纪 90 年代，地铁 2 号线人民广场站、杨高南路站就结合地下空间进行综合商业开发。之后，10 号线在吴中路停车场上盖了万象城，在江湾五角场站实现车站与地下步行街系统相结合；上海虹桥综合枢纽更是集高铁车站、虹桥机场、10 号线和 2 号线于一体，成为地铁车站、高铁、机场及综合开发的典型案例。

我简要讲讲"地铁 + 商业"这一理念产生的原因。上海市轨道交通地铁长度约 800 公里，已形成网络化运营，建设投入加大；同时，"上海 2035"总体规划明确城市建设用地"零增长"，轨道交通中车辆基地作为城市建设的"用地大户"，需要通过土地资源的集约利用和城市功能结构的优化提升，最大限度地

---

[1] 即以公共交通为导向的发展模式（Transit Oriented Development，TOD）。

提高土地开发收益并反哺轨道交通建设和运营，车辆基地结合车站站点及周边土地的轨道交通上盖开发势在必行。

当然，推进过程中的困难也很多。国内城轨综合开发虽然积累了一定的工程经验，但是缺少系统性理论研究，比如开发机制与政策配套的局限性，增加了开发工作难度；结构体系与抗震性能系统研究不足，影响开发建筑业态的选择和经济效益的发挥；缺乏针对工业建筑与民用建筑复合型建筑的消防设计标准，存在安全风险；轨道交通场站的减振降噪系统研究不足，控制标准不明确；等等。从问题导向出发，上盖开发理论结合实践，建立起上盖关键技术体系，从而促进轨道交通上盖综合一体化开发的可持续发展。

这期间，我们实施的项目中有很多创新之处，大致有四个方面：首先，创新实践了轨道交通上盖开发的一个全新技术体系，编制导则、地方及全国行业标准，内容涵盖上盖开发相关的规划、建筑、结构、机电、防灾、环境保护、减振降噪等章节，集成创新了具有自主知识产权的技术和标准体系；其次，建立轨道交通车辆基地上盖开发消防技术体系，解决工业建筑与民用建筑竖向叠加后在建筑防火、疏散体系、灭火救援、建筑防烟排烟等设施消防方面的问题；再次，建立盖板与上盖开发高层建筑共建的整体结构体系；最后，创建轨道交通车辆基地上盖振动噪声控制技术体系。

上盖项目主要借鉴了香港、北京、深圳等城市的上盖开发经验。比如，吴中路和徐泾车场上盖开发的成功案例经验应用于上海 10、14、15、17、18 号线的实施，可创造约 100 公顷城市新用地，总开发建筑面积约 165 万平方米。在新一轮轨道交通建设中，预计还可造板地约 200 公顷。另外，相关成果在成都、苏州、重庆、深圳、济南等城市得以应用，推广效果良好。

问题 3：您刚提到一些"地铁 + 商业"综合开发的例子，能挑一个给我们讲讲吗？

过去，地铁只是市民出行的交通工具，现在我们把地铁进一步和人们的出行、生活、工作、娱乐、消费相融合，打造出都市新生态。比如，

上海首个地铁停车场综合上盖开发项目——上海万象城
图片来源：上海申通地铁集团有限公司

2017年我们首个上盖项目吴中路车辆基地的万象城开业，促使周边的生态逐渐改变，爱琴海、万科七宝等商业地标随之而起。在地铁上"加盖"商业综合体，不仅可以实现土地的集约化利用，还能优化城市空间布局，改善区域生态。

1号线莲花路站的上盖项目就是非常有代表性的例子。莲花路站建成比较早，1993年就建成投用了，根据车站改造前的客流数据统计，当时莲花路站工作日客流达到了日均11万人次，车站既有的客运能力已经无法满足逐年增加的客流需求。再加上设施陈旧，没有站厅，站台宽度只有5.5米，导致早高峰时段短时客流积压情况严重，车站的蓄客能力不足。为了缓解区域交通压力，我们对这个站点进行了改扩建。

考虑到当时车站北侧的沪闵高架阻隔了南北城市界面，车站建筑与周边的各个功能区块相对孤立，交通断联，无法形成弹性的城市回游，站点周边城市片区的弹性余量比较小、韧性也不足。而原有的莲花路站点是独立的"站舍建筑"，功能较为单一，难以满足片区发展对核心枢纽的多样性功能要求。而且站点的核心吸引力弱，不能有效辐射到周边地块，提供的社会公共效益不足。因此在莲花路站升级改扩建的时候，我们更多考虑了在城市韧性的基础上使车站的功能复合和交通组织达到更高标准。

于是我们将莲花路站出站口的旧站房拆除，将新扩建的地铁"空中

莲花路站内部集散换乘通道
图片来源：上海申通地铁集团有限公司

站厅"拉入商场,将出站人流引入二层。通过车站与市政天桥的连通,重新连接被隔断的城市南北街区,构建可回游的空中慢行系统网络。在流线的各个节点设置了高人气的公共空间,从而体现出"营造舒适高效缝合街区"的规划理念。通过首层架空、二层连廊、地下通道、跨轨天桥等措施,解决复杂交通、接驳换乘,成功构建轨道交通与城市慢行系统之间、轨道与周边快速集散换乘系统之间、轨道枢纽之间三重枢纽交通体系的一体化。经过两年多的不停运改建,莲花路站从一座功能单一的交通换乘车站,变成了一座地铁上盖的综合体,实现了地铁、商场的无缝链接,为提升区域活力创造了更多可能。在我看来,上盖开发业态要考虑区域环境、资源禀赋和产业体系等条件,与城市发展有机融合,以交通赋能区域发展,助力站点周边的产城融合,提升沿线客流及地块

莲花路站改造前

图片来源:上海申通地铁集团有限公司

价值，从而促进城市经济社会的发展。

这些年来，上海逐步形成了独具特色的地铁上盖模式，相继推出万科天空之城、凯德星贸等系列项目，在提供公共服务的同时，为城市创造更多的经济效益和社会价值。

莲花路站改造后
图片来源：上海申通地铁集团有限公司

# 轨道交通建设的新突破、新举措

上海地铁的运营里程已达到 831 公里,网络规模领跑全球。一路走来,在建设安全、建设质量、建设管理、工程技术等方面取得了令人瞩目的成绩,创造了很多个国内外的第一。

访谈人:张　川　上海申通地铁集团有限公司建设总监,
　　　　　　　　建设集团副董事长

问题 1:世博会前,上海地铁建设速度之快令人惊叹。您能具体聊聊当时的建设情况吗?

的确,现在上海地铁网络四通八达,就像变魔术一样,可是世博会前对于轨道交通的建设可是非常不容易的。

2002 年,上海获得 2010 年世博会举办权,轨道交通建设迎来全新机遇,为了满足预计 7000 万游园客流的便捷出行,2004 年上海明确了在世博会前要建成 400 公里轨道交通网络的目标。而当时,全市只有不足 100 公里的 4 条地铁线。要知道,国外建设一条地铁线路要 8—10 年。但按照市里的要求,5 年多时间内要多线同时开工,新建 300 多公里,怎么办?当时我们的压力很大。

为了顺利推进地铁建设,2004 年市委、市政府作出了"集全市之力,加快轨道交通建设"的战略决策,正式成立由分管副市长任总指挥的上海轨道交通建设指挥部,指挥部成员涉及规划、土地、环保、交通、电力、电信、燃气、水利等十几个部门。指挥部下面有一个前期工作推进办公室,我任办公室副主任。面对 7、9、10、11 号线的同时开工,我们面临着全市 14 个区、1 万余户居民、1200 余家单位的动迁重任,同时碰到的棘手问题还有前期各种证照的办理。经过梳理,当时 97 座车站中有 60 多座车站都要办理动迁许可证,而且要完成大量的建设程序,其工作环节和审批环节还特别多。在指挥部的整体统筹协调之下,各委办局为我们突破了很多政策上的瓶颈，还并联了很多审批环节，所有工作人员包括设计人员、办证人员，每周抽出一天时间聚在一起，大家当场确认图纸、当场敲边界章、当场审批、当场拟稿、当场出图纸，仅仅用了3个月的时间，所有前期的规划建设手续以及动拆迁许可手续就都办理完毕了，这离不开指挥部对所有成员单位的统筹协调，让整个建设计划更有协同性。

现在想想，当时真的很不容易。之前每条线的建设都有一家项目公司，项目公司有自己的前期推进工作，试想，这些工作如果不协同起来，对整个地铁网络的建设都不利。所以当时我提出了要从"网络"角度思考，不光运营有"网络"的概念，建设也有。这里说的"网络"指的是资源要统筹，材料要统筹，设备要统筹，外部要协同。四条线同时建设的时候，我们遇到好多困难，比如建设高峰时期有70—80座车站同步开挖，可是测算下来，上海当时钢支撑的量不够，只能满足40%的建设体量。所以成立了一个专班，专门用来统筹钢支撑的制作，做到提前制作，提前储备，确保建设进度。还有盾构，那个时候全国的盾构很少，我们在高峰时期，也就是2007、2008年，有100台盾构同时在推，当时有个形象的说法："一百台盾构齐头并进，一百座车站同时建设"。当时我们又专门成立了盾构工作组，对盾构的使用进行调配，打破施工单位的概念，实现"盾构共享"。有了指挥部的统筹协调，我们理顺了钢支撑、

2005年7号线开工典礼
图片来源：上海申通地铁集团有限公司

上海世博会期间地铁大客流场景
图片来源：上海申通地铁集团有限公司

盾构、前期管线、交通组织等内容，在世博会前，将运营总里程迅速拓展到 420 公里，完成了被外界认为"不可能完成的任务"，展现了"上海速度"，为世博会的旅客运输提供了切实保障。

问题 2：党的十八大后上海的地铁建设节奏放慢，建设思路由高速发展转为高质量发展，您能说说发生这一变化的背景吗？

世博会期间，由于集中建设的时间紧、任务重，我们还遇到一个问题，就是安全风险的叠加。这么多车站集中在建，导致建设单位、施工单位、监理单位人员缺失，专业、劳务、管理上的人手也不足，过程中发生了很多险情，这为日后的地铁建设积累了关键经验，就是控制同一时间段内的工程数量，以减少风险点的集聚。党的十八大以后，上海的地铁需求量没有世博会前那么迫切，所以我们的关注点就更多聚焦在了对建设品质的把控上，以契合习近平总书记提出的"高质量发展、高品质生活、高效能治理"三大战略目标，此后，上海的轨道交通建设就开始进入高质量发展阶段了。

问题 3：那在高质量发展阶段，上海有哪些建设上的亮点呢？

从数字上看，从 2012 年至今，地铁运营里程从 468 公里增加到 831 公里，车站数从 289 座增加至 508 座，日均客流从 746 万人次突破千万，地铁在公共交通系统中的分担率从 36% 增加到现在的 76%，可以说，轨道交通整体实现了质的飞跃。这一过程中，我们在建设上主要有三个亮点。

第一个亮点是施工过程中的风险防控能力得以升级。按照习近平总书记的说法是警惕"黑天鹅"、防范"灰犀牛"，这分别对应轨道交通远程监控中心和正在试点的"智慧工地"。其中"智慧工地"用于实时监管"灰犀牛"事件，发生概率大且具有潜在风险，比如没戴安全帽、现场违章作业、吊车不符合机械设备要求等，就是抓日常的安全管理工作。远程监控中心主要用于监测工程本体安全和周边环境，属于"黑天鹅"事件，发生概率小但都是高风险，比如隧道坍塌等。

远程监控中心
图片来源：上海申通地铁集团有限公司

下面详细讲讲我们的远程监控中心。这是全国第一个以数据分析为主的安全远程监控中心，早在 2004 年我们就与同济大学组合作，织搭建了这样的平台，受制于技术和设备局限，当时只能作事后分析。2012 年后，远程监控中心迎来整体改版，我们确定了一套完整的安全风险指标体系，最初有 3 个主控指标和 26 个辅助指标，主要针对盾构推进、深基坑开挖变形和旁通道工程三块内容。其中盾构地层损失率是刘建航院士提出来的。盾构地层损失是指盾构施工中挖土体积和建成隧道的体积之差。地层损失率用占盾构理论排土体积的百分比来表示，指标达到 5‰，说明处在优秀水平，现在我们就是按照这个标准在控制。经过长期的工程数据积累和研发，这套指标体系现在已经发展为 3 个主控指标（基坑、盾构、旁通道）、17 个核心指标和 55 个辅助指标。当前，依托远程监控中心，采用一系列传感技术、视频监控技术和 GIS 地图等数字化技术，我们已经全面监控并集成展现了施工现场的要素信息，能够基于综合研判快速识别工程风险。"十三五"期间上海轨道交通建设风险指数为 0.3，较"十一五"13.1 大幅进步。千万不能轻视这个 0.3，看上去很低，但与原来的 13.1 相比差异在哪里呢？原来的 13.1，风险点很多或者预警数字

最美车站——14 号线豫园站

图片来源：上海申通地铁集团有限公司

最美车站——15 号线吴中路站

图片来源：上海申通地铁集团有限公司

最美车站——15号线长风公园站
图片来源：上海申通地铁集团有限公司

最美车站——18号线丹阳路站
图片来源：上海申通地铁集团有限公司

很多，但发生风险的等级并不高，现在 0.3 数值很小，但一旦发生风险，就可能是大事。所以现在我们的压力并没有减小，相反，风险指数越小，我们越要时时刻刻怀着如履薄冰的心态，通过数字化转型不断提升。

第二个亮点就是 BIM 技术的应用。2012 年在 13 号线一期的管线控制上首次应用了 BIM 技术，我们发现效果非常好，所以马上形成了全国首个 BIM 标准体系，包括 BIM 设计标准、BIM 族群、BIM 设计平台、BIM 运营交付标准等。13 号线中 BIM 技术是应用在设计施工环节，9 号线将 BIM 技术拓展到了竣工后的数字资产交接环节，为运营和维保提供了支撑，为形成企业级的数据资产打下了良好基础。

从整个品质提升上来说，第三大亮点就是将建筑艺术融入车站的建设中，不单单是建好以后装修装饰的概念，而是从建筑设计初期就确定好站体风格，在给乘客提供最基本交通功能的基础上，让乘客感受到建筑的艺术。2012 年，上海从 1、12、13 号线开始尝试装修艺术的提升、装修标准的提高、装修整体性的协同，到 14、15、18 号线车站建筑艺术的引入，到建筑的美化，再到最美车站的创建，都是在践行高品质轨道交通发展的理念。

问题 4：超大规模网络的建设比以往任何时候都需要强大的科技支撑，目前地铁建设中上海有尝试哪些"黑科技"吗？

的确有几个新科技正在尝试。第一个是"智慧盾构"，就是智慧无人导航盾构，目前正在试点，跟无人驾驶类似。原来施工中盾构推进的数据都是人工读取，误差较大。应用无人巡航盾构技术后可以做到数据的实时纠偏，系统会在数据出现误差时实时给予千斤顶指令，自动将盾构推进距离控制在设计要求的轴线范围内，以减少偏差。这是目前我们一个新的尝试。

第二个是"极简车站"。"极简车站"是满足绿色环保和高品质要求的一个尝试，就是精确计算一座车站的建成究竟需要多少建筑体量、多少设备，同时在确保安全施工的基础上想方设法压缩车站的建筑体量，做到环保、节约和高效。

第三个是我们现在的车站都在试点做的"数字底座",把每座车站中机电相关专业的设备监控权从原来的综合监控平台转换至"数字底座",优化统一被控设备的接口标准和网络架构。举个简单形象的例子,就是把所有需要监控的设备装在一个"盒子"里,里面有很多专业被控设备:门禁、环控、消防、给水排水等,有关数据依托物联采集后汇总到这个"盒子"中,监控设备运行状况,实现每座车站相关设备的"健康管理"。这个尝试的核心是想做好两件事:一件是重塑网络架构,统一设备的接口标准;另一件是打通数据堵点,实现数据共享。

当然,我们还在不断探索新技术,深入践行"高质量发展、高品质生活、高效能治理"重要理念,把高标准、高质量和高品质融入后续的新线建设中,齐心协力把新一轮的轨道交通建设任务开展好,为全市经济社会发展多作贡献。

第二节
Part 2

# 轨道交通的运营管理和服务
## Rail Transit Operation Management and Services

# 书写地铁网络化运营监管的"上海样本"

上海地铁运营30年来，从1条线到20条涵盖轻轨、磁悬浮、全自动无人驾驶等多制式轨道交通；从最初的5座车站，到508座车站遍布全市，甚至直通邻省；从首次开通的当年度全年累计客流106万人次，到如今单日最高客流超1300万人次，客运量占比全市公共交通达76%的超大规模网络，30年巨变，一路见证了无数奇迹。

访谈人： 戴　祺　上海市交通委员会轨道处处长

问题1：您能简要说说上海轨道交通超大规模网络的特征有哪些吗？

上海轨道交通从1993年开通至今，仅用了30年时间就形成了全球第一的超大规模地铁网络，目前运营里程达到831公里，运营线路20条，车站508座，列车超7000节，在国内和全球都保持了领先。在我看来，上海轨道交通超大规模网络共有三个方面的特征。

第一个特征是轨道交通的骨干地位已经牢固确立。随着上海长期坚持公交优先战略，大力发展轨道交通，超大规模网络效应已经充分凸显出来，地铁日均客流超千万人次，在公共交通系统中的出行分担率持续提升，2023年上半年已达到76%的水平，为保障城市的有序运行发挥着难以替代的作用。

第二个特征是网络化运营的功能很强大。上海地铁网络已经覆盖全市大部分居住、就业人口区域，并与公交、机场、铁路等对内、对外交通方式实现了无缝衔接和融合发展，能够满足市民乘客多元的通勤、商务、旅游需求，实现了快速、便捷、畅行全城的目标。

第三个特征是对网络管理的系统性、联动性要求更高。目前上海的轨道交通网络四通八达，错综复杂，需要按照网络客流特征系统组织运营，并关注到不同线路的换乘衔接和管理联动，统筹网络设施设备布局和资源的集约共享，整体需要加强超大网络运营安全风险防控和应急管理。

问题 2：网络化运营阶段，上海如何打造人民满意的轨道交通呢？

上海地铁历经 30 年的发展，迈入了网络化运营新阶段。为了打造人民满意的轨道交通，我们总结了"三个坚持"。

第一是坚持以乘客为中心。城市的核心是人，交通出行是人民群众的基本需求，"行"的问题解决不好，美好生活无从谈起。而安全感是增强人民群众获得感的底线，安全运行也是轨道交通发展的前提。所以我们始终坚持"安全隐患零容忍"的理念，把安全生产工作放在首位。与此同时，上海不断改进、提升轨道交通服务品质和标准，聚焦无障碍环

站点自动体外除颤仪
图片来源：上海申通地铁集团有限公司

境建设，努力打造全龄友好地铁，先后推出了"弱冷车厢"、车站无障碍渡板、斜挂梯、站外无障碍坡道、站点自动体外除颤仪（AED）配置全覆盖等措施，不断提升人性化服务水平。此外，还通过服务评价和市民热线等渠道，不断推动企业改进运营服务质量，推出了周末延时服务举措，精细化地做好与机场、高铁的运输衔接，持续改善乘客服务体验，让人民群众放心出行、满意出行。

无障碍斜挂梯
图片来源：上海申通地铁集团有限公司

无障碍渡板
图片来源：上海申通地铁集团有限公司

第二是坚持新发展理念。城市发展离不开以轨道交通为骨干的公共交通运输体系的有力支撑。因此，我们深入贯彻实施公交优先发展战略，充分发挥轨道交通基础性、先导性、战略性和服务性的作用，加快构建以轨道交通为骨干的绿色出行服务体系，持续提升运能水平。特别是在支持五大新城和浦东示范引领区建设上，我们指导企业加强网络客流分析评估，研究既有线路增能提效保障措施。针对满载率较高的线路，持续推进高峰增能，实现地铁运输效率最大化。为城市发展繁荣当好先行、提供支撑。

第三是坚持世界眼光。从国际经验看，国际化、现代化的大都市，无一不拥有完善、便捷、发达的轨道交通网络。上海的轨道交通系统已经达到了国内领先水平，下一步我们要继续坚持世界眼光，在运营效率、服务质量、经营理念、创新发展等方面始终对标国际最高标准和最好水平。比如，近年来，我们持续推动科技赋能，推进智能运维建设，提升预警预防自动化水平；运用大数据分析，强化大客流等风险防控；依托"一网统管"，加强信息数据共享、管理协同联动，推动行业发展持续迈入健康、可持续发展的轨道。

**问题3：面对如此规模的轨道交通网络，上海是如何加强行业安全监管的？**

随着轨道交通运营里程的迅速增加和线网规模的持续扩大，大客流应对和网络化运营风险也比以往更大，但是轨道交通是城市综合交通运输体系的重要组成部分，其稳定运行对于维护社会生产生活秩序、保障市民群众生命财产安全具有十分重要的意义。

近年来，市交通行政主管部门在轨道交通的安全管理方面做了很多工作，总结下来共有三点。一是加强配套制度设计。结合《上海市轨道交通管理条例》等规定，我们制定出台了保障轨道交通安全运行贯彻实施意见、轨道交通运营安全管理办法、处置轨道交通运营事故应急预案等规范或指导性文件，进一步细化了各个部门和行业主体的安全管理责任。二是完善了防控体制机制。在落实本市新一轮轨道交通建设运营管理机制要求的基础上，我们进一步健全了风险分级管控和隐患排查治理双重预防制度，积极推进智能化、便捷化的安全管控新技术应用。同时，出台了完善本市新一轮轨道交通建设运营管理保障机制和配套政策，着力强化轨道交通关键设施设备检测评估、维修保养和大修改造等工作。三是做好安全监管指导。除了强化日常监督检查力度、督促行业主体认真落实各项安全管理措施要求外，我们还充分发挥了"四长联动"机制保障作用，进一步明确了突发问题响应流程标准，提升资源调集速度，增强应对轨道交通大客流等情况的综合处置能力。

这里，我想特别提一提上海创新推行的"四长联动"机制，也就是轨道交通站长、轨道交通公安警长、属地派出所所长和属地街镇长"四长联动"的大客流应急处置机制。为了提升轨道交通突发事件应急处置能力，保障轨道交通大客流疏散安全、有序，在市领导的关心和推动下，原市应急办牵头市交通委、公安和申通集团建立了轨道交通车站应对大客流"四长联动"应急处置机制。机制实施以来，在多次运营突发事件中的实践运用成效显著，并在交通运输部作安全应急专题经验交流，2022年荣获上海市"创新社会治理，深化平安建设"奖。2017年至今，"四长联动"机制共启动230余站次。联动各方迅速响应，基本达到了15分钟内到岗的目标，发挥了公安、社区等力量在滞留乘客疏散、地面交通

"四长联动"机制启动现场
图片来源：上海申通地铁集团有限公司

疏导中的重要作用。例如在2017年"4.14"9号线触网失电事件中，我们共调集了500余名属地派出所警力，属地7个街道乡镇若干社区、学校等100余名志愿者及170多辆公交车、2辆消防车、2辆救护车等，有序疏散了现场积压乘客5.2万余人次，未造成人员伤亡。截至目前，全网既有线路和新开通线路车站都已经完成了联动机制签约工作并落实到位，覆盖了全网508座车站，全市14个区、169个街道。现在我们还在不断拓展"四长联动"在轨道交通常态管理和综合治理中的作用，旨在全面保障城市秩序和市民安全。

# 上海的"暖",从人性化服务开始

随着城市轨道交通建设的提速,上海在做好"硬件"工作的同时,不断以人性化举措提升服务软实力,让地铁出行更有温度。

访谈人:张凌翔　上海申通地铁集团有限公司副总裁

问题1:作为地铁乘客,我觉得上海地铁的服务非常人性化,尤其是党的十八大以来,上海推出了第三卫生间、无障碍渡板、加装电梯等亮点措施,在全国处于领先地位。请问这些措施推出后市民的反响怎样?

近年来,随着社会对无障碍环境建设的重视和市民对出行服务需求的提升,地铁乘客已不再满足于基本的出行服务,整体需求呈现出多元化、个性化的特点,上海通过不断在细微之处体现地铁对乘客的人性化关爱,形成了无障碍服务特色,具体表现在四个方面。

首先是关于第三卫生间。上海克服地下空间结构封闭、面积局促的现实条件,尝试设置第三卫生间,为孕期与哺乳期乘客提供独立空间和母婴设备,目前已经形成了配置标准。2017年起开通运营的17号线、9号线三期等新线的所有车站都新增了第三卫生间;而对于既有老线,我们正在通过车站改造逐步对有条件的车站进行第三卫生间增设,目前已经陆续完成了江苏路站、徐泾东站等运营车站改造,取得了良好的社会反响。

其次是无障碍渡板。为了方便使用轮椅、推行婴儿车的乘客上下列车,2022年上海在所有地铁站新增配置了690块无障碍渡板。无障碍渡板在使用时,工作人员展开渡板,架设在站台和车厢之间,通过铺平列车与站台的间隙高低差,使轮椅和婴儿车能够平稳地推上推下,进出车厢也变得更加贴心安全,目前上海已经实现了线网全覆盖。

再次是加装电梯。上海根据各个地铁站的实际情况和安装条件,形成了改造任务清单,推进了车站加装出入口自动扶梯和无障碍电梯工作。从2016年起已经陆续加装了30多部自动扶梯。

15号线桂林路站的第三卫生间
图片来源：上海申通地铁集团有限公司

无障碍渡板
图片来源：上海申通地铁集团有限公司

最后是关于爱心预约。乘客只要拨打24小时服务热线64370000或联系车站，地铁工作人员便会对有特殊需要的乘客提供帮助。所有车站都可以提供"爱心接力"服务，工作人员将在关键节点进行无缝衔接，从出入口等候到车厢就座，确保每一个乘坐环节都井然有序，此举获得了乘客的一致好评。后续，上海为了继续提升适老化服务品质，会进一步推进"爱心预约"平台建设，并适时推出适合大众的出行服务手段，将"爱心"传递给每一位乘客。

问题2：上海地铁目前有哪些举措践行了"人民城市"理念呢？

上海这个世界级的超大规模地铁网络，离不开世界级的运营管理体系。结合习近平总书记"人民城市"理念的提出，我们也提出了"人性化服务、精细化管理、标准化建设"三方面内容，来探索形成行业内可复制、可推广的质量管理模式。

从列车上USB充电口，到车厢内的分区调温，再到覆盖地铁站的自动体外除颤仪，上海不断提升地铁作为城市"第二空间"的人性化和精细化的服务水平。在此我举个地铁车厢分区调温的例子吧。为了满足不同乘客对地铁车厢温度的差异化需求，提升上海地铁的人性化服务品质，从2021年起，上海地铁在夏季高温期间试行列车分区调温，目前上海地铁线网已有13条线路所有列车、6条线路部分列车实现分区调温,也就是说,在列车车头和车尾两节车厢的空调温度调为"弱冷",一般来说弱冷车厢的空调温度设置比普通车厢高2摄氏度左右,更加适合老年人、儿童等体弱、畏寒的乘客乘坐,中间其他车厢则维持原状。

我们都知道,在公共场所发生心脏骤停危及生命事件时,在救命的"黄金四分钟"内,正确使用自动体外除颤仪和实施心肺复苏,能极大提高院前急救效果,达到挽救生命、减轻伤害的目的。为此,从2015年起,上海便在部分站点试点安装自动体外除颤仪,目前仪器已经覆盖到全网络的每一座车站。与此同时,上海还全面开展了车站员工急救技能培训,并鼓励经过急救培训的车站工作人员积极参与应急救护服务。

弱冷车厢提醒标识

图片来源:上海申通地铁集团有限公司

车厢 USB 充电口

图片来源:上海申通地铁集团有限公司

地铁全网络车站 AED 设施全覆盖

图片来源:上海申通地铁集团有限公司

AED 设备使用培训

图片来源:上海申通地铁集团有限公司

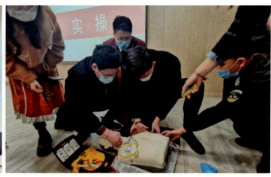

应急救护培训
图片来源：上海申通地铁集团有限公司

问题3：在人性化服务方面上海提出了"延时运营"，您能详细说说吗？

地铁延时运营经历了多个循序渐进的阶段，最早是在2010年的跨年夜，根据市商委跨零点商业活动的需要，我们对地铁1、2号线分别作了延时运营调整，分别延长了120分钟和90分钟；2011年9月30日，为了配合徐家汇商圈的跨零点活动，1号线的徐家汇站延长运营80分钟；2013年9月30日，为缓解小长假前期通勤客流与节前休闲购物客流叠加，以及假日期间来沪观光游玩乘客增多所带来的大客流影响，地铁1、2号线开始试点延长运营60分钟。此后，随着乘客夜间出行需求增多，同时为促进城市的"夜经济"发展，上海在确保运营安全的基础上，不断延长运营时间，增加延时运营的线路，从2021年4月30日起，除周五、周六外，逢法定长假前最后一个工作日，线网相关线路都实施了延时运营。

针对延时运营，我们差异化地将其分为常态化延时运营和临时延时运营，分别对应不同的场景。比如常态化延时运营主要是周末（周五、周六）以及法定长假前最后一个工作日实施，方便晚归市民或为赶火车、飞机的市民提供便利。此外，为了方便节假日期间市民出行，上海逢法定长假的最后一个或两个休息日（周五、周六除外），对涉及虹桥枢纽、上海火车站、上海南站的1、2、10、17号线实施定点加班车方案。而临时延时运营则是针对特定情况、用于纾解大客流的班次加开，目的是降低人员高密度聚集后所产生的风险，如突发恶劣天气导致的大量人员滞留等。两种模式都是从客流的实际需求出发，用于服务客流特征明显或突发客流的举措。

未来，我们依然考虑精细化地满足乘客出行需求，从临时延时运营进行探索，将周期性的需求转化为常态化延时运营。

问题 4：目前上海已经与 20 城地铁实现了刷码过闸的互联互通。请问这一工作推进中遭遇过哪些阻碍、获得了哪些支持呢？

随着城际间区域经济的一体化发展，人口的通勤流动，使多城地铁互联互通、"一码畅行"成了发展趋势，2018 年起，Metro 大都会 App 开始启动互联互通工作。为了解决异地城市地铁二维码标准不一致、票务系统互不兼容及交易跨区域结算等难题，App 使用了 SDK 集成方案，通过"谁发码、谁提供 SDK"的原则，做到互联互通业务和本地业务的解耦，自 2018 年 12 月 1 日沪杭、沪甬地铁二维码互联互通起，截至 2023 年 3 月，上海已经完成包括京、津、渝及长三角区域在内的 20 个城市的互联互通，范围覆盖国内超过三分之一的地铁城市，进一步提升了乘客跨省市出行的便捷度，促进了区域经济圈的发展。今年 6 月起，沪苏"双 11 号线"花桥站实现无感换乘，深化了长三角区域城市交通的融合。接下来，我们会继续扩大互联互通的覆盖面，方便更多市民的跨城交通出行。

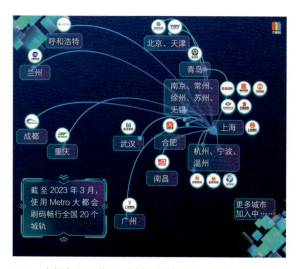

Metro 大都会 App 使 20 个城市地铁二维码互联互通

图片来源：上海申通地铁集团有限公司

# 投身地铁事业 13 载，擦亮上海地铁服务名片

从上海市劳模到全国五一劳动奖章获得者，从一名普通站务员到车站长，从一名党员到党的二十大代表，地铁虹桥火车站站长高煜与这座世界级的交通枢纽共同成长，也让上海地铁这张名片走进了乘客心里。

访谈人：高　煜　上海地铁 10 号线运营维护管理部副经理、
　　　　　　　　虹桥火车站站长

问题1：地铁虹桥火车站是三线换乘的特大型交通枢纽，客流复杂程度堪称全网第一，请问您经历过哪些大客流的挑战场景呢？

我 2010 年入职上海地铁，见证过铁路的大发展，感受过地铁客流从单日 5 万人次攀升至单日极端 53 万人次的巨变；也承担了 13 年间五一、十一、春运等特大节假日高峰客流的运营保障服务，还有连续五届的中国国际进口博览会（简称进博会）。可以说，在这座车站里我们从年头忙到年尾，一刻不停。

工作 13 年间，令我至今仍然心感紧张的就是 2023 年的春运。作为特大型交通枢纽车站，虹桥火车站经历了疫情后的首个大客流春运工作，又遇到了 2 号线缩线运营，为了能让乘客们平安回家，我们提前与铁路、机场、轨道交通民警、消防等 30 多家单位做好应急联动，及时掌握客流动态信息。根据客流信息，分别制定了两种工况模式和四个阶段响应层级，从站台、楼扶梯口、站厅等全方位保障乘客安全出行。我们当时为整个春运设定了三大措施，这也是能够完成春运工作的必胜法宝。

首先是启用移动栏杆，调整客流流线。针对 2 号线西段临时停运整修，我们制定了专项客运组织方案，为了缓解 10 号线站台返程的客流压力，车站于南 1、北 1 进站区域实行绕行隔断，调控进站客流速度。站厅费区内启用隔断，调控均衡各组楼扶梯口客流，减少进出站台客流对冲。同时在站厅、站台等客流密集点位张贴多种可视化导图来提醒乘客及时

高煜在为乘客答疑解惑

图片来源：上海申通地铁集团有限公司

为缓解徐泾东客流压力，虹桥火车站列车（往徐泾东方向）采取清客措施，车站站长高煜正在协调清客工作

图片来源：上海申通地铁集团有限公司

春运期间工作人员疏散客流场景

图片来源：上海申通地铁集团有限公司

调整路径。在高峰进站或出站时刻，我们利用栏杆合理隔断进站与出站客流的交融点，避免拥堵点和安全隐患的发生。

其次，多点位增岗，疏散客流引导。2023春节假期期间，我们根据大客流应急处置方案，做好了九大风险板块、三项风险管控，确保重点岗位"见人、听声、看行"。期间，我们派加班人员、志愿者、站务助理等 350 余名工作人员分布至车站站厅、站台、铁路南北到达通道等重要点位进行客流疏散，分流引导铁路到达乘客前往虹桥 2 号航站楼乘坐地铁、短驳公交，或换乘其他交通工具出行。在进站口栏杆处设置电喇叭、"小蜜蜂"等有声辅助工具，并联动民警、消防针对突发情况能够立即采取应急处置措施。在 2022 年底第一次接收到 2 号线缩线项目指令后，我们就预判了客流可能发生的情况，12 月我以全国青联委员身份向团市委发出志愿者招募申请，请求社会支援。我们共招募到了 114 名社会志愿者，奔赴在车站 50 多个点位上，其中 8 个点位更是铺设进了铁路范围，第一次实行了跨前式志愿者服务。

再次，多方联调联控，做好信息互通。我们提前同虹桥商务管委会做好信息互通，及时掌握铁路到发客流数据，针对铁路的高峰小时客流加以分析，预测地铁进站客流同比增长，对大客流提前做好精准预判，减缓车站进站口及站台压力。铁路历年来小时高峰到达客流为 3.6 万人，而地铁虹桥火车站的历史高峰是 1.8 万人次，对于这个数据我们作了"高压警示线"提示，一旦峰值客流触及或接近，立即启动枢纽内联动性一体化指挥，综合协调、分散客流，用有效空间换取时间，用多种交通工具解决乘客乘车需求，攻克了高峰小时的客流难关。

最终，在多专业、多部门的共同努力下，我们争分夺秒、攻坚克难，将原本大年初七早上开通运营的 2 号线提前至初六下午 5 点；又因初六下午铁路集中到达的情况及时调整调试，在符合开通运营的条件下，2 号线再次提前至初六下午 3：30 开门载客，有效缓解了车站现场大客流情况。开通运营后的 2 号线，在当晚一延再延，从延时运营到次日 1：30 分调整到延时至次日 2 点，这也是当时虹桥火车站开通 13 年以来延时运营时间最久的一次（2023 年 5 月 3 日再次突破历史，最晚至次日 2：30 分）。

初六下午 3：30 开门载客的那一刻，看着原本 10 号线站台人头攒动的景象骤然减轻，看着 2 号线提前恢复运营的场景，现场也响起了乘客们"魔都了不起""感谢上海地铁"的掌声和欢呼声，这就是我们上海地铁的魅力，同时也是这座城市的温度。这次，我们协调多方攻克了多项难关，最终实现了 2 号线缩线运营恢复时间提前再提前，为乘客加开的回家列车延时再延时，守护、保障好疫情开放以后的第一个春运大客流工作。这就是我们地铁人的初心使命，为人民建地铁、为人民办地铁。

问题2：在您担任站长期间，有哪些令您印象深刻的经历，可以跟我们聊聊吗？

高煜创建的特色服务品牌——"小煜流星轮"
图片来源：上海申通地铁集团有限公司

这些年我服务过许多天南海北的乘客，也遇到很多棘手难办的事情，但始终坚持初心，将乘客疑难愁盼的问题变成自己前进的动力和改进的方向。下面我想简单分享几个小故事。

第一个故事是在2011年京沪铁路全面通车的那天，我在车站发现一位迷路的老人，与他交流后得知，他是想来看看新时代的高铁，所以瞒着家人独自来到虹桥火车站。这事对我的触动很大，虹桥火车站是三线换乘的特大型枢纽车站，进出站客流位居全网第二，汇集了来自飞机、火车、长途客运的客流。如此庞大的客流和拥挤的进出站通道，应该会让很多老人无所适从。所以我就想能否有一个"爱心畅行"的品牌服务联盟，让更多的老人和其他乘客都享受到便捷、温馨的服务。于是，我利用双轮电动车的吸睛效应和高速移动的特性，创建了国内首个走出窗口、主动服务的流动特色服务品牌——"小煜流星轮"，服务响应速度由此提高了65%。

还有一件事让我印象特别深，这也是近几年我一直不断提升服务的动力所在。2011年，我在站厅巡视时遇到一名独自行走的盲童，本想上前帮忙，却被悄悄跟在后面的孩子母亲拦下。她对我说："我们家住无锡，每周要往返两地求学，这条路是她今后十多年的求学路，你帮得了一次帮不了那么多年，请让她独自走完这条路。"这句话深深触动了我。当时我给这位母亲许下承诺："接下来你女儿的求学路就由我们来护送。"从那天起，我和同事们创建了"盲童领路天使"团队，对接铁路和学校，做到了一路护送。如今，当年那位盲童已经成为复旦首位盲人研究生。十几年来，我们已经累计护送了盲童出行12000余人次。我们不仅想为孩子们提供一种服务，更希望能为他们融入社会建立自信贡献一份力量。

秉承"人民至上"的理念，我创立的"小煜流星轮"工作室成功获

10 号线盲童领路天使
图片来源：上海申通地铁集团有限公司

批了上海市巾帼创新工作室和高煜劳模创新工作室。13 年间，我们通过不断创新举措，满足不同乘客的出行需求，完善乘客聚焦的重点问题，顺应不断改变的客流特征，让我们的特色服务举措落地生根。

第三个故事发生在 2018 年 11 月 5 日首届进博会举办首日，我遇到一名慕名前来参观的韩国女游客，因没有办理证件无法进入场馆，又语言沟通不畅，一时间不知道怎么办。为了减少外国游客的遗憾，我用英语告诉对方，即便不进入会场，也可以在展馆附近看到进博会的外景，感受展会氛围。当天下午，我在车站又一次碰到这位游客时，她开心地拿出手机给我看自己拍的展馆外景。这也让我开始思考，该如何按照具有世界影响力的社会主义现代化国际大都市建设要求，更好地满足国外展客商和游客的需求。在后续服务保障进博会的工作中，我们推出了针对国际游客的语言特色服务，还创新性地将服务分为可视化服务、双语服务、共享便民服务、宣传互动服务四大类别，并邀请了东航客舱部礼仪师为青年员工讲授形象和行为礼仪课程，确保以最好的服务和最佳的状态迎接每一届进博会。

进博会期间针对国际游客的语言特色服务
图片来源：上海申通地铁集团有限公司

地铁员工形象礼仪培训
图片来源：上海申通地铁集团有限公司

经过不断摸索，我们创新了9项特色服务法、20项服务举措，做到随时关注身边的乘客需求，随时赶至乘客身边提供最暖馨的帮助，将窗口服务效率提高了30%，服务需求响应加快了50%，乘客满意度始终保持在90%以上。未来，我们会继续打造国际化的窗口服务形象，作为长三角一体化发展中的重要一员，在深入践行"人民城市人民建，人民城市为人民"的重要理念中贡献地铁人的智慧和力量，在推动高质量发展、创造高品质生活、实现高效能治理中展现新时代青年人的责任与担当。

# 地铁调度和应急管理，变得越来越智慧

在上海这张世界级轨道交通网络安全高效运行的背后，离不开运营调度指挥的支撑。30 年来，上海的地铁调度指挥经历了从原点→起点、从单线→"网络集控 + 智慧调度"的转变，成为地铁运营管理中的"神经中枢"和"最强大脑"。

访谈人：殷　峻　上海申通地铁集团有限公司运营总监，
　　　　　　　　上海轨道交通路网运营调度指挥中心总经理

问题 1：上海地铁运营 30 年来经历了由单线到集控的调度模式变迁，您能聊聊这一过程吗？

正如你所说，从最早的原点起始地梅陇基地信号楼，到 1 号线调度所的发端；从单线、多线控制中心，到网络运营协调与应急指挥中心，再到利用数字化手段高效集约的网络集控中心，上海的地铁调度指挥经历了巨大变迁。

下面我简单讲讲它的前世今生。

早在 20 世纪 90 年代初，针对 1 号线锦江乐园站到徐家汇站的通车，地铁调度主要依靠梅陇基地的信号楼，那时我刚大学毕业不久，调度工作也简单，站点列车很少，运行时间也不是全天。真正开始忙碌是在 1995 年 4 月 1 号线锦江乐园站到上海火车站的通车，当时调度全靠人工打电话和过渡信号，由于经验少，我们借鉴了铁路系统中的闭塞系统。闭塞是一种保证列车按照前行列车和追踪列车之间必须保持一定距离运行的技术方法，以确保车辆进入区间后，区间两端车站都不再向这一区间发车。为了防止因电话失灵或信号失灵导致的列车追尾，我们明确两站两区间内只能通行一列车。初期的过渡信号故障率高，站点位置的显示信息常常出现错乱，发车间隔要在 10 分钟左右，特别是有大客流发生的时候经常晚点。要知道，地铁刚开通的时候，大家乘坐的热情可是很高的。

1993年小学生庆祝1号线开通
图片来源：上海申通地铁集团有限公司

1995年4月开通锦江乐园站到上海火车站，5月1日就碰到了大客流。这个大客流是我们现在无法想象的，站台上全是人，尤其是徐家汇站，人多到列车车门关不上，甚至还有乘客"吊门"的现象，非常危险，为调度工作增加了很多困难。1997年，我们的正式信号调试完成，调度能力有了大幅提升，两站区间内可以容纳两到三列车，在不考虑列车折返的情况下，列车间的安全距离可以缩小到150米，这让1号线的发车间隔由之前的10分钟大幅缩小至2分30秒。

其实早在1992年11月，上海就建立了总调度所，全称是上海市地铁运营公司总调度所；2000年，因"四分开"体制改革，总调度所更名为上海地铁运营有限公司总调度所，下设新闸调度室（负责1、2号线的运营调度）、东宝调度室（负责3号线的运营调度），后来分别发展改名为新闸路控制中心和东宝兴路控制中心。其中新闸路控制中心是最早的调度控制中心，于1995年建成投用，我们也称其为运营调度的"起点"，最早管辖1号线的运营，其后2号线也被接入了新闸路控制中心。东宝兴路控制中心建成投用于2004年，主要负责3、4号线的运营。后来我

原来的民生路控制中心（6号线调度系统）
图片来源：上海申通地铁集团有限公司

现在的"3C"大楼调度指挥大厅
图片来源：上海申通地铁集团有限公司

们还建立了中山北路控制中心、民生路控制中心、新村路控制中心、虹梅路控制中心等，分别负责8号线和12号线、6号线、7号线、9号线的运营。

为了配合地铁"三线两段"[1]开通，上海在2007年8月建成投运了网络运营协调与应急指挥中心，紧靠1号线汉中路车站，用于管辖全网络的运营生产监控和应急指挥协调，也是我们网络调度的雏形，是形成网络化运营调度协调指挥体系的重要标志。

接下来是"3C"大楼的投用，全称是上海轨道交通线网运营调度指挥大楼，"3C"分别代表Control控制、Command指挥和Coordination协调。"3C"大楼其实在2014年左右就立项了，2016年完成了前期的模型设计，2018年大楼封顶，2020年建成正式投用。整个过程从系统雏形设计，到系统成型，我们中途作了很多修改调整，从最初的只能用于看列车信号的大屏幕，优化升级成囊括了"智慧调度""智慧运维"，以及智能化的统计分析和演算推演内容的综合平台，由大数据中心、调度指挥中心和应急处置中心构成，集控制、指挥、协调三大职能于一体。目前大楼已经有13条线顺利进驻且实现了同厅指挥。

整个运营调度指挥工作的变迁和发展过程，其实是上海地铁运营30年来快速、高质量发展的一个缩影，为了适应超大规模网络精细化管理和高质量发展要求，我们不断突破，持续确保线网运营安全可控、列车运行高效便捷，为乘客出行保驾护航。

问题2：您刚提到了"智慧调度"，上海基于"智慧调度"都作了哪些尝试来提升乘客的出行体验呢？

基于"智慧调度"我们作了很多尝试，像列车提速、延时运营等。下面我简要介绍一下。

首先是列车提速。现在市民对地铁出行的速度和准点要求很高，所以我们将12号线作为提速试点，个性化设置停站时间等举措让乘坐12号线的乘客旅行时间缩短了6%，企业也在班次间隔不变

---

[1] "三线两段"指上海轨道交通于2007年12月29日同时开通的三条线路及两条线路的延伸段。"三线"指6号线、8号线一期和9号线一期；"两段"指1号线北延伸段（共富新村-宝安公路-友谊西路-富锦路，长3.39公里）和4号线环通段（蓝村路-塘桥-南浦大桥站-西藏南路站-鲁班路站-大木桥路，全长6.7公里）。

的情况下节省了 2 列车的投运，做到了降本增效。另外我们还研究了 16 号线的直达车方案，通过减少列车停靠站点个数、行车组织上给予直达车优先路权、制定专项运行图等，实现了龙阳路站到临港自贸区、单程 60 公里仅需 34 分钟的一线直达，相比站站停的普通列车节省了 38% 的时间，大幅提升了 16 号线乘客的通勤效率。目前 16 号线已经成为国内首条引进快慢车设计的线路和国内首条开行直达车的线路。

**调度人员工作场景**

图片来源：上海申通地铁集团有限公司

其次，为了满足节假日休闲、旅游乘客的夜间出行需求，我们系统研究了地铁延时运营的可能性，尤其是延时运营情况下施工组织、客运组织、行车组织的应对措施。在此我想说明一下，调度员的工作可不局限于白天的客流组织和行车调度，还有夜间施工、维保检修期间，隧道工程车辆的进出调度。举个例子，有些工程车开进隧道时需要停电，有时需要避让施工或维修人员，那么调度员需要将作业机器和人员施工完全分开，现在一天下来全路网的施工量就有一两千个施工点，需要调度员进行布置安排。记得当时新龙华站（现在的地铁上海南站）上方要重建铁路上海南站，既有地铁站需要下移至地下，在保持地铁不停运的情况下我们仅用了一晚上的时间就将所有的系统全部转入地下，这都离不开调度员对施工的组织调度。再比如2号线，原来中山公园站是通到龙阳路的，张江站是后面加出来的，调度员在日间正常运输乘客的过程中，还需要额外调度3辆工程车进入张江，为施工作业送料、送钢轨，这样的极限操作很多。

说回延时运营。从2010年起在元旦、国庆期间，我们对1、2号线进行了延时运营试点，此后通过不断论证又逐步实现了常态化延时运营和临时延时运营；为了更好衔接苏州11号线开通后夜间抵沪客流的疏散，我们提前开展了地铁11号线的运营时间延长研究，通过均衡夜间施工和客流需求，在2023年6月16日起将花桥往市中心方向的末班车时间由晚上21：51延长至22：00。

当然我们还作了很多创新突破，比如16号线实现了国内首次在工作日平峰时段，成功试点了"3+3"列车在线"解挂编"，就是将一列6节编组的

隧道内施工场景
图片来源：上海申通地铁集团有限公司

列车在线路上（以往需要在车库里操作）直接解编为两列3节编组列车，再分别投入运营，而解编的两列3节列车也可以在正线上连挂为一列6节编组列车进行运营，这一做法大幅提升了列车使用效率，还做到了节能降耗。另外，我们通过运用信息化、智能化手段，将进出站客流等专业数据转化为线路满载率、车厢拥挤度百分比等可读可视的形象化数据，供乘客在线实时查询，尤其在疫情期间，客流状态信息查询不仅为市民乘客错峰出行、提前避开密集人群、分散乘车提供依据，还有助于降低大客流聚集风险，不断提升轨道交通安全运营管理水平。

为确保延时运营，地铁员工加班工作
图片来源：上海申通地铁集团有限公司

问题3：据了解，上海打造了"智能化、联动性"的网络应急管理新模式，还制定了很多精细化的应急预案。

对的。上海地铁的网络比较复杂，总长度达到831公里，结构上是"环线＋射线＋割线"，功能上与城市地面公交、机场、铁路等多种交通方式的融合更深入，网络化的运营特征也越来越明显，客流持续超千万人次，由此带来的运营风险要素也增多了，这就要求我们不断调整应急管理模式，从早期的"单一企业＋人工"转变成现在"联动社会共治＋人工＋智能辅助"的网络应急管理新模式。

网络应急管理的基础就是我们的"3C"大楼，能够实现线路级与网络级调度指挥的集中，还有多单位、多组织、多系统之间应急指挥工作的高效协同。在常态下，我们可以对列车运行、电力供应、安全监控、车站设备、消防报警等实行统一的调度监控；在非常态下，我们对突发事件进行统一指挥，促使地铁运行快速恢复正常；同时，还是实现路网所有信息交互的枢纽、集散地，以及对外联络的窗口，集中监视线网的运行并发布命令，协调线路间的矛盾。在发生重大事件时，相关领导和指挥人员可实时监控，协调相关部门，并向现场下达指令，执行预案，实施指挥控制功能。

至于预案的制定，上海的确做到了精细化。从整个地铁网络来讲，我们制定了"1+31+X"个预案，就是1个总体预案、31个分预案、X个调度预案。分预案主要用于解决极端天气、公共卫生、地震灾害、车辆脱轨等引起的突发事件；而X个调度预案又对应24个子预案，如果涉及每条线的每个区段，甚至不同的点位，预案就更多了，这对我们调度人员的工作要求极高，不光需要了解列车的基本情况，还要了解信号、供电、机电设备、夜间施工等专业知识，还要有大局意识。比如说某个隧道区段内有积水，调度员在通知抢修人员和车站人员的同时还需要不停询问水位情况，有时积水会逐步漫过钢轨，那后续出库的列车在哪里等待，其他列车如何折返和巡道，都需要调度人员在短时间内作出正确决策，不然其他列车会被阻塞，停止运行。

问题4：上海在处理应急突发事件的思路跟流程大概是怎样的？

基于以往应急突发事件的经验和预案积累，目前我们在处置突发事件时主要是基于预案，做到标准化处置。第一原则是保障乘客安全，预计处置时长超过15分钟，如果列车停在隧道内我们要立马疏散乘客。第二原则是尽可能恢复通车，这个过程中调度人员要选择合适的预案、排除故障、改变列车运营计划等。同时利用微信、微博等媒介对外发布通知，一般是晚点5分钟后必须第一时间发布微博，告知乘客发生了什么事情，大致完成时间等。此外，故障初发生就要通知抢修，对于部分不能抢修完成的故障，调度员只能利用慢速或限速方式让列车缓慢通过相应区段，避让后续列车。总之一句话，第一乘客要安全，不要产生大客流聚集，第二尽快恢复通车。

在大的原则方向下，调度员发挥的空间其实很小，每个环节都有时间限制，比如列车故障需要救援时，第一个 3 分钟内调度员需要询问司机能否处理故障，若不能处理，司机需要在未来 3 分钟内联系组长救援，这 3 分钟内若故障还未解决，调度员就要发出指令，让后一列车开始清客，实施救援，整体恢复通车时间不能超过 30 分钟，15 分钟以上乘客可以要求退票，30 分钟以上突发事件级别会上升到"事故"，60 分钟以上就需要由市交通委进行事故调查，可以说我们的应急救援工作已经完全标准化了。

2021 年以后，上海开始探索"智慧调度"模式，想要通过智能判断辅助调度员作决策，也就是一旦线路发生故障，平台能够自动研判、自动调出应急预案、自动发布调度指令，所以这几年来故障率很低。为此，我们每年都会对标国际地铁协会的指标：5 分钟晚点频次，用于评价应急突发事件的处置效率。2010 年世博会时期我们的 5 分钟晚点频次是 40 万车

地铁乘客应急疏散

图片来源：上海申通地铁集团有限公司

调度员工作场景
图片来源：上海申通地铁集团有限公司

公里/次，也就是说每运行 40 万车公里会发生一起 5 分钟的晚点事件；到 2020 年时，我们已经达到每运行 700 万车公里才会发生一起 5 分钟的晚点事件；2023 年 8 月这个指标值更厉害了，每运行 1600 万车公里，才会发生一起 5 分钟的晚点事件，已经做到了全国领先，乃至全球领先。

问题 5：上海发生过哪些令您印象深刻的应急突发事件呢？当时怎么解决的，为后来积累了什么经验？

我简单介绍两个案例吧。

第一个案例是 2022 年"双 11"早上 7 点多，11 号线上海赛车场至马陆区段触网突发失电，导致一列刚出库的空车瞬间发生短路拉弧，还伴有较大的声响、火光和烟雾。由于处于早高峰，人流量大，巨响与火光迅速引发了乘客恐慌。故障发生后，线网应急指挥中心（COCC）立即发布预警启动指令和各条线路响应，我们在对故障区段实施抢修的同时，线路控制中心（OCC）及时采取了交路变更、列车就近清客等措施，在公安、消防等部门的协助下，我们迅速完成乘客疏散，并通过站车广播、移动电视、主流媒体等渠道告知乘客故障信息，用于引导其他乘客调整出行。为了确保不再发生此类事件，我们也对事故作了分析，发现该事故是列车在特定位置、叠加了特定工况下发生的特殊事件,属于小概率事件。但我们仍然高度关注,在全线网设置了列车"禁停区",完善了既有的行车运营规则,强化了非正常工况下列车停于"禁停区"后的应急处置方法;与此同时,我们升级了信号系统的列车停车点,优化了列车运行控制系统,在技术上实现正常运营条件下列车避免停于"禁停区"的情况。

第二个案例是2023年2月9日晚上7点左右,11号线徐家汇站至交通大学站的区间线路出现积水,一开始经确认影响后,我们安排了列车通过,但在此后巡视中发现积水正逐步没过钢轨轨面,所以按照预案,我们明确后续列车不具备通过条件,11号线立即调整全线交路,维持运营不中断。因事件发生时正值晚高峰,事件影响涉及徐家汇、交通大学等商圈和换乘枢纽,为了有效防范、化解线路中断导致的客流风险,线路OCC及时通知11号线全线所有换乘车站停止换入,其余大客流车站采取进站限流措施。针对出行受到影响的乘客,我们在线上线下多个渠道发放电子致歉信,并妥善协调,办理退票,尽可能地减少给乘客出行造成的影响。事后,我们对积水事件进行了排查,发现是地铁站附近的外部建筑工地水管爆裂导致的区间积水。为了进一步增强地铁防淹方面的应急处置能力,我们一方面优化了地铁保护区的监控流程,组织施工单位、车站、工务等单位建立联防联控机制,共同开展巡查工作;特别是对于车站出入口、风井等薄弱环节,增设视频监控等技防措施,加强动态管控。另一方面开展了设施设备状态评估,研究车站和轨行区拦水、集水与排水能力等,提高车站感知和防范水平。

目前我们地铁的突发事件还是比较多的,风险管控压力也很大,尤其是大型换乘枢纽车站,具有客流大、流线多、时空分布不均衡的特点。而传统的人工巡视和CCTV视频监控,都难以精确掌握车站各区域、各节点客流的流量、密度和流向,发生突发事件时,也难以及时准确预警。所以我们设计了基于多源数据融合的客流监测管理系统,并在1、12、13号线汉中路站进行了示范应用。系统在车站的不同区域,包括站台、站厅、换乘通道等处选择使用不同的客流监测技术。同时,这一系统可以按秒、分、小时、日等时间单位对站台、站厅、换乘通道的客流进行精准识别,一旦发现异常情况,能够自动发出警报并提供相应信息,辅助工作人员第一时间选择相应等级的应对措施。

另外考虑到上海目前地铁车型种类繁多,大概 49 种,部分线路的车型因老化而故障率较高,以及个别员工因为心理素质水平和业务能力的差异往往产生误判等问题,我们基于安卓、IOS 系统平台研发了列车故障应急处置助手 App,分为排故手册、求助、常见故障索引三大功能模块,帮助列车司机在突发应急事件下,根据所在线路和车型,快速查阅故障处置手段,有效解决了目前线路车型多、司机水平参差不齐、现场排故时间不稳定等实际问题,也大幅提升了突发应急情况下的现场作业水平。

此外,针对现场的抢险抢修,我们还将合资合作模式拓展至了抢修专业,进行自主与委外的强强联合,建立健全了由 1 支自主抢修队与 N 支社会化抢修队相结合的专业队伍,覆盖了车辆起覆、道岔信号、结构土建、接触网设备、变电设备及防汛防台等主要功能,实现了系统内部与社会化外部应急抢修资源的统筹利用。此外我们还设置了 24 小时兼职抢修点和值守点,形成了专业化与区域化相结合的维修抢修模式,不断优化抢修资源布局和专业队伍建设。

地铁接触网现场抢修
图片来源:上海申通地铁集团有限公司

第三节
Part 3

# 轨道交通的高质量发展
## High-Quality Development of Rail Transit

# 绿色出行、"洁净所能"——上海地铁的绿色低碳之路

上海目前 800 多公里的网络、日均千万的客流、全电气化的运行，承担着超七成的公共交通出行，选择地铁出行，无疑意味着选择了绿色低碳的生活方式。

访谈人：刘加华　上海申通地铁集团有限公司副总工程师、
　　　　　　　　总工程师室主任、技术中心总经理

问题 1：我们知道地铁是大运量、高效率的骨干交通方式，那么它对城市的绿色低碳发展起到什么作用呢？

从 1 号线开通至今，上海累计运送的乘客已经超过 6000 亿人公里，与传统交通方式相比，同等运量下已经节约了标准煤 1089 万吨，减排二氧化碳 3066 万吨，相当于种植了 830 平方公里的森林，面积可以覆盖从虹桥商务区到陆家嘴金融中心的整个上海中心城区，绿色生态效益非常显著。

问题 2：有人说地铁是一种绿色的交通方式，但作为一个体量巨大的电气化系统，它也是一个能耗大户。您如何看待这一双重角色？

没错，我们都知道地铁是城市交通绿色出行的首选，但地铁系统在运转过程中也会不可避免地产生大量能耗，包括一些高能耗电气化设备的应用。所以从 2006 年开始，我们便将绿色发展理念融入地铁规划、设计、施工和运维的全过程，率先在国内提出了"打造绿色地铁""提升网络品质"的目标；同时考虑到能源计量的重要性，2008 年通过对轨道交通能源供应方式及消费结构的研究，上海制定了能源计量智能表计合理化配置方案，明确了需要安装智能表计的用电回路，从而使智能表计的设置达到最优化。随后基于两座车站的试点，我们在既有运营线路上

进行了智能表计加装改造，于 2010 年建立了能源表计档案和配套管理办法，规范能源计量监测数据的记录、采集、保存、分析和使用；同年，我们还初步搭建了网络能耗监测分析平台，汇集了 1、2、3、4、5、6、8、9 号线的线、站、段的用能数据；2012 年上海发布了地方标准《城市轨道交通合理用能指南》，之后根据运营情况的变化，结合节能技术应用情况和未来技术发展又对《城市轨道交通合理用能指南》进行了修编，创新性地提出了单位建筑面积能耗指标的概念；2013 年，我们着手开展车辆车载能耗计量装置研制及试点专题研究，研制了一套具有能耗数据车地传输功能的车载能耗计量装置；2019 年完成了国内首个车载能耗计量装置精度校准试验台的研制，该试验台可适用于准确度等级不超过 0.2 级的车载能耗计量装置的自动化校准与标定，循序渐进，促进绿色节能工作更加科学、规范、有序地发展。

近年来，我们还不断在照明、空调等重点耗能设备的节能使用上寻求突破，从白炽灯到荧光灯，从 LED 到智能照明，目前超 90% 的车站已经应用了节能型灯具；从定频空调到变频空调，从单一模式到智能调控，当前超 80% 的地下站空调系统已经采用节能控制；与此同时，变频电梯、节能型变压器、可调式通风型站台门、列车节能运行模式等一大批节能技术在地铁上得到推广应用。

问题 3：2021 年，外交部发言人华春莹向全世界推介了龙阳路停车基地屋顶上的光伏项目，您能聊聊光伏项目的缘起吗？

华春莹在社交媒体上向全世界推介龙阳路停车基地的光伏项目时，我们感到非常自豪，这说明上海在践行国家"双碳"目标上又跨出了一大步。其实早在 2008 年，我们就着手开展太阳能光伏发电在城市轨道交通应用的可行性研究，当时主要是想充分利用车辆基地丰富的屋顶太阳光资源。2014 年，我们开始在金桥、川杨河和治北三座停车场上方建造光伏发电系统。经过多年的探索，目前我们已经在三林、富锦路、浦江镇等 16 座车辆基地完成了光伏发电系统并网，总装机容量合计超过了 43 兆瓦，位居国内行业首位。经过初步统计，2022 年其全年的光伏发电量

龙阳路停车基地光伏发电项目
图片来源：上海申通地铁集团有限公司

超过了 4000 万度，占比超过上海地铁全年用电总量的 1.5%。

其中最让上海深感荣幸的就是 2021 年外交部发言人华春莹的盛赞，龙阳路站也成为受到全球瞩目的"高能网红"。我们在龙阳路停车基地的整个屋顶上方布设了成片的太阳能光伏板，足有五六个足球场那么大，既利用了屋顶的闲置空间，也为列车提供绿色清洁电能。这一停车基地的年均发电量在 340 万度左右，能够节约 1200 吨标准煤，减排二氧化碳 3390 吨，目前正在为地铁 2 号线和 7 号线提供动照电能，基本实现了自用电的自给自足。

问题 4：上海地铁在节能减排方面，还有哪些重点实践和亮点呢？

回顾上海地铁的绿色发展史，我们有很多实践，也有很多亮点工作，比如"绿色建造"。地铁建设施工规模大、工期长，且多位于城市中心，施工过程中难免会对局部街区造成较大的影响。为此上海引入了非开挖、工厂预制拼装、全封闭绿色施工围挡、绿植围蔽等一系列绿色建造技术，减少了交通拥堵，降低了扬尘噪声和夜间光污染，还努力降低施工工地在街区中的"存在感"。以 14 号线静安寺站为例，它是全国首创的"非开挖"地铁站，车站上方的华山路、延安中路都是交通流量趋近饱和的城市主干道，若采用传统施工方式，需要封闭延安中路和华山路各两根车道，进行五次管线迁改，会给周边交通造成巨大压力。为了保证车站上方城市主动脉延安高架的正常通行，我们决定创造性地采用非开挖顶管工艺，在车站两条站台层隧道及一条站厅层隧道分别运用矩形顶管开展施工作业，避免了大规模的封路和管线迁改，成为国内外首个运用矩形顶管隧道建造的地铁车站。该站的科技创新和显著成效得到了国际隧道领域顶级专家的认可，成功斩获2022年第八届国际隧道协会唯一一项超越工程大奖。另外，14号线全线还有多个工点运用了封闭式工地大棚，成功解决了"声光尘"问题。其中最有特色的是陆家嘴站。陆家嘴站的大棚外观是针对陆家嘴整体风貌打造的，看起来如同跟周边环境完美融合的办公厂房，减少了工地在繁荣商业街区的"存在感"。我们在车站的装修上也采用了"极简"理念，比如在装修15号线车站时，我们利用工业废料制造出人工大理石，用以代替天然大理石，这也是上海对低碳理念的践行。

还有一个亮点是"绿色标准"。上海在致力于绿色地铁建设的实践中，牵头主编了多项绿色标准，用以规范绿色地铁的建设。17号线诸光路站是亚洲第一个获得绿色建筑LEED认证的地铁站，该站从建设伊始就将绿色理念融入整个施工过程。比如，按照传统做法，施工产生的渣土一

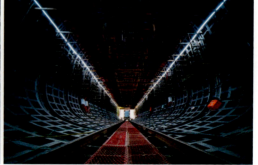

全国首例非开挖顶管工艺地铁站——14号线静安寺站
图片来源：上海申通地铁集团有限公司

第二章 全球领跑的轨道交通

14号线陆家嘴站封闭式工地大棚

图片来源：上海申通地铁集团有限公司

105

般作为垃圾处理，不仅需要支付昂贵的费用，运输和处置过程还会污染环境。在诸光路站的施工过程中，我们想方设法将渣土循环用于修路、回填、修固地基，实现了 10 多万立方米的渣土就地消化、变废为宝。又如，创新车站设计思路，设置贯通式大中庭，并配合采用具有高反射率和高隔热性能的天窗玻璃，既能大面积引入自然光，降低照明能耗，又能有效遮挡辐射，避免产生热岛效应。再如，在站内布设 200 多个传感器，智能调整站内环境舒适度，配以智能照明，有效减低用电，采用环保建材，为乘客提供健康舒适的乘车环境。2018 年 7 月，诸光路站通过了国际上最有影响力的绿色建筑认证体系 LEED 银级认证，开我国轨道交通建设绿色认证之先河；此后，上海以此为契机提出了全球首部绿色轨道交通评价标准，填补了公共交通领域绿色评估认证的空白，为推动公共交通绿色可持续发展贡献了"上海方案"，14、15、18 号线在建设之初也加入到绿色认证的行列，践行绿色发展。

17 号线诸光路站荣获亚洲首例地铁 LEED 银级认证
图片来源：上海申通地铁集团有限公司

# 地铁出行——"可阅读、有温度、有情怀"的人文之旅

地铁不仅是重要的交通工具,更是承载城市精神、演绎都市文化的重要公共空间。"最美车站"、地铁音乐角、诗歌进地铁、海派名家地铁行、"双城记"……上海地铁越来越充满个性和艺术美感。

访谈人:吴昕毅　上海申通地铁集团有限公司文化艺术总监

问题1:2013年上海提出了"地铁公共文化建设"理念,当时这个理念是怎么提出来的呢?

上海地铁建设之初,在1号线衡山路站、黄陂南路站等车站的站厅设计、雕塑陈设方面,就已经将壁画、浮雕等艺术元素融入其中。2013年,上海地铁日均客流量超过400万人次,线网规模已位居世界前列。为了践行"社会责任第一"的企业核心价值观,按照市委、市政府建设"国际文化大都市"的要求,上海地铁提出了"地铁公共文化建设"理念,制定了《上海地铁公共文化建设纲要》,明确既要从建筑维度打造"最美车站",更要从公共文化艺术的角度予以项目化推进。

地铁公共文化作为城市文化发展的新阵地和大舞台,是城市公共文化传承和演绎的重要窗口,是上海文化大发展、大繁荣的重要内容。经过20多年的不断探索,上海创设了地铁音乐角、文化列车、文化长廊等阵地,与5000多位艺术家和爱好者合作,逐步形成了以人民广场站为核心展示区,以4号线"大师系列"为文化环线,以车站和车厢为展示平台,以"红色文化""诗歌进地铁""大师进地铁""双城记"等为活动主题,融合近200处艺术作品、700多场地铁音乐角公益演出、300余列次文化列车和200多场文化展示活动的地铁公共文化新品牌。上千万乘客每天穿行其间,在星罗棋布、雅俗共赏、互动丰富的城市"第二空间"感受文化氛围。

早期地铁车站文化墙

图片来源：上海申通地铁集团有限公司

如今地铁车站文化墙

图片来源：上海申通地铁集团有限公司

早期地铁音乐角

图片来源：上海申通地铁集团有限公司

地铁公共文化顾问、著名指挥家曹鹏在地铁音乐角指挥演奏交响乐

图片来源：上海申通地铁集团有限公司

红色文化进地铁

图片来源：上海申通地铁集团有限公司

问题2：上海有哪些为市民津津乐道的网红站点或者地铁文化空间呢？

没错，上海地铁公共文化艺术的建设发展，正在让地铁出行成为文化之旅。当中令人印象深刻的站点文化阵地有很多。比如在中共一大会址新天地站开设的"党的诞生地"红色长廊，开行了多次红色列车，发行了《"党的诞生地·上海"》上海地铁指南特刊、庆祝建党100周年一日票等，营造了上海"光荣之城"的氛围；我们还与伦敦、墨西哥城、马德里、巴黎、都柏林等轨道交通企业及驻沪总领馆展开合作，开展了"中外诗歌进地铁""双城记"摄影交换展等项目，不仅在上海地铁中介绍莎士比亚、叶芝等大师作品，还在异域城市的车厢、站台中展示中国的唐宋诗歌和上海城市的影像，在地铁领域促进了中外文化的常态化交流与沟通，被誉为"民间外交新渠道"；我们对地铁公共文化的探索，还使"地下世界"形成了一站一景，龙华站的"龙华钟鼓"、交通大学站的"钱学森手迹通道"、江宁路站的"江山宁和"、汉中路站的"地下蝴蝶魔法森林"、丹阳路站"工业百年"、紫竹高新区站的"冈身印记"等一系列建筑艺术和壁画雕塑的亮相，以及被誉为"最美车站"的14号线豫园站、15号线吴中路站等，都凸显了上海地铁的人文情怀。

2006年上海—伦敦地铁文化交流暨上海地铁车厢英国诗歌发布仪式
图片来源：上海申通地铁集团有限公司

对了，现在还有个非常热门的打卡点。这就是 2023 年 5 月被市文化和旅游局认证为上海首批 15 个"美术新空间"之一的龙华中路站。这个车站毗邻艺术氛围浓郁的西岸。我们尝试将车站一角打造成乘客身边的"美术馆展厅"。从 2021 年起，我们已经策划了"地铁遇见普拉多""萨尔瓦多·达利——魔幻与现实""奇妙意大利——走进罗西尼歌剧节"等多个展览，吸引了许多市民乘客、中小学生特地前来参观打卡。在地铁"看展"，无需门票、没有门槛，市民可以随到随看，甚至反复多次观看，真正实现了与艺术的"零距离"。

除了文化内容本身丰富多彩以外，地铁传播文化的载体和形式也在不断变迁。一方面，上海持续挖掘地铁阵地的潜能，比如 2014 年建成了国内首家地铁博物馆——上海地铁博物馆，后续逐步在陕西南路站、南京东路站、徐家汇站设置了文化长廊。2019 年，为庆祝中华人民共和国成立 70 周年，我们与小荧星艺术团合作，地铁员工与 70 位小朋友在人民广场站合唱《我和我的祖国》，用音乐向祖国献礼；双层可升降的环形 LED 屏展台上展示的"玉兔号"月球车原型机、上海沙船、辽宁号模型等都成为市民当时的打卡热点。另一方面，我们还发挥新媒体的优势，利用 Metro 大都会 App、"上海地铁 shmetro"微博、微信，与抖音、哔哩哔哩、"文化云"等平台合作，通过现场直播、微视频等方式，在虚拟空间不断营造良好的地铁文化生态。

文化氛围日益丰厚的上海地铁，不仅赢得了乘客的青睐，更彰显了上海国际文化大都市的海派魅力。文化和旅游部评价，上海"使地铁乘客在不经意间领略和感知艺术的体验更为惬意和直观"，各大媒体也将上海地铁誉为大流动"细胞"艺术宫、"文化会客厅"、"上海文化的一张新名片"。

地铁遇见普拉多
图片来源：上海申通地铁集团有限公司

奇妙意大利——走进罗西尼歌剧节
图片来源：上海申通地铁集团有限公司

# 互联互通的长三角——11号线连接两座城

访谈人：徐正良　上海市城市建设设计研究总院（集团）有限公司总工程师

问题1：作为世界上最长的贯通运营的地铁线，11号线连通了上海和苏州两地，其功能定位当时是如何考虑的？

上海的轨道交通11号线，全长82.8公里，连接着上海的迪士尼和苏州的昆山，是目前世界上最长的一条地铁线，也是国内首条跨省级行政区运行的地铁线。11号线整体呈"西北—东南"走向，西北方向的嘉定新城站又设置了一条支线连接上海国际赛车场、安亭汽车城和昆山的花桥商务城先导区，实现了长三角范围内的"当日来回"。

昆山是江苏省的"东大门"。为深化上海与江苏之间的经贸合作，加速长三角区域一体化进程，加强空间上的衔接，拓展合作发展新的领域，同时为进一步加快建设步伐，花桥国际商务城迫切需要轨道交通的支持，而11号线的建设无疑加速了花桥国际商务城的发展。11号线既强化了既有的交通轴，提高了内外交通衔接的效率，又开辟了新的交通轴，扩大了交通圈的辐射角度和范围。

问题2：11号线在新系统、新技术、新工艺等方面有哪些技术创新？

11号线实现了特大城市80公里骨干线沿线600万人口40分钟畅达主城区的目标，首次构建了"企业牵头、政府参与"的建设、投资及运营模式，创造了"联席会议、联合审批、区域联动"的管理体系，突破了属地化行政管理壁垒，实现了上海与江苏轨道交通的互联互通，促进了轨道交通领域长三角区域一体化建设。

基于"共板、共墙、共柱"理论，首创了大面积利用既有地下空间改造建设地铁车站的一系列设计与施工技术，成功地建造了城市核心区轨道交通枢纽站——徐家汇枢纽，破解了世界级工程难题。

首次系统地提出将光伏系统与轨道交通停车库相结合的设计与施工技术，建成了10兆瓦光伏示范系统，实现了年均发电量858.3万千瓦时，年减排温室气体7115吨，减排烟尘569吨。

问题3：沪苏两市地铁"同城化"意味着什么？

2023年3月，与上海11号线终点站花桥站相接的苏州11号线（原名S1线）启动了全线试跑，并于6月24日上午11点正式开通，线路穿过昆山，在苏州主城区与苏州3号线连通。沪苏两条11号线的开通代表着两地铁网络的完全相接。跨城地铁的互联互通，不仅满足了需要跨市通勤的乘客需求，也带来城市和城市之间"边界"的变化，并最终成为连接都市圈内城市间的重要基础设施。

目前，国内地铁能真正做到两座城市市中心的直通，并不多见。苏州轨道交通11号线与上海轨道交通11号线的对接，跨越了省级行政区划，可以说是一种创新突破。

首先，沪苏加速破壁，融合度不断增强。上海与苏州之间地理相近，人文相亲，在地铁"同城化"之前，两座城市在诸多方面就有密切联系，且有着深厚的经济、文化、历史基础。这样的背景下，谋求协同互补，以实现更好的共赢发展，对两座城市都很重要。地铁直通令两地间的长途通勤变得方便、高效，可以满足更多人"跨省（市）"通勤的需求，这实际上也是在共同提升两座城市对于人才的吸引力和包容度。同时，还可进一步刺激两地市民的文旅消费。进入真正的地铁"同城化"时代，沪苏两地市民的心理距离也被进一步拉近，而这种彼此认同感的强化，对于推进更高水平的同城化发展至关重要。

其次，"跨省地铁"为长三角区域一体化做了好的示范。上海和苏州在轨道交通上走向"零距离"，实际意味着长三角地区经济体量最大的两座城市"强强联手"。根据2019年底由中共中央、国务院印发实施的《长江三角洲区域一体化发展规划纲要》文件精神，长三角地区被赋予的定位之一，就是要打造全国区域一体化发展示范区，其中就包括率先实现基础设施的互联互通。此次沪苏两条地铁线路实现无缝换乘，可以说是在这方面实现了标志性意义的突破。鉴于沪苏的经济地位和影响力,这一突破也对长三角地区,乃至整个国内其他跨区域交通基础设施的互联互通,都具有较强的示范意义。

问题4:目前花桥站"无感换乘"的重要意义是什么呢?

2023年6月24日,伴随着苏州轨道交通11号线正式开通运营,与上海轨道交通11号线无感换乘也同步启动,标志着沪苏两地11号线正式"牵手",为两地市民出行带来了更多方便与选择。

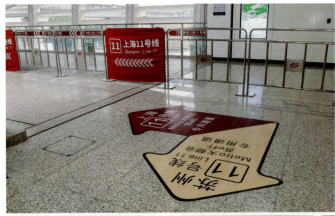

11号线换乘通道

图片来源:上海申通地铁集团有限公司

随着苏州轨道交通 11 号线的开通运营，花桥无感换乘通道也正式启用，苏州、上海两个轨道交通系统实现深度互联互通，这在国内尚属首次，对于轨道交通互联互通发展具有指导意义，为国内城市群互联互通打造了一个可借鉴的样板和标准。苏沪两地乘客只需使用"苏 e 行"或"Metro 大都会"App，并开通无感换乘服务，无需二次安检、刷卡及扫码，即可通过无感换乘通道，从苏州任意一个地铁站进入上海轨道交通网络并出站，充分感受"同城化生活"的简单和便捷。

同时，对两地市民来说，苏沪两地往返的出行方式将更加多样化。苏沪两地"双 11"轨道交通线路在花桥站无感换乘功能的实现，使得从苏州坐地铁到上海市区耗时大约 3 个多小时，和之前坐火车的全程用时差不多，而且地铁随到随走，灵活性更好，更易于出行。

# 市域铁路发展为金山找到了轨道交通最优解

2012 年 9 月 28 日,国内首条公交化运营的市域铁路——金山铁路正式开通运营,作为一项民生工程,十多年来,金山铁路通过其高效、便利、优质的服务,深刻改变了金山的公共交通网络结构,客流量从开通之初的日均 1.3 万人次增长到了如今的 3.1 万人次,极大改善了金山与市中心的交通效率,成为金山市民通勤最重要的交通平台,也成了金山区的一张名片。

访谈人:陈　莽　金山区交通委员会主任

问题 1:金山铁路是国内首条公交化运营的市域铁路,您能简单介绍一下它的建设背景和发展历程吗?

金山铁路由原金山铁路支线改建而成,原金山铁路支线建成于 20 世

夕阳余晖下的金山铁路列车
图片来源:上海市金山区交通委员会

纪 70 年代，主要用于上海石化货运业务，兼营客运业务，后来由于运量持续萎缩，2001 年停止客运业务。

为加强金山郊区与上海中心城区之间的交通联系，完善上海城市轨道交通布局，满足沿线人民群众出行需求，在国家部委和上海市的大力支持下，2009 年 2 月，金山铁路支线改建工程获原铁道部、上海市政府正式立项批复，原铁道部和上海市共同出资组建项目公司——上海金山铁路有限责任公司，对金山铁路进行改造，项目总投资约 41 亿元。同年 8 月 12 日，金山铁路支线改建工程开工，并于 2012 年 9 月 29 日正式开通运营。

于是就有了一条连接上海中心城区与金山区的首条市域铁路，由上海南站引出至金山卫站，全长 56.4 公里，途经上海市徐汇、闵行、松江、金山四个区，设立金山卫、金山园区、亭林、叶榭、车墩、新桥、春申、莘庄（暂未启用）、上海南 9 座车站，设计最高时速 160 公里 / 小时。

问题 2：作为市域铁路，金山铁路相较传统铁路而言有很多显著优势，您能简要说说吗？

首先是票价优惠。十多年来，金山铁路一直维持着运营初期推行的 3—10 元的阶梯优惠票价，票价水平较为亲民，基本与地面公交持平，大大增强了百姓的幸福感、获得感、安全感。铁路开通运行以来客流量不断增加，为确保线路正常运行，由市、区政府各承担 50% 资金，金山铁路运营用政府购买服务的方式每年度定额支付 1.7 亿元运营补贴。

其次，支付方式也更加多样化。金山铁路综合了国铁和地铁两种运营模式，在全国铁路首创"一机三用"，即检票闸机采用铁路火车票、公共交通卡和手机兼容的票务系统，旅客既可购买铁路火车票，又可使用公共交通卡，还可使用支付宝、微信及云闪付公交乘车码刷码进站，为乘客提供了很大的便利。目前，有超过八成旅客使用公共交通卡或刷手机进站乘车。

还有，在班次安排上也有多种模式可以满足旅客的出行需求。金山铁路采用双休日、节假日时刻表和"一站直达""大站停""站站停"三

金山卫站
图片来源：上海市金山区交通委员会

种运行模式，每天开行动车组 37.5 对，运行时间分别为 32 分钟、42 分钟和 60 分钟，另外有空即坐，不设固定座位号，旅客随到随走。

问题 3："上海 2035"总规提出"三个 1000 公里"，其中 1000 公里指包含市郊铁路在内的城际线。您能谈谈金山铁路的发展经验对于未来上海市域铁路发展有哪些方面可以借鉴吗？

首先，金山铁路有我们比较成功的经验。第一，定位精准，长期客流特征符合对线路的最初期望。十多年来，金山铁路工作日的客流潮汐式特征较为明显，每日通勤的客流占到总客流的 60% 左右。而在开通之初，金山铁路的定位就是一条连接中心城区和市郊的主要服务于日常通勤的市域铁路，在车票定价、支付方式、运营模式上都匹配了这一定位。第二，金山铁路的建设带动了站点周边的公共交通配套建设，进一步强化了线路对全区各镇的辐射效应。金山铁路在金山区内设有金山卫站、金山园区站、亭林站三个站点，由于线路总体位置偏东，对东南部三镇的辐射能力较强，对于其他六镇一街道的辐射能力有限。为此，金山区交通委完善了金山铁路区内三个站点的公交线路配套、P+R 停车配套，进一步方便乘客前往。第三，重视服务，及时升级设备，满足不同阶段乘客需求。伴随着客流的增长和支付手段等的升级，金山铁路与时俱进地更新车型、升级闸机、开拓信息发布渠道、升级人性化服务等，很好地支撑了金山铁路的发展。

未来，我们想要金山加速融入长三角地区轨道交通网络，形成一张汇集南枫线、金山铁路、浦东铁路、嘉青松金线、沪乍杭铁路的轨道交通网，提升与长三角周边城市互联互通水平，增强与虹桥枢纽、浦东枢纽及相邻城市的联系效率，并优化枢纽布局，形成金山站和金山北站两个城市级交通枢纽，实现内外交通的便捷、高效换乘，发挥交通枢纽的辐射能力和吸引能力。

# 百年公交的蝶变

## The Century-Long Evolution of Bus Transit

第三章
Chapter 3

第一轮公交改革引入了市场机制，实现了从计划经济向市场经济的历史性转折；第二轮公交改革侧重于对第一轮改革后所存在问题的进一步优化；第三轮公交改革后，国有主导、有序竞争的公交市场格局逐步明确。

——周淮

公交既是服务于通勤等日常基本出行需要的重要交通工具，也是体验城市生活、感受城市魅力的载体。未来我们将继续把"人民城市人民建，人民城市为人民"的重要理念贯彻落实到公交发展中，让城市的公交服务更有品质、更有温度。

——蔡敬艳

如何在轨道交通网络不断拓展的情况下实现公交运力资源优化配置，提高运营效率，更好地满足市民出行需求，是我们公交线网优化工作中的关键任务。

——王建军

个体出行需求的满足与整体公交运营效率之间的协调，始终是我们公交线路调整和走廊资源整合过程中一个非常重要的方面，在骨干通道的线路优化中也是如此。

——陈琛

17号线的配套公交调整在实施后取得了良好的实际效果，主要体现在这几个方面：第一是为轨道交通输送客流，第二是化解了青浦城区的部分道路堵点，第三是有效提升了公交运行效率。

——钟璀

桃浦 1230 路是全市第一条社区便民巴士，纳入本市公共交通序列管理，由普陀区成立区属公交企业负责运营。这条线路的开通是中心城区试点社区便民巴士的一项有益探索。

——唐军

毗邻公交已成为长三角毗邻区域高水平互联互通交通网的重要组成部分，"小公交、大作用"的民生效应得到充分发挥。

——李彬

老百姓是最大的贵宾，建设公交专用道就是把最好的道路资源留给更多的老百姓。

——王宝辉

我们希望通过信息化建设的不断完善，使公交站点逐渐成为城市公共空间中的智慧服务信息岛，助力传统的公交站点焕发新的光彩。

——顾文俊

我们正在推进的站点品质提升工作主要有这样几个实施原则：体现特色、打造人文公交，全龄友好、助老助残助幼，智慧出行、提升出行品质，关爱职工、保障安全服务，绿色环保、助力节能降碳，功能复合、鼓励综合开发。

——殷波

长宁区公交站点品质提升的重点是"显"，优先实施位于重要商圈、地标、重要交通枢纽、历史文化风貌区的站点，以服务于更多的出行者。中山公园 20 路首末站的改造就是我们这次站点品质提升工作的一个亮点。

——郁夫

回顾本市公交车辆发展，从技术维度看，主要经历了标准化、新能源化两大阶段，正逐步推动智能化发展；从舒适性维度看，主要经历了全面空调化，正着力推动无障碍化发展。

——胡军

为了确保线路服务质量和营运效率的提升，除提高计划与实际的匹配、提升现场调度员业务能力之外，发挥信息化对营运的支撑作用也尤为重要。

——邹碧伟

作为全市地面公交骨干企业，久事公交将继续以为广大市民提供安全、可靠、便捷、舒适的出行服务为使命，奋力书写"人民满意"答卷。

——张必伟

浦东公交将坚持"稳中求进"总基调，树立"人民公交"和"新发展"两个理念，统筹好"经济"和"社会"两个效益，积极打造人民满意的公交，为中国式现代化浦东实践贡献公交力量。

——王斌峰

嘉定公交始终坚持为市民乘客提供高效、温暖的服务，在日常运营中坚持突出"暖"文化，深度融合党建"心品牌"，打造"暖心"红色引擎，在服务内容和质量等方面不断探索创新。

——沈燕

临港新片区正在依托丰富的交通场景，开拓集智能公交、智能小巴、智能装备等多场景融合的"环滴水湖未来交通生态圈"，并进一步扩大智能网联公交运营区域，提升民众日常出行的服务品质。

——冯文庆

The initial phase of bus transit reform introduced market mechanisms, marking a significant shift from a planned economy to a market economy. The subsequent round of reform aimed to further optimize any issues that arose from the initial reform phase. The third round of reform has led to the establishment of a clear and structured competitive market pattern dominated by state-owned enterprises.

—Zhou Huai

Bus transit plays a vital role in meeting daily transportation needs, including commuting, and also offers an opportunity to experience urban life and the charm of the city. Going forward, we will continue to prioritize the concept of "a people's city is built by and for the people" in the development of the bus network. This commitment aims to enhance the quality and warmth of bus transit services in the city.

—Cai Jingyan

With the continuous expansion of the rail transit network, it has become crucial to focus on optimizing the allocation of bus capacity resources, enhancing operational efficiency, and effectively meeting the mobility demands of citizens, in our ongoing efforts to optimize the bus network.

—Wang Jianjun

Balancing individual mobility needs with overall bus operation efficiency is a crucial aspect in bus line adjustment, corridor resource integration, and the optimization of core bus lines.

—Chen Chen

The implementation of the complementing bus line adjustment for Rail Transit Line 17 has yielded positive outcomes in various aspects. Firstly, it has fed the passenger flow for the rail transit system. Secondly, it has successfully alleviated traffic congestion at key points in the Qingpu urban area. Lastly, it has significantly enhanced the operational efficiency of bus transit.

—Zhong Cui

Taopu No. 1230 Bus is the inaugural community convenience bus in the city, which has been incorporated into the city's overall public transportation management and is operated by a bus company owned by the Putuo District Government. The launch of this bus line represents a valuable endeavor in piloting community convenience buses in the downtown area.

—Tang Jun

Inter-provincial buses have emerged as a crucial element within the highly interconnected transportation network in the neighboring regions of the Yangtze River Delta region. The concept of "small bus, big role" has been effectively implemented to benefit the local population.

—Li Bin

The general public holds the utmost importance, and the construction of dedicated lanes aims to allocate the best road resources to a larger number of people.

—Wang Baohui

We hope to gradually transform bus stops into smart service information hubs within urban public spaces through continuous improvement in information technology infrastructure. This transformation will enable traditional bus stops to radiate with new brilliance.

—Gu Wenjun

The bus stop quality improvement work we are advocating primarily encompasses the following guiding principles: embracing uniqueness, fostering a human-centric public transportation system, catering to the needs of diverse age groups, providing assistance to the elderly, disabled, and children, promoting intelligent travel to enhance the overall travel experience, prioritizing the well-being of employees, ensuring safety services, championing environmental sustainability by advocating for energy conservation and carbon reduction, implementing functional integration, and encouraging comprehensive development.

—Yin Bo

The primary focus of enhancing the quality of bus stops in Changning District is to prioritize "visibility". This means giving priority to bus stops located in crucial business districts, landmarks, significant transportation hubs, and historical and cultural areas, with the aim to cater to a larger number of travelers. As part of the bus stop quality improvement efforts, the renovation of the first and last bus stops of the Zhongshan Park No. 20 Bus has emerged as a highlight.

—Yu Fu

When reflecting on the evolution of bus transit in this city, it is evident that it has undergone two key stages from a technical standpoint: standardization and the introduction of new energy vehicles. Furthermore, there is a gradual shift towards promoting smart development. In terms of comfort, the focus has primarily been on implementing air conditioning systems, and now the emphasis is on promoting accessible development for all passengers.

—Hu Jun

To enhance service quality and operational efficiency of bus routes, it is crucial to utilize the supportive role of information technology in day-to-day operations, in addition to improving the alignment between plans and actual operations and strengthening the capabilities of on-site dispatchers.

—Zou Biwei

As a major player in the ground public transportation sector, Jiushi Bus is committed to its mission of providing safe, reliable, convenient, and comfortable transportation services for the general public. The company aims to meet the expectations and satisfaction of the people it serves.

—Zhang Biwei

Pudong Bus is dedicated to striking a balance between progress and stability. In line with overarching principle, the company upholds the philosophy of developing "people's buses" following the new development concept. By effectively coordinating the economic and social benefits, Pudong Bus actively endeavors to create bus services that cater to the satisfaction of the people and contribute to the realization of Pudong's journey towards modernization.

—Wang Binfeng

Jiading Bus remains steadfast in its commitment to delivering efficient and heartwarming services to citizens and passengers. The company places great emphasis on cultivating a heartwarming culture in its daily operations as a crucial aspect of its party building efforts. It continuously strives to explore and innovate in terms of service content and quality.

—Shen Yan

The Lin-gang New Area is leveraging its abundant transportation resources to build a "future transportation ecosystem centered around Dishui Lake". This ecosystem integrates various scenarios, including smart bus transit, smart minibuses, and smart equipment. Furthermore, it aims to expand the coverage of smart connected bus and enhance the quality of daily mobility services for the public.

—Feng Wenqing

从 1908 年第一条有轨电车线路开通至今，上海地面公交已有百年历史，是本市公共交通体系的重要基础，一直以来都是市民出行的主要方式。近年来，随着城市建设的跨越式发展，轨道交通网络规模的不断扩大，市民对高品质、个性化出行需求的日益增长，地面公交的角色和作用都发生了不同程度的变化，行业发展也迎来了新的挑战和机遇。如何让百年公交在新时代持续焕发新的风采，让我们聆听公交人怎么说。

# 改革在持续——地面公交的三轮改革与深化

改革始终伴随着上海公交行业的发展。每一轮改革都针对当时公交行业面临的主要问题提出了相应举措，并取得了良好成效。

访谈人：周　淮　上海市交通运输行业协会常务副会长兼秘书长，原上海市交通委员会巡视员

问题 1：目前上海市正在开展公交深化改革，您作为历次公交改革的亲历者，能否向我们介绍一下世博会之前两轮公交改革的背景和实施情况。

自 1996 年起，上海市公交行业大致经历了三轮改革和三轮深化改革。

第一轮公交改革是在 1996 年到 2000 年之间实施的。改革前，全市范围内的"乘车难"问题正愈演愈烈，那个时候，上海人曾经用 1 平方米能站 12 个人来形容公交车里的拥挤程度，公交的服务供给总体上已经远远跟不上市民的需求。与此同时，公交企业的亏损问题也越来越严重。在这个阶段，全市只有一家公交企业，就是上海公交总公司，而 1995 年左右，市政府对其亏损的补贴已达到 8 亿元。为了解决市民"乘车难"和公交企业经营积极性不足的问题，上海通过体制、机制、票制"三制"改革，打破了公交"大锅饭"，促进公交行业转变观念，引入市场机制，实现了从计划经济向市场经济的历史性转折。改革所涉及的范围和改革

第一轮改革前乘车难
图片来源：上海市交通委员会

的力度都是前所未有的。在这个阶段也兴起了社会办公交的热潮，公交企业一度骤增至151家，企业经营状况有所改善。

第一轮公交改革虽然取得了一定的成效，但也产生了一些新问题。比如政府对公交行业的管理还有待改进；主管部门、行业投资公司和公交营运企业各自职能定位及相互关系尚未完全建立；企业数量过多，市场过度分割，职工待遇偏低，良性循环的长效发展机制也未确定。在这个背景下，第二轮改革逐渐被提上了日程。

第二轮公交改革在2001年底启动，侧重于对实施第一轮改革后所存在问题的进一步优化。我认为第二轮改革聚焦于两个方面：一是推进公交企业的整合，分散的资源逐渐向几个骨干公交企业集中，实施改革后，巴士、大众和强生集团占据了85%的市场份额；二是政府建立了公益性扶持政策，设立了公益性补偿载体——"公交专项"资金。到2004年底，以资产为纽带、品牌为龙头的集约化、区域化市场经营格局初步形成，骨干公交企业全面完成了公司制改造，行业整体的供应能力和运营效率得到了显著提升。

问题2：前两轮公交改革取得了显著效果，为公交行业发展打下基础，而在筹备世博会的背景下，上海市又于2009年开启了第三轮公交改革。请您再介绍一下这一轮改革的重要举措和取得的成效。

随着城市发展，世博会的申报成功，上海公交发展又面临着不少新的问题和挑战。比如，随着城市建设和轨道交通网络跨越式发展，公交线路的配套、调整尚显滞后，尤其是偏远区域的群众出行问题尚未根本解决。再比如，企业数量偏多，经营成本增加，部分企业片面追求投资回报，一线职工的收入和权益没能得到充分保障，政府对公交扶持的力度还需加大，监管也有待于加强，公交企业经营和管理的未来发展方向有待进一步清晰。

因此，2009年3月，市政府召开了全市推进公共交通优先发展工作会议，全面部署第三轮公交改革发展工作。以"迎世博"为契机，重点聚焦全面提升服务能级、强化政府监管和充分调动职工积极性等方面，明确了健全和完善国有主导、有序竞争的公交市场经营格局，健全和完善手段有效、掌控有力的政府监管调控机制，健全和完善长效稳定、透明规范的公共财政扶持政策，健全和完善绩效挂钩、合理递增的职工收入保障制度，健全和完善线网优化、服务优质的公交运营服务体系等五项改革目标。

第三轮改革后，国有主导、有序竞争的公交市场格局逐步明确。到2010年，全市共有线路经营权资质的独立核算公交企业35家，国有企业占比近70%，"浦西、浦东、一区一骨干"区域经营的市场格局也基本形成。同时，城市公交线网不断优化，车辆质量、绿色化和信息化水平明显提升，经受住了世博会的大客流考验。2010年全市公交日均客运量达到769万人次。此外，政府监管也得到加强，补贴力度加大，市民出行成本继续下降，职工收入明显提高，权益得到保障。

问题3：公交行业经历了三轮改革，成效有目共睹。面对发展过程中的新情况，2015年又进行了第一轮深化改革，您能否谈一谈此次深化改革的情况。

随着行业发展环境和形势的改变，以巴士公交（集团）为代表的国有骨干公交企业面临收支缺口扩大、财务状况恶化、运营效率较低等问题，公交行业的可持续发展又一次面临挑战。

2014年，在市领导的支持下，市交通委会同其他相关部门，重点围绕体制、机制、票制、规制、法制等方面，以巴士公交（集团）作为改革试点，推进实施深化公交改革三年工作方案。首先，在体制层面建立多方参与的监督机制，成立了巴士公交（集团）理事会，主要负责监督财政资金使用和政府重大民生政策落实等，提高了对企业的监管效率。其次，推进巴士公交（集团）经营体制改革，撤销分公司层级，实现扁平化管理，提高管理效率。同时，引入的第三方服务质量考核，对企业形成了一定的压力。此外，还实施综合补贴机制，使企业收支基本达到了平衡。得益于第一轮三年深化改革的推进实施，上海地面公交行业被授予"2015—2016年度（第九届）上海市文明行业"荣誉称号，上海市在2017年获得交通运输部授予的"国家公交都市建设示范城市"称号。

# 地面公交的提升和发展

访谈人：蔡敬艳　上海市道路运输管理局副局长、二级巡视员

问题1：实行第一轮深化改革后，后续每三年就进行一次地面公交行业的深化改革。请您介绍一下后续几轮深化改革的思路与成效。

第一轮深化改革实施后，随着轨道交通逐步成为市民出行的首选，大量地面公交乘客流入轨道交通系统，轨道交通在公共交通系统的分担比例也由2009年的25.3%提高至2017年的53.9%，而地面公交则从2009年的51.8%降至2017年的33.5%，日均客流从2012年766万人次逐步降至2017年的600万人次，年均降幅4.4%，且幅度逐年增大。因此，2018年，上海以"优品质"和"提效率"为目标，开始启动第二轮公交行业三年深化改革，从"营造良好服务环境、激发企业内生动力、打造高效管理体系"三方面进一步巩固地面公交在公共交通系统中的基础地位。

改革实施后，首先，骨干通道服务和效率明显提升。在轨道交通成网背景下，我们明确了中心城"20+8"骨干通道布局方案。全市共新辟线路129条，优化调整线路603条，撤销线路40条；而且中心城完成了延安路等10条骨干通道线网优化调整工作，骨干通道内复线减少238公里，配车净减124辆，主线平均候车时间5分钟，主线客流增长10%。其次，市民公交出行获得感明显提升。多层次专用道格局基本形成，运行可靠性增强。上海公交App上线，线路全覆盖，"最后一公里"线路全部实施时刻表挂牌服务，中心城基本实现电子站牌全覆盖。新能源公交车大力发展，车辆舒适度进一步提升。通过延长运营时间实现了全市218条公交线路和轨道交通末班车衔接，全市轨道交通站点周边50米、100米半径范围内公交服务覆盖率达76.1%、89.1%，轨道交通、地面公交两网实现进一步融合。乘客满意度由2018年86.5分稳步提升至2020年87.23分。再次，公交安全性明显提升。一方面，通过对驾驶员的岗前

关心、心理疏导、安全培训等工作,增强了驾驶员安全行车意识和水平。另一方面,驾驶区防护隔离设施的全部加装,数字视频记录器(DVR)系统、驾驶员状态监测(DSM)系统、车辆辅助驾驶技术的应用,提高了安全性和事故预防可控性。全市的责任事故死亡率降到0.0063人/百万车公里;久事公交[1]违法率、行车事故数分别下降46.0%、60.1%,年度事故净损失同比减少2.4亿。最后,企业活力得到明显提升。市区两级财政共投入资金340亿元,为行业发展注入动力。企业压缩冗员、优化人车结构,采用大小车型混搭以优化运营组织;结合管理层薪酬与服务质量、成本管控考核结果挂钩机制,提高工作主动性。驾驶员得益于收入增长长效机制,从业吸引力增强,队伍年龄、学历结构都有所优化。

2021年受疫情影响,市民出行习惯进一步调整,地面公交在不同区域公共交通系统中的功能定位呈现差异化,主要表现为中心城区"补骨干、强衔接、重微循环"功能突出,郊区依然是市民公共交通出行主体。因此,为进一步巩固上一轮深化改革的成效,上海公交又启动了为期三年的新一轮深化改革。目前本轮改革已到收官之年,全市各层面和各区都持续推进重点任务进度和改革目标的逐步实现。疫情期间,地面公交充分展现出了兜底保障的服务韧性,能快速响应发挥运输保障功能;复工复产后又能快速恢复班次供应,为市民提供基本的公共出行服务。与此同时,信息化投入也带来了行业服务水平和运营效率的提升,随申行App的"一码畅行"、电子站牌信息预报准确率的提高,碳普惠平台上线,以及嘉定、临港智能网联公交示范线的运营,为公交出行带来新体验和新感受,也为行业可持续发展提供了支撑。

问题2:多轮行业改革中,除了体制、机制、管理举措等软件方面改革,上海还在车辆更新、设施改善等硬件改善上下了很大工夫,有些设施改善项目深得民心,比如公交站点的品质提升工程。请您具体谈谈这项工作的实施推进情况。

成立道路运输管理局,实现路政和运政的合并,为我们更好地推进公交站点建设和改造相关工作提供了良好的基础。站点设施建设改造工作往往显得"零打碎敲",今

---

[1] 即上海久事公共交通集团有限公司,简称久事公交。

天做一项、明天做一项,很难从一开始就通盘考虑,而路政、运政合并之后,在道路设施建设的时候往往可以同步考虑公交候车亭的建设、港湾式公交站的改造,以及无障碍适老化设施的建设等,公交基础设施建设工作的推进变得比较顺畅。现在,我们感到体制上已经理顺了,机制上也比较成熟了,结合公共交通更高质量发展的相关要求,我们认为公交站点的整体品质提升工作已经可以提上日程。

站点品质提升不仅是传统的站台、站亭设施改造,而是一个综合的提升工作。第一是在智慧化方面,完善站点信息服务,比如公交到站预报、周边换乘轨道线路的信息等,以及未来结合 MaaS 系统的建设进一步实现更完善的综合信息服务;第二是人性化、适老化改造,包括站台的无障碍设施改造、站点以及车辆设施的整体舒适度提升;第三是打造微枢纽的概念,把符合条件的交通设施整合在一起,比如出租"一键叫车"、共享单车接驳服务设施等,完善各种方式的衔接;第四就是推动公交站点与社区的融合,让公交站点不再是单一服务于地面公交出行,而是和社区活动中心等融合在一起,成为"15 分钟生活圈"的有机组成。

2022 年,我们试点推进了中心城四个公交特色首末站品质提升项目,效果都非常好,在乘客候车设施完善、结合 MaaS 系统的交通信息发布和出租"一键叫车"等功能实现、一线职工办公条件的改善等方面都有了很大提升。今年,我们会同久事公交等单位开展了多次研究,明确实施原则、实施重点、实施计划及保障措施等,编制了公交站点品质提升设计导则,作为公交站点品质提升的指导性文件,按照枢纽建设年代远近、设施新旧、客流量大小和地理位置重要性等方面,对大型枢纽站、一般枢纽(首末)站、微枢纽、特色风貌站、中途站等分类、分级地提出品质提升功能要素。

当然,站点品质提升工作的推进过程也不是一帆风顺的,也遇到了形形色色的困难和挑战。第一就是权属确认难,有的站点年代太久,已经很难确认权属,现在要投入资金立项改造,流程上会遇到很多问题;第二是绿化搬迁难,站点改造往往涉及绿化的调整,需要进行大量的沟通协调工作;第三是管线搬迁难,管线搬迁涉及水务和住建等多个部门,而且工程量大，资金投入也非常高；第四是达成共识难，在和属地、各个部门的沟通协调方面往往需要投入很多努力；第五就是资金难，城市维护和建设资金的使用有很明确的对象要求，有很多建设内容是不能使用这部分资金的，所以我们有的项目结合属地的地区改造，由区里投资建设，但是还有一些项目就面临着资金难题。

未来我们希望在站点品质提升工作中，相关机制能够进一步完善，实现制度上的保障。一是希望全市能够建立资金方面的保障机制，由财政、发改部门解决一部分费用，这样未来成规模的改造项目才能够更顺利地实施。二是充分调动区里的积极性，结合城市更新、"15分钟生活圈"的建设开展品质提升工作，提升站点形象，20路中山公园站就是借助中山公园整体改造的契机完成改造工作的，达到了很好的效果。三是希望城市维护和建设资金、公交专项资金等在站点维护方面的使用能建立起一套机制，把这些资金用好。四是鼓励相关公交企业能够更积极地参与到站点品质提升工作中来。完善制度保障，形成合力，我们今后的站点品质提升工作就不只是短期内的行动计划，而是可以成为一项常态化的、稳定开展的工作。

问题3：地面公交在公共交通中的分担率虽有所下降，但它的基础地位没有改变，未来地面公交如何发展，请您为我们讲一讲。

面对新的形势和挑战，在未来的公共交通发展方面，我们目前主要有这样一些想法。

首先，重点是在线网方面，我们要打造中运量、骨干线、接驳线的网络结构。中运量公交线和骨干公交线非常重要，重点服务高需求的客流走廊，提供高效可靠的服务。现在市民不愿意乘坐地面公交，主要就是因为地面公交的可靠性不够好，对乘车要花费的时间很难有一个比较准确的预期。所以中运量公交线和骨干公交线必须要有专用道的配套来保障快速可达。一方面，现有的专用道设置的道路条件要求我们再有所突破；另一方面，专用道要成网，单条的专用道不能中断，各条专用道之间也需要形成网络。如果能够保证时间上的可靠性，中运量公交线和骨干公交线就具备了像地铁一样承担高峰时期高客流的可能性。

建立这样一个快速的通道网络，在时间、速度上有保证之后，我们就可以把灵活调度运用起来，比如高峰期在一些通道上开行大站车，跳站运营，缩短运营时间，进一步提升对通勤人群的吸引力。

我们希望以后中运量等骨干地面公交和轨道交通能形成相辅相成、相互支撑、相互弥补的网络体系，真正实现公共交通的"一张网"。在这个线网体系里，接驳线的主要作用就是高效地衔接骨干网络，联系重要换乘节点，为骨干线路喂给客流。

要实现这些目标，我们需要重塑一个能够精准满足出行需求的公交线网，这项工作有一个很重要的基础，就是对客流数据的采集和应用。所以我们还计划加大力度推动客流数据的采集和统计分析，开展全面的公交客流调查，建立公交数据模型，以掌握更准确翔实的客流数据，实现更高效的客流分析。这样，公交线网调整就能够做到以数据说话，精准满足出行需求。

其次，我们也在设施和服务方面自我加压，努力实现更多的提升和创新。

例如，轨道站点周边有公交线路服务比例已经达到一个较高水平，但目前的指标还只是在评价"有没有"，实现某个轨道出入口周边有一条公交线路接驳是不够的，我们下一步要完善接驳公交的覆盖面，提供更广泛、更精准的服务，才能够匹配更高质量发展的要求。

公交站点的覆盖水平提升也是如此。目前全市公交站点的300米、500米半径覆盖率都已经达到了比较好的水平，但站在乘客需求的角度，我们认为缩短乘客实际步行时间是一项更重要的目标，所以我们在站点直线距离覆盖水平的基础上，以乘客步行时间这项可达性指标对公交站点的覆盖水平提出更高的要求。

又比如，以往为了提供站立空间，车厢座椅设计得比较少，和现在市民对出行舒适度越来越高的要求并不匹配，所以我们正在着手编制公交营运标准，计划对座椅的数量、设计要求进行明确，以期提升乘客出行的体验。

公交既是服务于通勤等日常基本出行需要的重要交通工具，也是体验城市生活、感受城市魅力的载体。未来我们将继续把"人民城市人民建，人民城市为人民"的重要理念贯彻落实到公交发展中，让城市的公交服务更有品质、更有温度。

再次，智慧和绿色是未来的发展方向。

绿色方面。公交的"绿"并不仅仅指车辆的新能源化，它的内涵是很广泛的。

第一表现在出行分担率方面，公共交通分担率越高，出行就越"绿"。目前上海的公共交通出行比例对比东京这样的城市还有明显差距。我们应当满足小汽车等各种交通方式的合理出行需求，但必须要继续大力推动公交优先的实施，保障绿色出行。

第二体现在运行效率方面。公交能源再清洁，车辆的使用和报废更新过程中也还是会产生对环境的污染。提高公交系统整体运行效率，通过线网优化、数据赋能，在满足服务质量的情况下开展灵活调度，实现精准发车，将车辆的运能更充分、更高效地利用起来，能从整体上减少车辆运行对环境的负面影响。

第三就是我们常常提到的车辆新能源化。我们对新能源公交车辆的选择持一种审慎态度，既不能太单一化，也不能过于多样化。过于单一可能会导致在应急中遇到一些问题；而车型太多样，会导致后续维保的投入大幅度增加。

第四是车型合理搭配，减少资源的浪费。目前公交车辆主流是10—12米车型，相对比较统一。但社会经济环境变化和新业态发展等对公共交通出行产生了新的影响，这就需要我们进行一些新的思考，如何让公交车型结构更好地匹配客流特征，也是我们绿色交通的一项重要的研究内容。

智慧方面。今年，我们制订了《上海市智慧公交顶层设计方案》，着手打造"四全＋一新"的新型智慧公交系统，即全量全息的数字基座、全龄友好的服务体系、全链协同的运营体系、全维高效的治理体系，以及智能公交新模式。同时，立足"十四五"，我们还配套制定了《上海市智慧公交三年行动计划（2023—2025 年）》，重点聚焦五项任务。

第一项是夯实智慧公交发展根基。推进场站智能化改造、电子站牌布设，同步推进相关建设标准编制；加快规划建设主城区中运量公交基本骨架通道。建立健全数据全流程管理规范与标准，汇聚行业全要素数据，实现全方位数字化。打通行业数据壁垒，促进数据反哺，推动地面公交与轨道交通运营信息衔接。

第二项是增强公交出行数智赋能。依托随申行 App，促进公交与多元出行方式的信息融合和衔接，引导低碳出行。丰富站点信息服务内容，强化两网信息融合，提升公交到站时间预报准确率，探索轮椅乘客"站车联动"无障碍服务。进一步整合升级二维码支付、关联健康信息等功能，提升"一码通行"、换乘优惠体验。

第三项是智塑企业营运业务流程。重点提升各区公交企业信息化、数字化管理能级，推进综合管理系统、机务管理系统、场站管理系统全覆盖，深化集群调度系统应用，缩小市区两级差异；继续提升久事公交和浦东公交[1]数据赋能等级，推进"人、车、线、场、站"全生命周期精细化管理。

第四项是提升监管决策处置效能。迭代形成集"态势全面感知、风险监测预警、趋势智能研判、资源统筹调度"于一体的市级公交行业监管平台。依照区级公交行业数字化监管场景建设导则，推进实施两级管理的相关各区交通主管部门完善公交行业监管平台建设。

第五项是推进公交智慧网联创新。推进车载设备和线路集计复用，减少硬件冗余，提升整车性能。打造新一代智能公交，提升行车安全能级和车辆自动化水平。推进临港、奉贤智能公交发展，加速配套标准制定。

---

1 即上海浦东新区公共交通有限公司，简称浦东公交。

第一节
Part 1

# 持续优化与拓展的公交网络
Ongoing Optimization and Expansion of the Bus Network

公交线网优化是动态适应地面公交在公共交通体系中的定位功能变化，优化配置有限道路资源，满足城市不同区域市民出行基本需求，不断提升地面公交整体运营效率的一项基础性、持续性工作。在中心城区轨道交通基本成网的背景下，本市地面公交线网以骨干公交通道为抓手，经历了几轮重大的优化调整，实现了"骨干通道支撑、区域循环成网、供给匹配需要"的目标。

# 公交线网优化工作的持续推进

随着城市发展和空间布局的变化，公共交通体系结构也逐步发生转变，不同阶段公交线网优化工作的理念和思路也在不断变化。目前，上海市的公交线网优化工作有四个重点，即骨干通道、"两网融合"、重要区域、提升效能，加快推进多层次公共交通布局的整体优化。

访谈人：王建军　上海市交通委员会行政服务中心主任，
　　　　　　　　曾任上海市交通运输和港口管理局客运处副处长、
　　　　　　　　上海市交通委员会道路运输处副处长等职

问题1：如何做好线网优化，一直以来是困扰行业管理部门的一个大课题。您能否从管理部门的角度，介绍一下如何争取全社会最大公约数推进线网优化？

近年来的公交线网优化工作有一个很重要的背景，就是随着轨道交通网络的快速发展和城市空间布局不断调整，居民出行结构发生明显变化，地面公交作为城市客运骨干的格局逐渐改变。轨道线路的开通往往会对周边居民的出行产生明显影响，也会导致这个区域原有地面公交客流特征产生很大的变化。如何在轨道交通线网不断拓展的情况下实现地面公交运力资源优化配置、提高运营效率，以更好满足市民出行需求，是我们公交线网优化工作中的关键任务。

在实际线网调整工作中，我们常常会面临这样一对矛盾：从整体效率提升的角度，公交线网的调整是非常必要的；但市民的出行往往存在一定惯性，短时间内很难转变，导致线网调整做"加法"易，做"减法"难。

在这种情况下，我们结合轨道交通网络发展变化所进行的公交线网优化工作主要有两个实施策略：一是开通"最后一公里"线路，二是引入定班车的概念。通过"最后一公里"线路，居民可以一次乘车到达最近的轨道交通站点，实现便捷换乘，打通居民出行的"毛细血管"。2011年，在周浦镇最早开通了"最后一公里"线路1001路和1002路，这类线路连接轨道交通站点、居民区、学校、商场、医院等地点，票价仅为1元且有换乘优惠，受到居民的广泛欢迎，也在全市范围内得到推广。定班车的设置则是我们在轨道线路开通后逐步引导市民转变出行习惯的一种尝试。在轨道线路开通之初，我们把部分与轨道线路走向重复较多的公交线路仍保留为定班车模式运行，并且对外公示发车时刻，以兼顾原有乘客的出行习惯。随着时间的推移，轨道交通大容量、快速、准时的优势逐步显现，沿途居民出行习惯也会逐渐转向轨道交通线路，这时候我们再对与轨道功能有重合的公交线路进行缩线、并线或者走向调整，往往会水到渠成，所受到的阻力小很多。

问题2：我们还知道，2016年市交通委出台了《上海市公共汽（电）车客运线路优化导则》，这项导则的发布主要是为了解决线网优化工作中的哪些问题，又有哪些亮点呢？

前面提到了，我们的公交线网调整做"加法"易，做"减法"难，乘客往往从自身方便角度（更多是乘车习惯因素）审视具体的公交线路调整，很少从线网的整体效率上去看问题。比如，一条公交线路完全与轨道交通线路重复，理论上应该调整或终止，但在具体线路计划公示、听取沿途居民意见时，往往得到的是一片反对声。业内人士有句调侃，"马路上随便找十个人，其中九个人都是'公交专家'，能够对公交线路的调整侃侃而谈"，可见公交线网调整之难。此外，行业管理部门也没有明确的标准，导致尽管每年数百条公交线路优化调整，仍不能适应城市的发展和市民的需求。作为一个从事这项工作近20年时间的公交管理者，我对上述公交线网调整面临的困境，一直感受颇深，也很迫切地希望有一个公交线网优化导则来指导工作。

自2014年起，轨道交通占公共交通客运量的比例已经超过地面公交。上海地面公交线网存在的问题日益显现，如线网功能层次不清晰、市中心部分路段重复严重、市区边缘线网稀疏、换乘衔接不便等。为了更好落实公交优先战略，优化公共汽（电）车线网，提高公交服务水平和运营效率，建设世界一流的公共交通服务体系，2016年，市交通委组织制订了《上海市公共汽（电）车客运线路优化导则》，并且在2022年结合城市新发展要求、需求特征新变化完成了导则的修订工作。

2016版公交线网优化导则体现的理念和提出的具体标准在当时国内属于首创。公交线网优化导则结合城市空间布局与交通出行特征，明确了骨干线、区域线、驳运线三级公交线网结构，提出不同区域的线网优化策略，并从设施条件、客流情况、公交线路与轨道交通线路的关系等角度明确了线路开辟、调整和终止的具体启动条件。

我个人觉得，公交线网优化导则至少有以下几个亮点：一是提出了一系列量化指标。比如公交线路的新辟，提出客流预测平均每百公里低于200人次时慎重开辟，低于100人次时严格控制开辟。这一指标的设置可有效避免公交资源的浪费，有利于提升财政资金的使用绩效。二是提出线路调整相关配套设施要求。比如，对分片开发的较大规模住宅区，提出当开发超过1500户后，应当建设公交站点设施；如暂不具备实施条件，可根据实际情况先建设过渡站点设施，待基本条件具备后再实施永久设施建设。这一要求，可以有效避免像当时上海康城那样居民入住完毕，规划终点站迟迟未建、居民出行需求不能满足的情况。三是提出了公交线网评价的理念。导则明确，公交行业管理部门定期对本市公共交通网络和重点通道线路进行总体评价。这一理念，可以定期检视每年公交线网调整的有效性，确保始终在正确的方向上。四是明确了公交线网优化调整的管理机制。其中提到，各区交通运输管理机构对本区域公交线路调整,要听取公交公司、各街道和居委会、人大代表、政协委员、行风监督员、市民等各方面意见。这一机制,扩大了社会公众的参与度,符合"共享共治"理念。后来这个导则也根据公交发展需求进行了更新优化。

问题3:刚才您提到我们在线网调整时对线路进行了分类,打造骨干线、区域线、接驳线三级结构,我们当前的公交线网调整策略也正是以骨干线为抓手的。能否请您结合某一条骨干通道,介绍一下近期的公交线网优化调整工作是如何实施的。

2016年3月31日,时任上海市市长杨雄调研市交通委,强调"解决上海特大型城市的交通问题,核心是要坚定不移落实公交优先战略",提出"公交线网调整不能停留在'小修小补'上,而要立足全局、系统考虑,结合城市开发建设进程、地铁网络发展和客流变化,下决心进行整体调整和优化,更好地推进公交和地铁网络相互衔接、有效融合,更加方便市民出行"。

行驶中的上海公交车
图片来源:上海市交通委员会

之后，市交通委立即开展了公交线网顶层设计研究，以公交客流调查数据和手机数据为支撑，基于问题导向和目标导向，重点立足研究构建一张既满足当前客流需求，又能支撑引导未来城市发展，同时与轨道交通协调统一的骨干通道网。

针对庞大的地面公交"蜘蛛网"，线路的优化调整和资源再分配不能一蹴而就，要循序渐进做到"相对稳定+市民接受"，分阶段、分层次地梳理和推进实施。第一阶段以中心城为切入点、以客运通道网为抓手，成熟一条通道、优化一批线路。第二阶段借鉴中心城经验，重点打造四个主城片区通道网和骨干线。第三阶段向郊区全面推广，同步注重公交效率与品质的提升。

在具体推进实施方面，设想以研究明确的骨干通道网为方向，对客运通道区域分批进行整体调整。

根据研究结果，主城区范围将设置"20+8"的公交骨干通道。其中

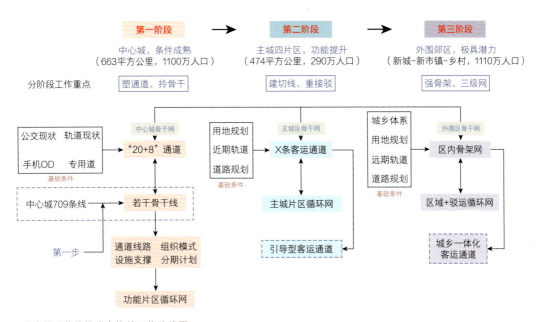

公交线网优化推进实施的工作路线图
上海市政工程设计研究总院（集团）有限公司综合交通规划设计研究院

20条为成熟型客运通道，这些通道现状公交客流量较大，市民公交出行需求较强；8条为需求型客运通道，这些通道现状为市民出行量较大，但选择公交出行的比例较低，提升公交吸引力后，有望引导个体出行向公交出行转移。通过线网优化，每条公交骨干通道将保留1—2条骨干线路，其他线路通过调整与骨干线路实现良好换乘，最终形成"鱼骨状"公交网络。骨干线路可通过中运量公交、专用道等多种方式实现快速出行，班次间隔一般5—8分钟。

以延安路为例，原来通道内集中了64条公交线路，伴随71路中运量公交的开通，公交线路进行了优化调整，通道内公交线路减少15条，日均公交通行班次减少350班，通道内客流略有增加，公交出行更加便捷，效率进一步得到提升。同时，节能减排效果明显，通道内公交线路每日柴油消耗量减少约5400升，碳排放减少15吨。

# 基于骨干公交通道的线网优化实践

结合客流需求重构骨干通道网，实现良好的匹配和优质服务，循序渐进打造"优品质、高效率、宜出行"的地面公交网，一直是公交线网优化工作的重点。截至2022年底，全市骨干通道线网优化已实施沪太路、四平路等18条，并按照每年不低于2条骨干通道建设进行推进。

访谈人：陈 琛 上海市政工程设计研究总院（集团）有限公司综合交通规划设计院市场总监

问题1：上海现有将近1600条公交线路，我们可以想象围绕地面公交骨干通道的筛选是一个非常繁复的工作。在对地面公交骨干通道的筛选过程中，我们遵循的标准是什么？能否结合案例介绍一下具体是如何实施的？

地面公交骨干通道的筛选工作，其实从"十一五"就开始研究了。后来随着上海市轨道交通的不断建设，公共交通系统的供需特征发生了较大的变化。2016—2017年，上海市交通委组织开展了公交线网顶层设计，进一步明确了骨干通道功能和布局的总体思路。新一轮的上海市城市总体规划（2017—2035年）中，明确提出了三个1000公里的公共交通系统规划，其中就包含了对骨干通道的要求。在这样的背景下，市交通委又组织我们开展了骨干通道的专项规划。

骨干通道网络的筛选，最重要的指标就是客流。通道分成了需求成熟型和潜在型。其中，需求成熟型骨干通道是指地面公交三高断面[1]客流大于3000人次，并且客流密度大于600人次/（公里×小时）的通道。对于这个定量指标，我们通过开展一系列研究，跟踪分析地面公交客流特征来标定。潜在型骨干通道是指现状全方式客运量减去轨道交通客运量以后，三高断面客流大于5000人次的通道。

其次，如果地面公交骨干通道要能够与城市未来的空间结构和发展需求相匹配，就要布设在沿线

---

[1] 三高断面是指高峰小时高峰方向高断面客流量最大的区间。

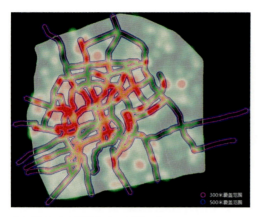 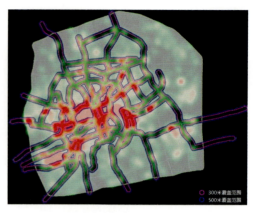

中心城骨干通道常住人口覆盖　　　　　　中心城骨干通道岗位覆盖

图片来源：上海市政工程设计研究总院（集团）有限公司综合交通规划设计院

土地开发强度高的地区，如居民区、商业中心、行政中心、写字楼等集中区域，尽可能方便居民出行。

第三要梳理地面公交和轨道交通的关系，实现城市轨道交通、地面公交的"两网融合"。由地面公交骨干通道和轨道交通共同构成城市公共交通快速通行网络，填补轨道交通的服务空白区段。对于轨道交通运能不足的区段，形成复合通道，作为运能的补充。

为了保证通道的落地性和公交运营效率，在道路条件方面，主要路段宜为单向3车道及以上，或单向机动车道路幅总宽度不小于11米。对已建成的公交专用道，符合客流条件的，优先考虑设置公交骨干通道。对于道路还没有按照规划实施的，要结合骨干通道的要求，进行一体化的设计施工。

下面，我以共和新路—重庆南路通道的线路优化调整工作为例来介绍。

共和新路-成都北路-重庆路-鲁班路是上海中心城区南北向重要的客运通道，北起呼兰路、南至卢浦大桥，总长18.8公里。道路条件较好，为双向6—8根车道，其中公交专用道长度14.7公里，覆盖率达到了78%，能够较好地支撑骨干线路的运营。

当时通道上行驶的公交线路共有 89 条，双向停靠站点 75 组。南北方向平均客流为 2276 人次/（公里 × 小时），三高断面出现在徐家汇路至建国东路；北南方向平均客流为 2081 人次/（公里 × 小时），三高断面出现在江场西路至汶水路。

这条通道的公交线路优化调整原则与骨干通道的总体要求保持一致，主线要提高公交营运效率，加密班次，减少市民候车时间。要实现地面公交和轨道交通的"两网融合"，分担沿线轨道交通客流压力。在这个基础上提出的方案是形成"一主两辅，多条接驳线"的网络结构，方便换乘，尽最大可能满足乘客出行需求。

通过多次讨论和意见征询后，形成优化方案，并在专家评审会以后征询公众的意见。线网优化的目的是为更多居民提供更好的服务，这是一个有增有减、逐步调整的过程，同时要考虑各种交通方式间的衔接，保证过程中的平稳有序。

问题 2：针对公交骨干通道的线网优化，主要的工作任务有哪些，取得了哪些显著的效果？

本轮公交骨干通道线网优化的三年行动方案中，已经实施了沪太路、四平路等 18 条通道。为了追踪方案效果，给以后的工作提供更好的经验借鉴，我们又开展了后评估工作，从效果来看，达到了最初的工作要求。

骨干公交通道的服务指标、公交线路的技术标准、效益指标等都表现良好。在服务方面，浦西除龙腾大道外，主线的发车间隔都缩短到了 5 分钟及以下。浦东的地面公交主线发车间隔也较原来有一定的缩减，大多缩短到 8 分钟及以下。公交资源的分布得到优化，骨干通道内的公交复线系数显著降低，最大降幅达到了 51%。大部分主线的非直线系数有所降低，最大降幅达到 22%，通道的车公里数也都显著降低，最大降幅达到 50%，提升了通道的运行效率。本轮线网优化还充分响应了"双碳"城市的建设要求，年均减少 376 万升柴油消耗，相当于种植 55 万棵树。

问题 3：对公交走廊的梳理，尤其是对于骨干通道内公交线路的整合，提高了公交线路的运营效率，取得了很好的效果。但我们也知道，公交线路的调整对部分居民会有一定的影响，在优化廊道公交资源的时候，有没有发生矛盾，又是如何化解这些矛盾的？

满足个体出行，与在适当代价下提升整体公交服务水平之间的博弈，是我们公交线路调整和走廊资源整合过程中非常重要的内容，在骨干通道的线路优化中也是如此。一方面，我们按照"一路一骨干"的策略进行客流走廊的公交线路整合优化，通过撤并重复线路、缩减超长线路等措施，提高了公交的整体运营效率。另一方面，对于公交线路的调整，确实会对已经形成出行惯性的少部分人造成一定的影响，尤其是老年人群体。

比如，当年我们在梳理漕宝路通道的时候，198 路公交线路的调整，就引起了北九亭地区部分居民的需求申诉。当时从方案合理性来讲，198 路属于超长线路，原来是从松江北九亭地区开往人民广场，按照我们的客流数据分析和科学的研判，将线路截断至漕溪路枢纽，与其他市区线路在枢纽内进行换乘，从线路运营角度看是非常合理的。但为什么会引起部分乘客群体的强烈反对呢？后来我们通过深入区域座谈，仔细分析后发现，北九亭大型居住社区的部分居民是原来黄浦区动迁的居民，198 路在此处设立了首末站，并途经曙光医院、五官科医院、中山医院等众多医疗机构，很多老年居民对时间的要求不敏感，可以在首末站乘车坐下后，坐两小时公交直达医院就医配药。我们的调整方案，需要在漕溪路枢纽换乘其他公交车辆，虽然只有一次换乘，但对于老年人群体来说，就是上下车不便捷。后来根据实际情况，我们调整了部分措施，在线路截断至漕溪路枢纽大原则不变的情形下，考虑部分老年人就医需求，增加了少量定班的 198 路就医班线，很好地解决了少量居民的特殊需求问题。从这个事情来看，公交线路的调整、公交客流走廊的优化工作，是同老百姓的利益切实相关的，我们的工作需要更细致，思考需要更充分，平衡好社会整体的效益与个体居民的实际需求，争取完善好方案。

# "两网融合"的成功实践：轨道交通 17 号线的公交配套服务

加强不同方式之间融合发展成为优化乘客出行服务质量、推动新时期公共交通高质量发展的重中之重。近年来，上海市交通管理部门多措并举，完善轨道交通站点与地面公交站点之间的换乘服务，提高公共交通出行便捷度和效率，鼓励绿色可持续城市交通发展。轨道交通 17 号线配套公交线网的调整实施是"两网融合"的成功实践之一。

访谈人：钟　璀　青浦区道路运输管理事务中心客运科科长

问题 1：青浦区作为"五个新城"所在区之一，是上海推动长三角区域更高质量一体化发展的综合性节点城市。在谋划和打造与节点城市发展相适应的多层次公共交通网络过程中，青浦区依托轨道交通 17 号线等骨干通道，积极推进"两网融合"，能否请您分享一下主要的思路？

全长约 35 公里的轨道交通 17 号线是连接青浦区与中心城的重要通道，于 2017 年 12 月 30 日开始运营。为配合 17 号线开通，完善地面公交与轨道交通的衔接，同时填补青浦区部分道路公交线网空白，自 2016 年起，青浦区即开始编制《轨交 17 号线公交配套方案》，对区内公交线网进行优化调整。

线网调整的思路是，原则上对原有公交线网格局不作颠覆性改变，尽量不破坏市民原有公交出行习惯。一方面依托 17 号线在青浦境内形成的东西向客运走廊，以境内 12 个站点为主要节点，形成覆盖全区范围的 11 个轨道交通辐射区域（其中徐泾北城站与徐盈路站合并），在各区域内分别优化公交对接方案，确保 17 号线能够通过地面公交辐射青浦全境，实现全境范围内的"可达性"；另一方面围绕提升"宜步性"的目标，在 17 号线轨道交通站点周边 500 米半径范围内，完善对接 17 号线的交通枢纽、公交线路、公交中途站、非机动车和机动车停放相关配套方案，从而促进更多市民选择公交、步行、骑行等绿色交通方式出行。

漕盈路公交枢纽
图片来源：青浦区道路运输管理事务中心

问题2：请介绍一下配套公交线网调整的实施过程。

结合轨道交通17号线的开通，推进公交线路"西进西出、东进东出"走向设置，西片公交线路由漕盈路直接进入漕盈路站公交枢纽，东片公交线路优先进入东面汇金路站公交枢纽；以公交枢纽、首末站和集散点为节点，实现"村村通"公交、区域公交依次换乘对接轨道交通；地面公交在南北方向上增能对接轨道交通，东西方向上减能对接。

公交线路优化调整后，共新辟线路 21 条、调整 57 条、撤销 6 条、增加 58 辆公交车辆。实现了 17 号线区内 12 个站点中，11 个站点周边各有 1 个交通枢纽或首末站的配套方案。同时，新建或改建了轨道交通站点周边公交中途站 28 个；站点周边专设出租车扬招点 3 处，另 9 处结合公交中途站设置；站点周边设置机动车停车场（含 P+R 停车场）10 个、停车位 3645 个；各站点周边落实非机动车停车位 6585 个。

问题 3：在线网调整工作推进过程中，主管部门是如何实现公众参与和互动，充分落实社会共治理念的？

在方案制定过程中，我们鼓励公众参与城市治理与决策，通过多种渠道构建多元共治城市治理格局。

线网调整实施前，我们通过区政府网站、区建管委网站及微信公众号"绿色青浦"公示《轨交 17 号线公交配套方案（征求意见稿）》，并被微信公众号"上海发布"及其他新媒体平台转载，在 10 天公示期间，共收到书面意见 1400 余条，其中朱家角镇、重固镇、赵巷镇（沪青平公路以南区域）和华新镇反馈意见约占 70%。我们根据公示期间市民的反馈意见，对相关街镇进行了走访，并拟定相应的解决方案。

轨交 17 号线公交配套方案征求意见
图片来源：微信公众号"上海发布"

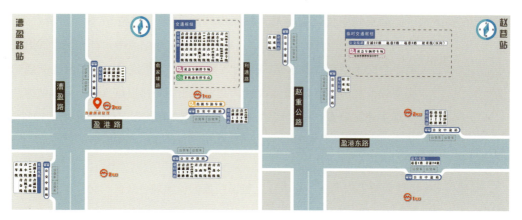

轨道交通 17 号线站点公交配套示意图
图片来源：青浦区道路运输管理事务中心

线网调整实施阶段，我们及时开展了各类宣传，制作了17号线公交配套方案新辟调整线路汇总表、17号线各站点公交配套示意图、新辟调整公交线路走向图三种宣传资料，通过官方网站、微信公众号、公交及轨道交通站点等多种渠道广而告之，确保市民全面及时地了解此次线路调整信息。

线网调整实施后，我们通过微信公众号、12345市民热线、来电来访等多种渠道，收集了较多市民对此次线路调整的意见和建议。对于收集到的合理化建议，我们即知即改。同时，对意见建议做好分析、汇总、提炼工作，准确掌握公交线网营运现状，全面了解市民对公交出行的真实需求，从而有针对性地提出整改措施，切实解决好问题。

问题4：配套公交线网调整的实施效果主要有哪些方面？

轨道交通17号线的配套公交调整在实施后取得了良好的实际效果，主要体现在这几个方面。

第一是为轨道交通输送客流。轨道交通17号线的通车运营，大幅提升了我区公共交通的整体服务水平，依托17号线在青浦境内形成的东西向客运走廊，以境内12个站点为主要节点，形成"鱼骨状"公交对接方案，确保17号线能够通过地面公交辐射青浦全境，实现全境范围内的可达性。17 号线开通半年后，每日客流已达到 14 万人次 / 天，地面公交东西向客流下降，并以短距离、与轨道交通接驳出行为主。

第二是化解了青浦城区的部分道路堵点。轨道交通 17 号线公交配套方案调整原则之一为流向一致性，具体为公交线路"西进西出、东进东出"的走向设置，青浦西片公交线路由漕盈路直接进入漕盈路站枢纽，青浦东片公交线路优先进入东面公交枢纽。这一原则将原青安路沿线、外青松公路沿线的乡镇公交线路调整出城区，从东西两个公交枢纽站始发，极大缓解了我区交通主干道早晚高峰期间的拥堵问题。

第三是有效提升了公交运行效率。轨道交通 17 号线公交线网优化方案中，一共新辟 21 条、调整 57 条、撤销 6 条公交线路，这对于青浦区公交行业来说是二级管理以来最大的一次调整。区交通委也借此机会对区域内的长距离公交线路进行拆分和调整，新辟线路大多为"最后一公里"线路和短距离数字线路，撤销了部分低客流线路。同时，我们增加了 58 辆公交车，根据区内道路现状增加南北向公交线路同轨道交通站点连接，并对东西向公交运力实施减能，极大提升了青浦区公交运行效率。

# 小马路上的便民服务：普陀区社区巴士

为了推进公交绿色低碳出行，缓解群众"最后一公里"出行难，近年来普陀区打造便民公交填补区域公交空白，以实际行动践行全心全意为人民服务的根本宗旨，让群众有更多获得感、幸福感、安全感，不断建设人民满意公共交通。目前，普陀区已陆续开通运营了长征1路、1230桃浦社区巴士、普陀社区巴士、李园社区巴士、普陀社区巴士2路等五条社区巴士线路。

访谈人：唐 军 上海市普陀区交通管理中心主任

问题1：桃浦1230路是全市首条试点社区便民巴士，为中心城区推行社区便民巴士提供了极为宝贵的实践经验，被时任副市长蒋卓庆同志誉为上海公交的"普陀模式"。请您介绍一下这条线路开通的背景、主要特点和实施的效果。

2015年9月，经普陀区申请、市交通委批准，在普陀区桃浦新村地区开始试行社区便民巴士——桃浦1230路。这是全市第一条社区便民巴士，纳入本市公共交通序列管理，由普陀区成立区属公交企业负责运营。这条线路的开通是中心城区试点社区便民巴士的一项有益探索。

我们考虑开通这条线路有三个主要原因。一是日益增长的换乘轨道交通"最后一公里"的需求。随着桃浦地区经济和社会的发展及地铁站的开通运营，市民出行数量急剧增加，现有常规公交和原短驳公交已无法满足日益增长的"最后一公里"短驳出行需求。二是常规公交覆盖面窄，无法满足社区居民出行需求。桃浦地处普陀、嘉定两区交界处，东西向道路主要依靠真南路和武威路两条通道，以过境交通为主的常规公交在桃浦地区覆盖率较低。三是间接遏制违规运营车辆，保障市民群众出行安全的需求。由于现有交通存在服务盲区，一些居民无奈选择乘坐非法运营车辆，存在严重安全隐患，虽经公安、交通部门大力整治，但只是治标，非法客运还是屡禁不止，我们有必要为居民提供更为安全便捷的出行选择。

在这个背景下，我们考虑在桃浦地区开通一条便民巴士线路。有别于其他公交线路，桃浦便民巴士具有几个明显特色：一是线路在桃浦新村地区巡回穿梭行驶，而且可以驶入小区内部道路，主要解决桃浦新村区域内众多小区居民的微循环出行需求，有侧重地填补了个别区域无公交服务的盲区；二是凸显人性化，除了固定站点上下车外，尝试允许乘客路边扬招上车；三是间隔短，票价实惠，早班车6时30分发车，末班车21时30分发车，每班车间隔仅需7分钟左右，票价按本市"最后一公里"线路的标准执行。

桃浦便民巴士自开通后，乘客数量逐日上升，目前每日保持在3500人次，一定程度上缓解了桃浦地区居民出行难的矛盾，获得了桃浦地区居民的充分肯定，居民买菜、上学以及上班换乘轨道交通的需求都得到良好的服务。与此同时，由于原有公交线路存有服务盲区，一些居民无奈选择乘坐非法运营车辆，在桃浦便民巴士开通后，违规运营车辆失去了客源，线路站点附近特别是小区门口这类车辆聚集现象明显减少，根除了车辆乱拉客、乱运行的乱象，并消除了危及市民群众人身安全的隐患。

桃浦社区巴士
图片来源：上海市普陀区交通管理中心

问题2：请再为我们介绍一下首条社区定制班线——普陀社区巴士是在什么背景下开通的呢？其实施效果如何？

曹杨地区、长风地区的兰溪路、梅岭南路、杏山路、光复西路等处由于道路狭窄，常规公交无法驶入，长期存在公交出行盲点。多年以来，这里的居民一直呼吁能够开通公交线路解决出行难的问题，例如曹杨五村居民要求开通能够前往中心医院的线路，光复西路海鑫公寓的居民20多年来也一直在呼吁开通公交线路。这些区域有70%—80%的公房建于20世纪50年代至80年代，有悠久的文化历史，有许多著名人物仍然居住在曹杨新村。近10年来，两会代表、社会各界也多次提案呼吁。同时，我区有各级财政资金补贴的公交线路3条，每年投入资金近600万元，每条线路"各自为战"（主要以街道、园区为界线），运行效果不尽如人意。

为了填补常规公交无法覆盖的公交空白区域，缓解群众"最后一公里"出行难题，提高财政资金使用效能，区政府于2017年使用区财政资金开通了社区定制专线"普陀社区巴士"。

这条社区巴士使用24座的中型电动巴士，每10—20分钟间隔定时发车，串联曹杨、长风、真如等两街一镇。途经上海西站、真如老街、区中心医院、曹杨社区、光复西路、长风公园、长风商务区、区行政服务中心、市儿童医院等，沿线接驳轨道交通2、3、4、11、13号线，有力推进了区域便民出行服务。

普陀社区巴士运营后，受到了沿线居民的极大关注。开通运营的第一天上午，有一位家住光复西路新渡口的83岁阿婆，虽然腿脚不便，听说普陀社区巴士开通了，早上7点特地拄着拐杖，乘上头班车体验了一下，到了上海西站终点站不过瘾，还再乘一圈。

目前，这条线路每天接待乘客约1800人次。线路开通后，多个兄弟区和街道前来交流、参观。2022年，我们还继续开通了普陀社区巴士2路。自普陀社区巴士之后，全市已陆续开通社区巴士14条。

# 长三角区域一体化背景下的毗邻公交发展

访谈人：李　彬　上海市交通发展研究中心主任

问题1：研究中心作为技术支撑单位，一直参与跟踪上海毗邻公交的规划发展及优化，您能介绍一下在长三角区域一体化背景下，毗邻公交线路的发展进程及规划思路吗？

从2009年开通第一条公交化运营的班线太嘉线至今，上海市共开通了32条毗邻公交线路，这些线路分布于嘉定、青浦、金山、崇明等郊区，联系浙江省、江苏省的毗邻地区，成为长三角毗邻区域高水平互联互通交通网的重要组成部分，"小公交、大作用"的民生效应得到充分发挥。

毗邻公交的发展大致可以分为三个阶段。

第一阶段是2009年到2012年，这个阶段一共开通了5条毗邻公交线路，主要集中在嘉、昆、太区域，依托既有的长途客运班线进行公交化运营。

上海市第一条毗邻公交线路是联系嘉定与江苏太仓的太嘉线。当时嘉定与太仓之间接壤区域出行需求在不断增长，而居民公共交通出行主要依托8条从太仓老城区至上海中心城区的长途客运线路，时间长、费用高，急需一条廉价、快速的公共交通线路提供毗邻区域的服务。2009年轨道交通11号线开通，太仓与上海市轨道交通接驳的需求也变得愈发强烈。在这样的背景下，江苏省与上海市通过借鉴城市公共交通的运行模式，开通了国内首条省际毗邻地区公交化运营的客运班线——太嘉线。太嘉线是一种省际长途和区域公交混合的全新交通模式，在很多方面还没有成熟的制度可以直接执行，所以两地交通管理部门在运营线路的车型、设站、班次、票价等方面进行了多次沟通协调，最后共同确定，这条线路的审批、车辆及场站设施的设置参照省际长途，而票价和发车时间等按市域公交线路标准，由太仓方面给予财政补贴，嘉定承担相应的管理工作。后续又用类似的模式开通了沪浏快线、沪港快线，成为上海最早一批毗邻公交，极大地方便了嘉定和太仓毗邻区域的跨省出行。

第二阶段是2012年到2018年，随着苏浙两省与上海市经济社会合作交流日趋密切，道路交通出行需求也在逐年递增，这一阶段，毗邻公交主要依托既有的城市公交延伸到省界，一共开通了7条线路。2013年，通过对毗邻地区道路客运班线实施公交化运行改造，上海市启动了接壤地区的交通出行便捷解决方案探索。2015年在金山和嘉兴部分地区试点开行跨省城市公交线路，取得了显著的效果。在这个时期，我们根据市交通委的工作要求开始每年对毗邻公交的运行进行后评估，并配合市交通委制定了关于进一步规范和完善本市与苏浙两省毗邻地区公交客运衔接的指导意见，从线路定位、审批流程、命名规则、车辆标准、经营模式、站点设置、补贴机制等方面给出详细指引。

第三个阶段是2019年至今，共开通了含示范区公交在内的20条毗邻公交线路。2019年长三角区域一体化战略上升为国家战略、长三角一体化示范区成立，要求进一步加快推进长三角省际毗邻公交发展，提升毗邻区域居民的出行体验感和获得感。2019年11月4日开通首批5条长三角一体化示范区公交线路，统一了线路命名、绿色环保车型和车身标识颜色，让大家能够一眼辨识出示范区公交，满足无差别化、"同城待遇"的期望。此外，示范区的5条线路也已经实现了公交信息服务和智能发布一体化，交通运输部要求的"一卡通行"以及微信、支付宝等"一码通行"，服务水平在不断提升。

此外，针对三地服务事项和标准各异等问题，由示范区执委会牵头，建立三地共商、共建、共营机制，在线路审批、运营、管理等方面形成统一意见。总体来看，长三角一体化示范区聚焦服务资源跨域共享的制度创新，有力推进了示范区公交的发展。

长三角一体化示范区公交车

图片来源：微信公众号"上海发布"《示范区专线又添新成员！这些公交线路让长三角往来更便捷》

问题2：在推进公共交通一体化发展的进程中，长三角地区交通管理部门还共同编制了《长三角省际毗邻公交运营服务规范》，实现了对毗邻公交运营服务的规范引导，请介绍一下这项规范的编制情况。

长三角省际毗邻公交有城市公交和班车客运这两种形式，在开行频率、车辆配置、沿途设站、票制票价、补贴方式和安全监管等多方面都有各自不同的特点，也给运营管理带来了一定的难度。为了有序推进长三角毗邻地区的公交客运衔接工作，在长三角地区主要领导座谈会共同审议通过的长三角区域一体化发展2019年度工作计划和2019年重点合作事项清单中都明确提出了"开展毗邻地区公交客运衔接线路试点"的相关要求。

在这个背景下，长三角地区交通主管部门决定共同制定《长三角省际毗邻公交运营服务规范》，引导毗邻公交的健康可持续发展。

2019年下半年，服务规范前期准备工作正式启动，由长三角三省一市的交通运输管理部门、研究机构、公交运营企业等单位共同研究编制。上海地区主要由研究中心在市交通委和市道路运输局的指导下承担了相关内容编制工作。服务规范重点围绕线路、车辆、场站、安全以及与服务相关的运营调度和监管制度等方面内容开展研究，并且明确了线路命名的原则和方法，提出了毗邻公交统一标识式样的要求。

2022年2月19日，服务规范作为长三角区域地方标准正式发布，并且在同年5月19日正式实施。通过规范的编制，我们形成了一套相对系统、完善的运营服务标准，填补了长三角地区毗邻公交客运在车辆、场站、线路命名、安全要求等方面缺少统一标准的空白。这有助于进一步规范际毗邻公交的运输服务要求，保障构建高质量的长三角区域一体化公交出行服务体系，引导和促进毗邻公交的健康可持续发展，为长三角区域人民提供更加便捷、高效、舒适、安全的公共交通出行服务。

第二节
Part 2

# 高品质的公交服务体系
High-Quality Bus Service System

公交是为社会公众提供基本出行服务的重大民生工程，打造可靠、舒适、便捷、经济的高品质公交服务体系，一直是公交行业各岗位从业者共同的努力目标。

# 专用道让公交车一路畅行

公交专用道的建设运行对提高公交车辆的通行效率发挥了积极作用，也为上海在2017年创建成为首批"国家公交都市建设示范城市"提供了重要支撑。截至2022年底，全市公交专用道总里程已经达到了529公里。可以说，公交专用道的发展与普及，正是公共交通优先发展理念逐步深入人心的见证。

访谈人：王宝辉　上海市城市建设设计研究总院（集团）有限公司副总工程师

问题1：上海在2005年和2015年曾经相隔10年两次大规模启动公交专用道建设，主要有着怎样的背景？

现在，公交专用道已不是什么稀奇事物了。回顾20世纪90年代，那时候公交专用道还是一个新鲜事物，由于它的出现会挤占其他社会车辆原本的行车空间，在最开始实施的时候还有很多反对、抱怨的声音。在2016年本市交通大整治之前，社会车辆在公交专用道上"越位"是常有的事，有时候在专用道上开得好好的，不时会插进来一辆社会车挡住前方道路。而现在，随着管理手段的多样化、市民对公交专用道规则和价值的认同，特定时段的公交专用道上已经很少能够看到小汽车违规占道的情况了。

随处可见的公交专用道，在提升早晚高峰期间的公交车运营效率方面发挥了巨大的作用，对提升公交整体服务水平、公交可靠度、客流吸引力等方面非常重要。而公交专用道的整体发展离不开管理部门的大力推进和交通研究机构的思考投入。

为改善上海市公共交通运输系统运营环境，提升其竞争力，鼓励市民乘坐公共交通，也为给当时即将开幕的世博会提供强有力的交通支撑，上海根据城市公共交通"十一五"规划目标，从 2005 年起着手建立公交专用道网络。截至 2010 年底，本市 30 余个路段建成了公交专用道，运营里程达 161.8 公里。

2010 年后，上海市交通港口局制定了《"十二五"公共交通规划》，其中提出"十二五"期间，大力推进轨道交通未覆盖客流走廊的公交专用道建设。根据《上海市综合交通发展"十二五"规划》、《上海市城市公共交通"十二五"规划》及《上海市交通发展白皮书（2013版）》，到 2015 年全市要形成 300 公里左右的公交专用道网络，到 2020 年力争形成 500 公里网络规模。

为有效落实上述目标要求，上海市交通委联合相关部门，由原上海市路政局牵头上海市城市建设设计研究总院等多家研究单位，通过对既有规划研究的梳理，按照可实施、可操作的总体要求，对中心城及拓展区和郊区新城的地面公交客流和道路设施条件进行了全面梳理和分析研究。在此基础上结合既有公交专用道存在问题和未来发展趋势，开展了公交专用道建设和推进策略研究，提出了 2015 年公交专用道建设推进项目实施方案，确定了 2015 年开工建设公交专用道项目达 39 项，共 150.6 公里。

问题 2：两次大规模的公交专用道建设，其建设里程基本都在 150 公里以上。在公交专用道空间布局和系统设计方面，主要有哪些建设原则、设置条件和设计标准？

其实，要做好公交专用道的规划还真是不简单，要考虑的因素很多，要解决和调整的问题也很多。最重要的一点当然是在规划的过程中，要做到需求导向和目标导向的结合。首先，要确定公交专用道的基本骨干网络，这个是要基于对整个中心城区的公交出行量分布、公交线网现状与规划、客流走廊流量规模、与轨道交通衔接、与重要客运枢纽衔接等因素的充分研究才能形成。在明确网络的基础上，还需要结合城市重点发展区域 TOD 引导方向，确定公交专用道、公交线路的调整方案，提高公交专用道对客流走廊的覆盖率，同时制定近远期实施方案。

公共汽车专用道本身的构成也不简单，要包括线路子系统、专用道子系统、运营管理子系统、优先控制与管理子系统、换乘子系统以及相关道路交通子系统，还有许多参数需要确定，包括宽度、路段布置形式、站点设计模式、交叉口设计模式等。

在前面说到的两轮公交专用道大建设中，我们院也积累了不少经验。2005 年，我们联合同济大学共同编制了《上海市公交专用道设计指导》；2015 年，上海市交通委员会又牵头两家单位，将原有的设计指导升级为《公交专用道系统设计规范》。在规范当中，我们首次提出适用于上海公交专用道设置的地方标准，高峰单向断面公交客流量或公交车流量如果满足下列其一，可以考虑设置公交专用道。

第一种情况是路段单向机动车道 3 车道及以上，预测 3 年内高峰单向断面公交客流量不小于 4000 人次 / 小时，或公交车流量不小于 90 标准车 / 小时；第二种情况是路段单向机动车道 3 车道及以上，高峰单向断面公交客流量不小于 3000 人次 / 小时，或公交车流量不小于 70 标准车 / 小时；第三种情况是路段单向机动车道 2 车道，高峰单向断面公交客流量不小于 2500 人次 / 小时，或公交车流量不小于 60 标准车 / 小时。

我们还可以看到，在新一轮《上海市交通发展白皮书》中，针对公交专用道设置条件，进一步提出了要探索单向 2 车道设置公交专用道或合乘车道，推进公交专用道成网，逐步消除公交专用道断点。

问题 3：在专用道的规划设计中有一些受到普遍关注的问题，比如是选择路中式还是路侧式、交叉口处的右转车道与公交专用道如何处理等，在这些方面通常是怎么考虑的？

路中、路侧的讨论由来已久，两种方式都有各自的优点，路中式专用道受到的交通干扰少，运行效率更高；路侧式专用道的上下车则更加方便，符合市民的出行习惯。不过，在上海市专用道的实际建设推进过程中，大多数路段还是选用了路侧式专用道。

我认为对市民而言，常规公交服务的便利性是要排在第一位的，效率则是需要适度提高。路中式专用道在设站方面有个很明显的问题，就是上下车的步行和乘客既有的乘车习惯不一致，无论去往哪个方向都需要从路中穿越马路。对于公交专用道上途经的普通公交线路，我们还是从人性化的角度考虑，倾向于让乘客能够保留原有的出行习惯，保障公交出行的便利性。当然，对于快线公交来说又不一样了，它会更加侧重于效率、便捷性的提升，设置于路中可以更好地满足目标。

至于右转车道与路侧式专用道之间的关系如何处理，在《公交专用道系统设计规范》中也有相应的规定，主要取决于右转社会车辆的流量和专用道上的公交流量。这里可以分成几种不同的情况：一是右转社会车辆很少，高峰小时每信号周期车辆数不大于4当量小汽车，而且交叉口也没有右转专用相位，那路侧专用道和右转进口车道可以合用；二是右转社会车辆比较多，高峰小时每信号周期车辆数大于4当量小汽车，而且交叉口没有右转专用相位，那右转进口道应该设在最外侧，也就是专用道设在右转进口道左侧；三是交叉口有右转专用相位，这种情况下专用道应该设在最外侧，也就是右转进口道的右侧。

**问题4：在这么多年的公交专用道规划设计过程中，主要有哪些创新举措？**

我们在公交专用道规划设计中融入了不少创意与巧思。在公交专用道的效益评价方面我们作了一些评价指标上的创新。以往是用路段车辆通行能力、交叉口车均延误来衡量效益的。我们为了体现出集约交通理念及对人的服务，首创了"以人为核心"的公交专用道交通效益评价指标，即"高峰小时道路断面通过人次"和"交叉口人均延误"两个指标，体现出从"以车为本"、重点考虑机动车通行效率的设计理念，向"以人为本"、服务于人的转变。

另外，我们认为公交设施一定要灵活才更有生命力。我们研发了可变公交专用道指示牌，能够动态显示可变公交专用道使用时间，在交通条件受限的地方，利用这样的牌子能够结合交通需求变化实现动态管理。这种指示牌，在逸仙路辅路公交专用道已经应用了，效果还是比较好的。其可动态管理的特性，未来还可应用在 MaaS 中，以"预约式公交专用道"的方式给定制公交提供灵活便捷的基础设施资源服务。

在公交专用道铺装方面，我们还首创性地在重要路段采用了间断式彩色路面，在起到提示效果的同时，还能够节省工程投资、提高施工速度。如西藏南路公交专用道没有全线采用彩色路面，而是选择仅在公交专用道的进口道和出口道喷涂了一层2.5毫米厚的红色彩浆混合料形成彩色路面。

另外，在公交路权方面我们也探索出了一个新模式：对于局部路段公交车流量极大、车道数太少的情况，建议设置公交专用路。浦东区的羽山路采用这一方式，现状为双向2车道，公交车流量极大，早晚高峰禁止社会车辆通行，只允许通行公交车。

问题5：在公交专用道的规划建设过程中，您还有哪些印象深刻的细节可以与我们分享？

我讲两个小案例。一个是做第一条路侧式公交专用道时，我们项目组在踏勘过程中，发现原有树木枝叶茂盛已经侵入机动车道的净空上方了，尤其是外侧车道改为公交专用后，又将集中行驶大型客车，与树枝相互干扰的矛盾会直接显现出来。后来，我们就在那个公交专用道的项目里对绿化改造提出了要求。这个项目让我们感触很深的就是，虽然是一个简简单单的公交专用道设计，但只有足够精细化了，所有的工程细节都考虑到了，才能做出来好的方案、完善的方案。

还有一个案例也是关于精细化设计的。公交专用道建设过程中需新增提示标牌，还要对沿线所有车道指示牌进行改造，基本上标牌基础都需要重新实施。由于不是新建道路，大部分道路下方空间都被现有管线占据，标牌基础不能按常规基础图纸进行施工。这就要求在这个过程中，设计师要到现场踏勘每一处标牌位置和基础位置，针对每一处标牌反复验算结构受力，设计独有的标牌基础结构形式。正如设计师所说，要做好公交专用道改造的一系列配套，真是需要"绣花"一般的功夫了。

问题6：在您心中，未来的公交专用道系统会是什么样的？

现在的公交专用道系统为公交车辆通行提供了一个很好的物理空间保障，为后续的提升工作创造了良好的基础。如何更科学、更合理地用好这个物理空间，是我们未来研究的重点。

在保障设施的基础上，未来可能着重完善公共交通体系结构，实现网络服务的整体提升，局域线或者公交快线等骨干公交线路往往就会基于专用道的基础网络来进行设置。

另外在服务方面，未来会进一步探索对这个物理空间的灵活运用，更好地服务于集约化的出行模式，例如用于巴士、校车或者设为合乘车道（HOV）等，这方面已经在进行尝试；在这个基础上，还可以考虑未来与MaaS系统结合起来，探索更多的智能化服务，例如让出行者能够预订公交车道，把专用道剩余的能力服务于其他类型的车辆，更加灵活地运用这个物理空间。

不管未来的专用道怎么设、怎么用，我们始终要坚持以人民为中心，服务于老百姓的实际需求。老百姓是最大的贵宾，建设公交专用道就是把最好的道路资源留给更多老百姓。

# "聪明"的电子站牌让候车不再茫然

目前，公交电子站牌已实现七个中心城区以及浦东新区中环以内区域的全覆盖，崇明、浦东、嘉定及奉贤等区的公交电子站牌覆盖率均超过30%。2023年，市道路运输局将进行第二轮建设和推广，继续组织各郊区推进公交电子站牌建设，其中，五个新城公交电子站牌覆盖率不低于50%。值得注意的是，新一代公交车站墨水屏除了显示车辆预计到站情况外，还可以查看公交拥挤度，并提供为残障特殊人群服务的低地板车辆信息等。

访谈人：顾文俊　上海久事公共交通集团有限公司信息管理部高级主管

问题1：作为上海市的骨干公交企业，久事公交在电子站牌的推广和应用方面主要经历了哪些阶段？

作为上海公交的大型国有骨干企业，久事公交始终立足以公交信息化建设助力市民智慧出行。自2014年试点第一块信息预报屏幕至今，电子站牌的推广经历了从"有电"到"无电"，从大功耗LCD屏幕到节能墨水屏的发展历程。

在建设电子站牌之前，从2013年起我们就开始探索实时到站信息预报服务，开发了基于巴士通智能运营管理系统的车辆到站信息预报系统，2014年实现集团所有线路在手机移动端可查询公交车辆到站信息预报，取得了良好的效果。但是，移动端信息服务尚难以覆盖全部乘客人群，尤其是乘坐公交较为频繁的儿童和长者群体。因此，为了让所有乘客都能在候车时更便利地实时掌握车辆到站时间，我们也开始考虑在公交站点推进电子站牌的建设。

2014年，我们在淮海中路嵩山路站试点建设了第一块55寸LCD信息预报屏，2014—2017年，基本实现了中心城区有电候车亭的电子站牌全覆盖。

从 2017 年开始，针对许多站点缺少城市供电设施，以及现有电子站牌功耗较高、供电成本较高等问题，集团开始探索太阳能和锂电池不同供电方式的站杆 OLED 屏建设，电子站牌的推广也自此逐渐加速。在此基础上，2018 年我们又试点建设采用太阳能 + 墨水屏技术的第二代电子站牌，是国内最早批量应用墨水屏技术解决无电站点问题的电子站牌。墨水屏具有低功耗节能、显示阅读更优的特点，因此，在前期试点和多方比选的基础上，我们决定把它作为主要的推广类型，在 2019 年基本实现中心城的中途站信息预报屏建设全覆盖并保持至今。

截至 2022 年 12 月底，久事公交已建成各类信息预报屏 5387 块，覆盖站点 4477 个，其中，墨水屏 4008 块（站亭配备 1762 块，站杆配备 2246 块）、55 寸 LCD 屏 984 块、32 寸 LED 屏 246 块、OLED 屏 149 块。

各类电子站牌（右上图片为第一块 LCD 电子站牌）
图片来源：上海久事公共交通集团有限公司

问题2：除了推广规模的不断拓展，公交电子站牌在显示内容方面主要有哪些变化和发展？

在推广规模逐步扩大的同时，近年来电子站牌的发布内容也在不断完善。2018年之前的第一代电子站牌包括LCD、LED和OLED屏，主要功能是提供车辆下一班车到站时间的预报，其中LCD屏可以播放公益宣传视频。

2018年后的第二代墨水屏电子站牌功能更加丰富和多元，市民不仅可以看到车什么时候来，还可以看到车辆的拥挤度、是不是低地板无障碍公交车、周边轨道交通换乘信息，以及公交突发事件提示等。

电子站牌丰富的信息和功能
图片来源：上海久事公共交通集团有限公司

问题3：您认为电子站牌功能继续优化提升的重点主要有哪些？

在覆盖基本完善的基础上，我们未来继续优化、提升电子站牌服务的重点之一是持续完善发布内容。除了车辆实时到站时间、拥挤度、是否为无障碍车辆等，当前全市正在研究数字化赋能"两网融合"工作，即轨道交通站点出口实时显示周边公交到站预报信息，而邻近轨道的公交站点墨水屏也能显示轨道到站预报信息，更加方便乘客换乘。

另一个优化重点是准确度的提升。目前我们的到站预报准确率已经达到97%，下一步工作的主要目标是探索如何更有效地减少到站预报时间的跳变，以进一步提高预告的精准程度。

放眼未来，我们还希望电子站牌能够助力为乘客提供更高品质的一体化出行服务：一是电子站牌与传统站牌的融合，二者更好地实现功能合一；二是为乘客提供个性化定制服务，乘客可以与电子站牌进行交互，获得更多的交通出行信息；三是电子站牌可以具备更多终端机功能，譬如实现交通卡余额查询等。我们希望通过信息化建设的不断完善，使公交站点逐渐成为城市公共空间中的智慧服务信息岛，助力传统的公交站点焕发新的光彩。

**电子站牌新功能**
图片来源：上海久事公共交通集团有限公司

# 公交站点品质提升的实践

公交站点是与城市居民出行关系最为密切的公共活动场所，是城市公共交通展现服务水平的窗口，也是城市交通历史记忆和文化的空间载体。为深入践行人民城市重要理念，响应人民群众对更高品质公共交通发展的现实诉求，促进城市公共交通可持续发展，让市民感受有品质、有温度的出行，近年来上海市开展了公交站点品质提升工作。

访谈人：殷　波　上海市道路运输管理局客运处副处长
　　　　郁　夫　上海市长宁区建设和管理委员会副主任

问题1：上海市道路运输管理局客运处是推动全市公交站点品质提升工作的牵头部门，请为我们介绍一下全市站点品质提升工作的主要理念及目前的总体实施情况。

殷波：多年来，公交站点普遍存在建设年代久远、功能布置局促、设计单一、卫生间等设施配套不足等问题，"休息难、吃饭难、如厕难"是本市公交一线职工工作的痛点，这与现代化城市发展不相适应，急需实施改造与升级，保障驾驶员健康，为市民提供安全优质的司乘服务。

为了深入践行人民城市重要理念，提升城市精细化管理水平，市交通委和市道路运输管理局共同发布《上海公交站点品质提升行动计划（2023—2025年）》，主要对象为中心城区、历史风貌区的公交枢纽站、首末站，并以站点位置相对固定、用地边界相对固定、用地属性相对固定的公交站点为主。

我们主要按照建设年代远近、设施新旧、客流量大小和地理位置重要性，设置公交站点品质提升"四个"实施优先级：建成20年以上的站点优先实施；外观及内部配套陈旧的、设施及功能配置缺项较多的站点优先实施；占地规模大、线路规模大、客流量大的站点优先实施；距离城市中心区较近的站点优先实施。

2022年，我们启动了四处公交站点的改造，分别是76路凯旋路宜山路站、49路汉口路江西中路站、926路老西门站及20路中山公园站。站点品质提升主要从建筑风格、设施功能、车辆及行人流线和建筑材料特性等方面，结合MaaS系统建设，增加无障碍车辆、车厢舒适度等信息发布和出租"一键叫车"功能等。

我们正在推进的站点品质提升工作主要有这样几个实施原则。

一是体现特色，打造人文公交。站点标识显著，体现公交特色，以人为本，创造安全便捷、舒适美观的候车空间，与城市建筑风格、周边环境、街道设计相融合，位于风貌区的站点应加入风貌设计元素。

例如，49路汉口路江西中路站周边欧式建筑林立，新的公交车站采用周边圣三一堂的红砖和外滩艺术馆外立面黄色花岗石面砖的色调，运用传统建筑材料和现代简洁的建筑造型诠释对历史环境的尊重。与周边环境协调一致的风格，让人感受到老上海的复古情调和怀旧气息。

49路汉口路江西中路站（改造前）

49路汉口路江西中路站（改造后）

图片来源：上海市道路运输管理局

926路老西门站位于上海古城区，这次的品质提升工作主要改造内容包括站点调度室外立面及候车廊整体外形，凸显了底蕴深厚的历史文化。新的车站融合了海派文化和现代江南园林风格，步入候车廊，车廊中的木质百叶和镂空砖，既通风开敞，又光影斑驳。

二是全龄友好，助老、助残、助幼。建好、用好无障碍设施，充分考虑缘石坡道、缓坡道、盲道、无障碍标识、厕所/厕位升级改造、语音提示等功能，照顾残障人士、轮椅、推车、行李箱等乘客出行。

76路起点站位于地铁宜山路站附近，原来的车站地面有较大台阶，夜晚又没有照明，存在一定安全隐患。通过这次公交站亭改造，既解决了照明问题，又把站台建筑设计得更有现代感。入夜，借助灯光效果，车站呈现出温暖朦胧的氛围，变成了散发出柔和光线的白色盒子。现在这里不仅仅是车站，也已经成为周围居民观景休闲的好去处。

926路老西门站（改造前）

926路老西门站（改造后）
图片来源：上海市道路运输管理局

76路凯旋路宜山路站（改造前）

76路凯旋路宜山路站（改造后）
图片来源：上海市道路运输管理局

三是智慧出行，提升出行品质。确保静态信息准确、有效，动态信息更新及时、车辆到站预报准确率高，适当提供信息自主查询、出租车叫车、紧急通话、社区治理等服务功能。

在站点改造中，我们还进一步优化公交识别标志、路别牌、站杆顶部标志等。例如，除了站台静态信息服务和车辆到站信息实时预报之外，49路的汉口路江西中路等站点的站杆顶部标志，参考国内外知名城市公交站台标志设计理念，以人行横道左右两侧为重点视角，将原有圆柱形标志更改为双面站杆，更加方便乘客识别。

四是关爱职工，保障安全服务。适当增加管理用房面积，增设公交员工休息室、茶水间、餐饮间、更衣室，设置公交员工专用卫生间，进一步改善一线员工办公条件等。

改造后的20路中山公园站点职工休息室占地面积约33平方米，不仅配备冰箱、微波炉、储物柜、电视机等基本的设施设备，还设置了沙

49 路汉口路江西中路站
图片来源：上海市交通委员会

发、座椅，职工累了可以躺下小憩，作业间隙可以聊聊家常，放松心情。这里成为职工就餐、文化活动的场所，也提升了一线人员的服务环境。

五是绿色环保，助力节能降碳。选用环保材料并符合循环经济要求，引入减少能耗措施，践行节能减排理念。

六是功能复合，鼓励综合开发。结合周边商建配套建设，形成功能复合、多网融合的综合性区域，促进城市与交通协调发展。

例如 20 路中山公园站的改造与公园整体开放项目相结合，让百年公交开进百年公园，设计了英式风格的候车亭，并与 2 号门的"种子池"景点融合，小小的站点处处即风景。

另外，港湾式公交站的建设和改造也是我们的一项工作重点，取得了比较好的成效。我们每年会委托设计单位针对一到两个区进行港湾式公交站优化和改造方案的研究，通过对全区站点进行全面的筛查分析，评估现有公交站点存在的问题，梳理港湾式公交站的改造类型，形成具体的实施推进计划。方案形成之后，我们也与属地一道大力推进港湾式公交站的优化实施，尤其是在设施改造、绿化搬迁等方面开展了很多沟通协调工作。除了港湾式公交站的建设和改造之外，对于新公交站点，建设时我们就要求要考虑到适老化和无障碍设施的配套；在对已有公交

20 路中山公园站管理用房（改造前）　　　　　　　20 路中山公园站管理用房（改造后）

图片来源：上海市道路运输管理局

站点实施改造时，我们也会同步推进适老化及无障碍改造，力求实现站点的整体品质提升。

问题 2：长宁区公交站点品质提升工作取得了良好的效果，中山公园等站点改造受到广泛好评，成为不少市民与游客的新晋"打卡地"。请为我们介绍一下长宁区站点品质提升工作的近期实施情况和主要实施效果。

郁夫：参照市级部门工作清单，我区跨前一步，积极与市道路运输局、久事公交等部门对接，结合项目建设、城市更新、"15 分钟生活圈"等工作，与久事公交合作，共同探索传统公交首末站更新模式，推进我区公交站点品质提升。

长宁区公交站点品质提升的重点是"显"，优先实施位于重要商圈、地标、重要交通枢纽、历史文化风貌区的站点，以服务于更多的出行者。20 路中山公园首末站的改造就是我们这次站点品质提升工作的一个亮点。

中山公园整体开放及品质提升工程项目施工面积共 16300 平方米，涉及万航渡路沿线从凯旋路到华阳路约 700 米长的空间更新和公园破围开放。上百岁的中山公园"破墙透绿"，以全新的姿态融入苏州河公共空间，展现在市民和游客面前。中山公园的全面打开，突破了社区、商区、校区、园区之间的藩篱，释放出更多公共空间。

其中，万航渡路东段、公园 2 号门打造为"华阳广场"，迁移公交 20 路始发站，新建煤精亭及候车亭，并打造新景观"种子池"。推动完成了20路管理用房新址落实和迁改建，全力打造功能完善、景观融合的20路新管理用房。兼顾20路公交站点的设置、供电输配的限制、公交管理用房的需求，实施就近原站点搬迁移位，艺术化改建20路公交站煤精亭，新建复古公交车候车亭，完成万航渡路电车杆网减量优化工程；梳理提升车站周边绿化，新建景观点"种子池"，打造了"花园车站"的创意效果，营造"百年公交"融入"百年公园"的美好意境；还配合市交通委、市道路运输局推进了新型复古电车20路在长宁的首发投运，取得了良好的社会反响。

另外，我们每年也在稳步推进港湾式公交车站的建设改造，2021年到2023年上半年，已经完成天山西路、古北路、长宁路、北翟路道路上的12个港湾式公交站改造工作，在提升行人通行的安全性、降低公交车停靠对交通流的影响、提高道路通行效率方面都获得了良好的效果。

公交站点服务与居民的日常出行息息相关，为乘客创造一个安全便捷、舒适美观的候车空间，是我们在城市交通管理中的一项重要任务。未来我们还将在公交站点品质提升方面继续加大推进力度，争取让市民感受到更有品质、更有温度的出行。

20路中山公园站
图片来源：上海市绿化和市容管理局

# 品质不断提高的公交车辆

安全、舒适、可靠、环保的公交车辆是进一步提升公交服务品质的必要条件。多年来，本市始终遵循运行安全、性能可靠、低碳环保、乘坐舒适、维修方便、造型美观的原则，持续推动公交车辆逐步向零排放、低能耗、低噪声、高质量、智能网联化方向发展，确保具有较高水准的车辆投入公交市场运营。目前，本市更新或新增公交车辆均为新能源车，且优先购置低入口或无障碍低地板车型，完成适老化改造。截至2022年底，全市共有公交车17255辆，其中新能源车15271辆，占比已达88.5%。

新能源公交车辆
图片来源：上海久事公共交通集团有限公司

访谈人：胡　军　上海久事公共交通集团有限公司技术机务部负责人

问题1：2010年以来，上海市的公交车辆主要有哪些发展变化？作为推广重点的新能源车辆其示范和应用历程是什么样的？

回顾本市公交车辆发展，我们始终紧扣新形势、新要求，不断适应市场新变化、新趋势。从车辆技术维度看，主要经历了标准化、新能源化两大阶段，当前，正逐步推动智能化发展；从车辆舒适性维度看，主要经历了全面空调化，正着力推动无障碍化发展。

规范化、标准化阶段主要从1998年开始。当时，为加强公交车辆管理，规范车型车种，市交通主管部门通过调查研究和严格筛选，确定32种可在上海申领营运证件的公交车辆。之后，为适应技术发展和客运市场变化，逐步减少铰接车车辆，增加大功率柴油车、无级变速车及双层车等车种。2004年，地方标准《公交客车通用技术要求》DB 31/T 306

开始实施,并于 2008 年、2015 年、2022 年进行了三次修订。

车辆新能源化阶段主要从世博会开始。久事公交在推进新能源公交示范和应用方面一直是全国公交的排头兵、先行者。早在 2006 年,第一台超级电容车投入 11 路公交线;2010 年,256 辆新能源公交车(包括纯电动公交车、超级电容车和油电混合车)应用于世博会;2013 年,电电混合车投入使用;2015 年,大电量、高里程的纯电动车亮相街头;2017 年,首条中运量公交 71 路投运,它采用了环保、舒适的低地板宇通新型双源无轨电车,该车型与站台无高低差,方便乘客上下车;2018 年,国务院发布《打赢蓝天保卫战三年行动计划》,同年上海市发布《上海市清洁空气行动计划(2018—2022 年)》,提出加快推进城市建成区新增和更新公交车辆的新能源化。由此,低地板、无障碍、智能化纯电动公交车被大规模投放于各公交线路。至 2022 年底,久事公交的新能源公交车占比达到 96%。

与此同时,为了提高乘客乘车舒适度,久事公交目前运营的线路中,空调车已实现全覆盖,并有 5200 辆低地板无障碍公交车投运,占比达 71%,后续我们还将继续扩大无障碍公交车应用范围。此外,在车辆智能化方面,高级驾驶辅助系统(ADAS)、360 度全景环视预警系统等的推广应用取得了良好的效果,行车安全能级和车辆自动化水平进一步提升。

超级电容公交车
图片来源:上海久事公共交通集团有限公司

电电混合公交车
图片来源:上海久事公共交通集团有限公司

无障碍公交车

图片来源：上海久事公共交通集团有限公司

问题2：刚才您提到了车辆的智能化，众所周知，近年来，自动驾驶等新技术已逐渐走入我们日常生活，您认为未来上海的公交车辆发展还能给我们日常出行带来哪些新期待？

确实，近年来，伴随科技的蓬勃发展，自动驾驶等新技术正加快试点和推广应用，但作为公共交通工具的公交车辆来说，为了市民出行安全，我们对这些新技术的推广应用较为审慎，更多地基于技术的成熟度和可靠性，从确保安全和提高效率两方面考虑未来的发展。

首先是车辆技术水平达到"五化"要求（即新颖化、电动化、智能化、低地板化、超高级化），不断提升车辆操控性、舒适性和安全性。比如，我们将通过推广应用前碰撞系统主动系统（FCW），油门误踩防护系统（EAPM），360度全景环视预警系统，车辆转弯、起步的语音提示，停车制动（AutoHold），坡道辅助制动等功能，进一步提高行车安全性。

其次是全力打造智慧管理系统，实现"全天候、全过程、全覆盖、全生命周期"的精准管理，提升运营效率。比如，我们以车辆电动化、智能化发展为契机，引入大数据分析功能，全力打造与新能源公交车辆相匹配的智慧管理体系。基于数据透明化、管理智能化，建立维修、能耗管理及安全监控三大基础系统，通过手机App、工位机、监控大屏、仪表等四类交互工具及分析工具，实现系统化、多维度的数据统计分析和可视化展现,辅助决策,进一步提高车辆运营效率,提升节能水平。

此外,在新能源技术方面,我们原则上以发展纯电动公交车为主、插电式混合动力公交车为辅,作为应急保障运力,并将少量试点氢燃料电池公交车。

相信不久的将来,我们市民乘坐的公交车将会更加安全、舒适、美观、智能和低碳。

问题3:除了不断提升车辆技术水准,为乘客提供安全、舒适、可靠、环保的服务,我们的公交车同时也是展现城市历史文化魅力的"窗口",请您介绍一下近几年在人文公交的发展方面我们主要开展了哪些形式的实践?

展现百年上海沧桑、百年公交巨变,传承百年红色历史血脉,是我们打造"人文公交"品牌名片的主要目标。这几年我们在人文公交这方面开展的探索主要包括20路复古公交和71路红色专列等,都取得了比较好的效果。

20路公交的前身是1908年由英商上海电车公司经营的全市第一条有轨电车线路,这是一条有丰富历史底蕴、串联城市精华的公交线。2022年9月,22辆复古涂装的新能源公交车在20路上线。新车的造型就是取自历代无轨电车设备的变化元素,车身侧面以雕刻画方式呈现上海电车百年以来的主要变迁,展现了上海电车的历史面貌。车厢以"怀旧的时光追忆"为主题,采用复古蓝为主色调,突出典雅、精致的装饰艺术风格,体现海派文化的氛围,并通过车内LED氛围灯带表现夜上海的繁华和科技氛围,还保留了上海市民熟悉的"小辫子"。

20路复古公交车
图片来源:上海久事公共交通集团有限公司

为了纪念20路公交百年历史,20路新车还随车携带了"可阅读、有温度、有情怀"的二维码,乘客可通过扫描二维码,了解20路的百年历史、车辆走向、到站预报和站点附近景点介绍等。

2020年是中华人民共和国成立71周年，也是上海71路开线71周年，在国庆节来临之际，中运量公交71路在原有"红色之旅"讲解服务基础上，升级推出"最美上海红色之旅专列"，营造出浓浓的国庆氛围。车厢顶端设计有"我爱上海红色之旅"的大型海报；车内张贴了上海茂名路毛泽东旧居陈列馆、中共一大会址、中共二大会址、中共中央上海局机关旧址、蔡元培故居等红色地标的图文介绍。车厢扶手处也布置了以"我爱上海"为主题的插片海报。71路专列仿佛一个联通过去与现在的移动版"微缩展厅"，乘客在乘车、欣赏沿线风景的同时也能够重温建党百年的峥嵘岁月。

除了71路中运量公交外，49路、109路等线路也推出了"红色专列"，串联市内多个红色地标。49路建立了由党员、劳模工匠、入党积极分子等组成的宣讲团，围绕"寻访红色印记，唤醒红色记忆；聆听建筑故事，感悟城市魅力；百年公交发展，见证城市变迁"这三大宣讲主题，分时段随车开展讲解服务，把49路车辆打造成了移动党建宣传阵地，为乘客乘车出行增添一抹靓丽的红色。109路将相关红色教育基地信息植入车辆报站器系统，在车辆途经相关站点时通过自动播报功能，配合乘务员现场讲解。

每天在城市中穿梭的公交车是一道流动的风景线，如何通过这样一个窗口充分展现上海的历史面貌和文化底蕴，我们在未来的工作中还会再继续进行各种探索和尝试。

71路红色公交
图片来源：上海久事公共交通集团有限公司

# 公交调度的发展与创新

科学合理地调度"人、车、线、站、场"各要素的运作，有计划、有秩序、高效率地组织营运，提升服务的质量，为乘客提供优质的公交服务，是公交日常运营的重要目标。

访谈人：邹碧伟　上海久事公共交通集团有限公司营运业务部高级主管

问题1：请您介绍一下公交日常营运组织中的工作重点主要有哪些方面，以及目前的发展情况。

从业务管理角度，我认为营运管理的重点是要抓好行车计划和队伍建设两大方面。

行车计划主要是指线路行车计划时刻表，它是线路日常运营的具体组织形式。行车计划具有对线路运营生产全过程的指导作用，在体现线路运营效率和整体服务水平的同时，也直接反映了公交的社会服务效益与企业经济效益，可以称得上是公交营运组织的灵魂。

久事公交历来重视计划行车时刻表的编制、审核和实施工作，以"计划优先"为原则，制定了行车作业计划管理规定，并结合信息化应用的提升不断进行完善，目前已更新至第四版。规定进一步明确了行车计划的三级化管理权限，并对计划表编制的原则、日常营运过程中的监管流程以及闭环管理等内容进一步细化。

在计划执行方面，为了确保行车计划有效实施到位，我们重点完善了相关监理机制和要求，在强化日常营运调放过程监管的同时，建立了涵盖计划时刻表编制和执行两个方面的时刻表评估体系。在计划编制方面，相应的监理评估指标包括规范类和效率类的评估项目；计划实施方面则包括偏离率和执行率的评估项目，为行车计划的编制、执行和进一步优化提供了良好基础。

场站集中调派室
图片来源：上海久事公共交通集团有限公司

在公交营运组织中，还有一个很重要的方面就是抓队伍建设。从早期的单线调度到如今的集中调度，现场调度员始终是我们运营组织过程中最常接触、工作具体、非常重要的一支管理队伍。调度员既是营运计划的实施者，也是营运组织的管理者，是提升线路营运服务质量，确保线路营运秩序、安全协管、站容车貌，以及对乘客服务等各方面工作落实到位、到点的重要一环。对于营运管理体系中的这样一支重要队伍，久事公交制定了现场调度员管理规定，涉及调度员的选拔与培养、岗位职权和职责、工作纪律和服务禁区、日常工作流程和要求、日常工作评估考核等相关内容。久事公交还建立了现场调度员三级培训机制，从集团、营运公司和营运车队三个层面强化对现有调度员的岗位职责、工作流程、指标完成、安服协助、站点管理、应急处置和"巴士通"营运调度管理系统的规范操作等多方面进行基础业务辅导。

问题2：近年来，信息化发展对公交营运的支撑作用是如何得到发挥的？

为了确保线路服务质量和营运效率的提升，除提高计划与实际的匹配度、提升现场调度员业务能力之外，发挥信息化对营运的支撑作用也尤为重要。营运组织全过程涉及"人、车、线、站、场"各个方面。目前我们的营运组织已全面实现信息化,通过利用"巴士通"营运调度管理系统,实现了从停车场人员报到,到车辆准点出场、投入路线营运和夜间返场等进行全过程监管。

在车辆调度方面,早期我们的公交线路都是单线调度,在每条线路首末站配调度员,调度员的人数取决于线路的运营时间跨度,一条常规公交线路往往需要6名左右的调度员进行现场调度。而近年来,随着信息化技术的发展,调度工作正在变得越来越智能化,原有调度员

站管中心
图片来源:上海久事公共交通集团有限公司

的职能和工作内容逐渐"弱化",单线配置已成为"低效"模式。从2018年开始,久事公交逐步开展集中调度工作,实施相邻线路的调度岗位兼并。从首末站线路集中调度,到枢纽站的线路集中调度,集中调度推广范围正不断拓展。

集中调度的实现离不开智能化技术的发展和应用。为达到"增量提效"的目的,我们对"巴士通"调度系统进行了升级和完善,不断提升现场放调的智能化。在现有操作系统保留原有必要功能且不新增屏幕设备的情况下,整合了调度工作台,满足了一人监理数条线路的需求,基本实现了正常情况下调度员无需干预放调,并做到了对可能发生的不准点班次、异常停驶等情况的预警功能,提升了调度员的现场把控和应急反应能力。我们还把有条件的站点升级为站管中心,调度员成为"站管员",除了严格执行行车作业计划、及时反馈线路运营信息等业务工作外,还承担了站点文明服务、安全生产等综合管理职责。

目前,公司已实施集中调度的公交线路共有392条,站点182个

（其中包括了跨公司的集中调度站点 25 个）。未来，我们还将继续以信息化手段为依托，探索区域性调度、远程调度等更加高效的调度模式。

在场站管理方面，信息化技术也发挥了很大的作用。目前久事公交已在 23 个场站建立了场站调派室，并在逸仙场试点"场站集约化管理"模式。通过智能场站管理系统的建立和相关信息设备的应用，已部分实现了驾驶员自助报到、自助收发胆、自助充电、车辆停放监理、备车共享等功能。从值勤计划上传，计划临时调整，人员计划执行，车辆准点出场、未报到和无证出场等异常情况处置，进场车辆状况追踪，以及访客登机和私家车监理等，健全了场站内人、车全过程监理的环节，为线路正常运营组织提供了有力的保障和支撑。

此外，我们还建立了"计划时刻表评估"和"调度员评价"两个信息化监理系统，通过设立评估指标并由系统自动采集数据进行打分的方式，及时反馈计划编制中、执行过程中、调度员工作中存在的问题，加快了整改措施落实的及时性和有效性，提升了运营管理水平，从而促进整体运营服务的提升。

下一阶段，我们计划着重提升操作系统对中途车距不均衡及可能发生大间隔的预判功能，并通过语音头枕等设备及时提醒驾驶员在车辆行驶过程中进行适当操作，以进一步确保行车秩序和营运服务质量达到更高的水平。

第三节
Part 3

# 企业可持续发展
Sustainable Corporate Development

公交企业的可持续发展是行业发展中至关重要的一个方面。只有企业实现健康可持续发展，才能确保城市公交服务的高质量可持续。近年来地面公交行业发展环境正面临着新的形势与挑战，市、区公交企业在实现可持续发展，提升经营效率和服务水平方面开展了多种形式的探索。

# 久事公交：改革促进企业运营良性循环

久事公交是上海地面公交骨干企业，截至2022年底，运营公交线路520条，总长超过7500公里，拥有职工2.5万余人、公交车7200多辆，日均客运量位居全市同类企业首位。

访谈人：张必伟　上海久事公共交通集团有限公司首席运营官

问题1：世博会之后，久事公交发展所面临的主要困难或挑战是什么？在提升服务质量和经营效率方面采取了哪些举措，成效如何？

世博会以来，上海城市地面公交快速发展，服务能力不断提升，供应水平显著提高。然而，近年来骨干公交企业正面临收支缺口扩大、财务状况恶化、运营效率较低等问题，公交行业的可持续发展面临挑战。2014年，在市领导的支持下，市交通委会同其他相关部门以巴士公交集团作为改革试点，核心在于建立长效机制，形成企业良性循环，促进行业可持续发展。

第一轮深化改革在2015—2017年进行，建立了理事会制度，实行市级财政综合补贴，企业卸下了长久以来沉重的债务负担，形成了公交可持续发展的路径，该模式沿用至今。通过2018—2020年的第二轮深化改革，上海巴士公交（集团）有限公司（简称巴士集团）和上海交通投资（集团）有限公司（简称交投集团）联合重组为久事公交，公交运营和后勤保障更紧密联通，驾驶员收入提升至行业平均水平，有力确保了

20 路复古公交车
图片来源：上海久事公共交通集团有限公司

队伍稳定，奠定了企业高质量发展的基础。在 2021—2023 年的第三轮深化改革中，久事公交积极应对疫情冲击、承压推进改革任务，精简 10 个车队和 147 个车队管理岗位，推出 20 路复古电车线等一组公交新标杆，构筑行车重大事故趋零态势，有力守护城市安全正常运转，企业发展质效不断提升。

问题 2：您认为第一轮深化改革（2015—2017 年）在企业运营方面的效果主要体现在哪几个方面？

一是改革目标顺利完成。经过政府、企业和社会各方共同努力，建立"长效机制形成企业良性循环"的改革目标已完成，实现了经营效率持续提升、管理能力有效改进、服务水平不断提高的基本目标。

二是工作成果不断涌现。在市交通委的指导和支持下，公交专用道建设初具规模，2017 年底达到 400 公里；通过打造沪太路"一路一骨干"公交优先示范工程，提高了公交专用道利用率，缩短了市民候车时间；以争创"上海之最、全国领先"为立足点，全力打造延安路中运量 71 路公交系统工程,切实彰显路线"快速、稳定、高效"的标杆效应,运营车速达17.5公里/小时,工作日日均客流达到4.6万人次以上,路线准点率保持在100%,成为本市落实公交优先战略的创新实践、地面公交供给侧结构性改革的成功案例、展示"公交都市"魅力的生动缩影,获得广大市民乘客的认可和好评。公交线网不断优化,三年中新增、撤销、调整100余条线路;研究探索微公交和定制公交方案,方便市民出行;持续执行优惠换乘方案,提升了公交出行的吸引力,缓解了客流下行的趋势。绿色公交持续发展,新能源车投运总量近2920辆,2015—2017年上半年,节能与新能源车累计行驶里程2.3亿公里,为净化城市环境作出贡献。

三是"五制"改革深化推进。体制改革持续深化,理事会制度发挥重要作用,公交经营体制得到优化完善;机制优化释放活力,企业实现可持续发展,提质增效达到预期目标;规制监管不断完善,监督管理体系逐步完善,信息化监管水平不断提升。

问题3:第二轮深化改革(2018—2020年)工作中,久事公交聚焦"人、车、线、站、场"五要素,实施一体化、扁平化、专业化发展战略,大力发展品质公交、智慧公交、绿色公交、人文公交。您认为第二轮深化改革的主要效果体现在哪几个方面?

一是多方紧密衔接、深度融合。在深化改革工作中,顺利完成了巴士集团、交投集团联合重组,实现"运""保"紧密衔接、一体化发展,一线运营与后勤管理深度融合,公交服务保障做到了全天候、全过程、全覆盖;在线网规模基本保持不变的基础上,下属单位更为集约,三家场站管理单位整合为一家;车辆更为精简环保,共计减车333辆,建成区公交车全部实现新能源化。

二是职工队伍焕发活力。驾驶员队伍可持续发展,建立以驾驶员为主体的年收入增长机制,不断提高职工收入。考核机制健全完善,建立健全并全面施行接轨营运服务质量第三方考评、成本规制考核和久事公交"3+2+X"绩效考核体系,增资额度全部用于安全服务工作奖励。通过制度激励、因势利导,有力提振职工精神面貌,提高职工工作主动性

新能源车辆电控故障模拟维修系统
图片来源：上海久事公共交通集团有限公司

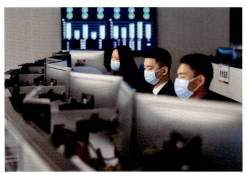
公交智能分析指挥中心
图片来源：上海久事公共交通集团有限公司

和积极性，为服务质量的提升优化、行车安全的稳定受控奠定了坚实的基础。

三是智慧公交深入发展。一方面，实现了智慧管理全国领先，公交"智慧大脑"初步建成，组建了国内领先的城市公交"智能分析指挥中心"；智慧管理体系运转有力，确立了"121+5"[1]的信息化体系框架，为企业的创新转型和高质量发展增添强劲动能。另一方面，运营管理更趋智能，"巴士通"调度系统使久事公交的智能化调度水平位于全国前列，公交"站点通"设备有力保证了现场管理质量，车辆智能辅助系统使驾驶劳动强度显著降低，驾驶行为识别分析、智能头枕预警等功能使安全预防更为及时，360度全景环视预警系统、碰撞缓解制动、油门误踩防护等功能有效消除行车隐患，"智慧机务"建设为机务管理"四全五化"奠定基础，"智慧停保场"提高了管理效率，智能充电管理平台为降低车辆充电成本提供了优化策略。另外，我们全力做好"智慧出行"实事工程，实现了久事公交范围内墨水屏等站点预报设施全覆盖，通过"发车屏、手机屏、站点屏（墨水屏）"三屏联动，率先在国内发布公交车到站时间信息实时预报，2020年预报准确率已达95.68%，极大化解了"候车焦虑"，方便了市民出行。

四是服务品质持续优化。服务质量保持佳绩，全力实施品牌战略，精心打造品质公交、智慧公

[1] 一个门户：协同平台；二个中心：运营指挥中心和数据中心；一个综合管理平台；五个专业管理系统：营运、机务、财务、人事、场站。

交、绿色公交、人文公交等品牌名片；建立健全与营运服务质量第三方考评指标紧密挂钩的经营者绩效考核制度，用好经济杠杆提升服务质量。公交线网更为优化：稳步推进并完成五条"一路一骨干"客运通道建设，持续推进常规公交线网优化：大力优化重复路线、积极促进"两网融合"、不断填补出行空白，三年共计优化公交线路 176 条。加快发展绿色公交，加快优化车型结构，大力推广新能源公交车，至 2020 年底，新能源车达到 5652 辆，占保管车总数的 74.37%，较改革初期 38.6% 的占比大幅提升，实现了建成区新能源公交车全覆盖，有力提升公交窗口形象；适应纯电动公交车发展需求，加快推动充电设施建设，合计拥有充电车位 4622 个，较改革初期增加 2356 个。

五是公交出行更为安全。针对本轮改革初期行车事故居高不下、各类交通违法行为居高不下等不利局面，落实推进了"安全服务奖"考评、车速管控、重点驾驶员"一人一包干"等一系列制度措施，保持高压严管态势，推动行车事故数和交通违法数持续下降，安全形势不断稳定向

久事公交乘客服务展示日

图片来源：上海久事公共交通集团有限公司

好。2020年，行车（客伤）事故较2018年下降82.32%，较2019年下降60.06%；交通违法事件较2018年下降73.90%，较2019年下降45.96%。

问题4：第三轮深化改革（2021—2023年）启动以来，新冠感染疫情对经济社会发展和城市正常运转的影响蔓延深化，公交企业的经营生产经受严峻考验，面对疫情冲击和客运市场变化，久事公交在发展中主要取得了哪些成效？

一是发展质效不断提升。久事公交在经营规模保持不变、客运市场分担率保持本市第一的前提下，合理化资源配置，进一步提升企业经营管理效能。机构建制不断精简，优化完善公交三级管理架构，形成基层建制规模和岗位配置等的优化标准。劳动生产率不断提升，对标国内先进水平。推动岗位优化和人员精简，畅通易岗交流渠道，确保完成人车比指标持续优化的目标，并做到队伍总体稳定、经营生产不断不乱。管理模式不断创新，基本实现公交车全面新能源化，实行安全行车和车辆抢修"网格化"管理，调度、调派和清点"三个集中"管理，有力提升了资源集约化利用程度和工作效率。

二是服务品质持续优化，切实发挥行业服务引领示范作用，乘客满意度始终位居行业第一，营运服务质量第三方测评保持在85分以上。线网布局持续优化，完成4条"一路一骨干"客运通道建设，优化调整110条常规线路，新设"微循环"等路线7条填补出行空白，符合条件的公交站牌全部标明350米范围内的轨交线路，方便市民出行。信息化服务持续便民，优化面向乘客的信息服务，车辆到站预报准确率保持在95%以上，舒适度预报等便利市民出行的数字化应用场景不断拓展丰富。乘客感知持续提升，形成以71路为代表的城市高品质服务公交路线矩阵，推出20路等线路的复古款新车，优化6条无轨电车线路，对300余条线路配置无障碍公交车，对7个特色站点改造升级，使车容站貌清洁靓丽。

三是保障作用有力彰显，高效落实各类交通保障和应急支援任务，有力保障乘客出行安全和城市正常运转，科学合理组织运力，保障基本出行需求。在"大上海保卫战"期间勇担特殊使命，展现过硬担当，圆

71路乘客服务

图片来源：上海久事公共交通集团有限公司

满完成63万余人次的风险人员转运、医护人员通勤等交通保障任务。重大活动保障有力，圆满完成两会、春运及进博会供车等各类保障任务。两届进博会交通保障任务均做到核心区域安全零事故、服务零投诉、车辆零抛锚、保障零差错、指挥零失误。强化严管严控态势，保持行车安全稳定受控，较2020年、2022年的行车事故数下降56%、行车事故频率下降41%，实现当年无重大行车事故的历史记录。

作为全市地面公交骨干企业，未来久事公交将继续以为广大市民提供安全、可靠、便捷、舒适的出行服务为使命，在发挥党建引领作用、锐意改革创新突破、优化服务功能品质、擦亮绿色智慧底色、提升精管细治能力和维护安全稳定大局等方面见行见效，奋力书写"人民满意"答卷。

# 浦东公交：为民服务再上新台阶

浦东公交于 2008 年成立，是浦东地区国有独资的特大型城市公共交通运输企业。目前，浦东公交共有员工 1.1 万人，车辆保管数约 3700 辆。

访谈人：王斌峰　上海浦东新区公共交通有限公司执行董事

问题 1：请您介绍一下浦东公交的基本情况。

浦东公交按照上海市人民政府公交改革总体部署要求，在浦东新区人民政府及有关职能部门的高度关心、重视下，于 2008 年 12 月 28 日挂牌成立，为国有独资特大型城市公共交通运输企业。按照公平、公正的原则，严格按照程序规范要求，对浦东地区八家营运公司进行资产评估、收购、重组和改制。至 2010 年底，先后完成了浦东巴士、上南巴士、浦东大众、华夏大众、弘达大众、南汇大众、锦江公交和申浦公交公司的收购重组，并分别重组更名为杨高公交公司、上南公交公司、金高公交公司和南汇公交公司，形成了浦东公交"1+4"新的经营管理架构。公司秉承社会公益性和市场化运作并重的理念，不断提升员工综合素质和科学化、信息化、规范化管理水平，为广大市民提供安全、快捷、舒适、温馨的出行服务。

问题 2：在打造"便捷公交"方面，浦东公交有哪些举措，取得了怎样的成效？

浦东公交以市民出行需求为导向，在打造便捷公交方面实施了多项举措，取得了一系列成效。

一是紧紧围绕轨道交通的建设和运营，不断深化地面公交与轨道交通的"两网融合"。近年来，浦东新区范围内轨道交通 16、11、9、13、10、18、14 号线先后开通，我们针对新建的轨道交通站点，确保 50 米范围内同步配套建成相应的公交站点。同时，在运营时间上确保每个轨道交通站点至少有 1 条公交线路衔接其末班车，对其他途经的公交线路，视客流需求也逐步延长运营时间，满足市民晚间出行需求。

二是在客运走廊上打造骨干线路，提升公交吸引力。公司从 2018 年起先后在浦东南路、东方路、张江路、上南路、龙东大道等客运通道上打造精品骨干线路，将骨干线高峰班次间隔控制在 5 分钟之内，减少乘客的候车时间。同时，优化一些支线走向，提高支线的输血功能，减少乘客的换乘时间，以此提升地面公交的整体吸引力和服务的精准度，持续锚固客流。

三是关注大型居住社区出行需求，不断完善其公交配套。浦东新区范围内，有周浦、康桥、航头、曹路等多个市级和区级大型居住社区，随着人口的逐渐导入，公交出行的需求也不断上升。为此，我们以街镇座谈会、走访、实地踏勘等多种形式，深入了解大型居住社区的出行需求，积极助推公交配套设施的建设，持续改善大型居住社区的公交服务供应水平，提高市民的获得感和体验感。每年涉及大型居住社区的公交线路优化调整大约占全年线网优化的 25%—30%。

四是大力发展"最后一公里"线路。以"轨交送到站，公交接回家"的理念，大力发展"最后一公里"线路，解决多年来市民反映强烈的"最后一公里"出行难问题，目前，浦东公交"最后一公里"线路总数达到 99 条，日均运载约 9.34 万人次，占日均总人次的 16.7%，有效地解决了居民就医、就学、就业的出行难题。

五是实施线路混合车型配置和多样化调度。公司打破常规一线一车型的做法，大胆尝试同一线路大小车型"混合行驶"，高峰时间加密班次，大小车型一起跑，低谷时间只跑小车型，确保了早晚高峰时段的供应能力，也拓展了企业成本下降的空间。同时，根据客流在时间、断面、方向等方面的不均衡性，通过客流调查，实施区间、大站等多样化调度试点工作，确保高峰多跑车、低谷少跑车，不断提升服务的精准性和经济性。另外，积极优化调整车辆夜间停车、充电场站的布局，减少进出场空驶里程，不断减少无效、低效里程的投放。

金高路停车场
图片来源：上海浦东新区公共交通有限公司

问题3：浦东公交在建设"智慧公交"方面的措施主要有哪些？

浦东公交的信息化建设可以分为两个阶段。第一阶段是2009—2018年的"基础建设阶段"。公司以建设智能集群调度为核心，着力打造"智慧公交"，实现了智能集群调度常态化应用、"最后一公里"线路太阳能实时信息站牌、浦东"掌上公交"实时信息发布"三个全覆盖"；在成山路等停保场完成了公交智能一体化建设。此外，公司为上海市交通委员会"上海交通"App、上海市人民政府"上海发布"微信公众号、"随申办"App等公众类手机服务平台提供浦东区域的公交车实时报站信息。

第二阶段是自2019年至今的"深化应用阶段"。随着信息化的发展，近年来，公司正着力打造"业财一体化"及"浦东公交运管中心"两大综合信息应用平台，通过信息化与管理的深度融合，向下指导公司各直属企业的运营生产，向上为公司的管理与发展提供决策支撑，力争实现"信息化+公交管理"的现代化公交企业管理目标。

浦东公交运管中心
图片来源：上海浦东新区公共交通有限公司

**问题 4：浦东公交是如何打造"平安公交"的？**

公司将安全作为企业发展的基石，多年来，在创建"平安公交"方面不遗余力，制定了"安全倍增"计划，即至 2025 年事故发生率相较于"十三五"末下降 50%。一方面，结合企业自身实际，进一步完善安全管理"4+1"制度，建立和完善风险辨识、隐患排查体系，提高公司风险管控水平。另一方面，不断探索多维管控模式，实践安全举措。如浦东公交于 2019 年首创的"右转必停"专项举措，得到了行业、新区乃至上海市的肯定，并在各类大型社会车辆中推广执行。目前，"右转必停"已升级为"2.0 版"，同步首创"视线盲区场景化培训"，通过在实践中不断总结，在总结中不断提炼，引领安全驾驶新风潮。在体制机制和各项制度基本完善后，公司在厚植安全意识和不断推陈出新上狠下工夫，通过定期开展安全劳动竞赛、组织全员培训、举行应急演练等方式，把安全意识灌输到每个职工心中，通过修订左转操作规程并拍摄教学视频，使全体驾驶员的防御驾驶技能得到了普遍提高。在抓好安

公交盲区教育培训
图片来源：上海浦东新区公共交通有限公司

全行车这一主责主业的基础上，公司还毫不放松对大安全生产方面的管理，引进了第三方专业人员对全生产流程进行全生命周期检查，从中找出可能存在的隐患并加以整改，全力确保安全生产始终处于可控状态。

问题 5：浦东公交在建设"绿色公交"方面有哪些举措？

从 2009 年起，公司逐年加大新能源公交车的推广和应用，分别于 2015 年前建成的高科西路停车场（70 车位）、金高路停车场（250 车位）和 2018 年建成 1+8 个停车场（"1"为配套度假区建设充电停车场一个；"8"为上川路、古棕路、成山路二楼、高行、川沙、周浦、曹路、泥城八个停车场），共计 848 个充电车位；2019 年建成东门、曹路四楼、临港大道 3 个停车场；至 2021 年底，浦东公交共有 15 个充电场站，可满足 2000 多辆纯电动公交车充电。围绕国家和上海市对"十四五"发展"绿色公交"要求，浦东公交积极响应新能源公交车辆覆盖比例不低于 96% 的发展目标，将服务民生保障与绿色发展相协调，持续推进"绿色公交"发展。

近年来，浦东公交认真贯彻落实中央、市委和区委战略部署，紧紧围绕浦东打造社会主义现代化建设引领区的总体目标，努力构建与国际大都市一体化综合交通体系相适应的地面公交系统。未来浦东公交将坚持"稳中求进"总基调，树立"人民公交""新发展"两个理念，统筹好经济和社会两个效益，以"思想破冰、发展破局"活动为抓手，紧盯"人、车、线、场、站、效"六要素，积极打造人民满意公交，努力构建与国际大都市一体化综合交通体系相适应的地面公交系统，为中国式现代化浦东实践贡献公交力量。

# 嘉定公交：暖心服务在行动

上海嘉定公共交通有限公司（简称嘉定公交）是嘉定区国有独资公交企业，也是嘉定区公共交通骨干企业。公司成立于 2008 年 4 月，2013 年 6 月由区交通局整体移交区上海嘉定交通发展集团有限公司管理，主要经营市内公共交通线路客运。

截至 2022 年，嘉定公交成功创建国家级特色服务示范线 1 条，市级品牌线路 7 条，市郊文明客运站 2 个，公交文明枢纽站 5 个，市级工人先锋号 7 条。公司曾获得全国"交通运输行业文明单位"、"5.20 全国公交驾驶员关爱日"先进集体、上海市"五星级诚信创建企业"、"上海市和谐劳动关系达标企业"、"2018 年上海企业创新文化二十佳品牌"、上海市"安全行车管理先进集体"等荣誉称号；是全市公交行业首家通过质量、环境、职业健康安全、信息安全四体系认证和获得"市级标准化试点示范单位"的公交企业；2018—2021 年度上海市公交行业企业综合评价和乘客满意度连续四年在郊区骨干企业中位居第一。

访谈人：沈　燕　上海嘉定交通发展集团有限公司总经理

问题1："暖文化"是嘉定公交的服务特色，请为我们介绍一下在这方面开展的主要工作。

公交是流动的风景线和城市运营的血脉，彰显着城市形象。在这个许多市民每日生活必经的场景中，嘉定公交始终坚持为市民乘客提供高效、温暖的服务，在日常运营中坚持突出"暖"文化，深度融合党建"心品牌"，打造"暖心"红色引擎，在服务内容和质量等方面不断探索创新。

第一，成立了"陈海燕工作室"，实现明星引领、平台推广的实践与探索。2015 年 6 月，嘉定公交优质服务工作室成立（后更名为陈海燕工作室），由优秀党员和服务明星组成。工作室旨在以"创先、创新、创优"引领示范作用，把优质服务形成标准推广，提升服务质量，促进服务创新，培养优秀司乘人员。该工作室围绕着"让安全行车成为习惯，让优质服务成为习惯"的理念,致力于为员工树立创先争优的榜样,成为服务传授的平台、成果展示的平台、创先争优的平台和评先树优的平台。几年来,工作室总结出了一套优质服务的方案并加以推广,取得了显著成果,培养出了一批又一批的优秀司乘人员,备受市民们的称赞。这一系列举措不仅提高了公司形象,更形成了良好的创先争优氛围。

第二,打造"空乘式"服务,聚焦特色服务示范线的创新与推广。2016年12月,公司开通了特色服务示范线——嘉定9路。该线路在车辆硬件、安全服务、收入分配等多方面进行了创新,配备了乘务员进行

陈海燕工作室
图片来源:上海嘉定交通发展集团有限公司

特色服务示范线——嘉定9路
图片来源:上海嘉定交通发展集团有限公司

导乘、安检和车厢服务，车厢内除了常规的安全告警装置外，还配备了空气净化装置、自动伞袋机和服务满意度点评器等。自开通以来，嘉定9路的优质服务和先进事迹多次被市、区两级媒体报道宣传，被誉为"空乘式"服务，树立了嘉定公交优质服务的典型，并打造了可复制、可推广的最美公交优质服务品牌。2017年，在嘉定9路的基础上，嘉定公交相继推出了嘉定13路、嘉定51路和嘉定68路等三条特色服务线路，为市民提供更优质的出行服务。

第三，打造"心品牌·暖文化"，使企业文化核心融入品牌建设。2018年上海市委、市政府提出全力打响"四大品牌"，嘉定公交积极响应"服务品牌"建设，以"最美公交"为主题，启动了以"公交暖文化"为核心品牌的企业文化年建设。2019年、2020年是企业文化迅速发展的阶段，公司围绕服务、发展、绿色、责任、和谐、安全六个方面，不断探索创新"暖文化"新内涵。公司借力"5.20公交驾驶员关爱日""我们的节日"等精彩活动，建立了政治引领、文化熏陶、心理疏导、职业指导、全员健身"五位一体"的关怀激励体系，增值企业品牌价值，增强企业内生动力。近年来，公司获得全国"交通运输行业精神文明建设先进集体"、"5.20全国公交驾驶员关爱日"先进集体、"2018年上海企业创新文化二十佳品牌"等荣誉。

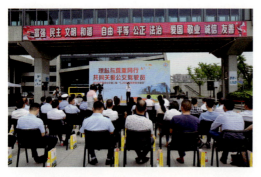

5.20全国公交驾驶员关爱日
图片来源：上海嘉定交通发展集团有限公司

问题2：在全市五个新城建设中，嘉定新城的发展定位是成为科技创新和智慧交通高地。在这个过程中，嘉定公交是如何推动与区域发展定位相适应的交通出行数字化转型，通过科技进步、管理进步助推企业转型发展的？

在智慧方面，我们以数字化转型为引领，构建嘉定公交数据应用服务体系。自2015年启动第一轮信息化建设以来，围绕运营服务、管理再提升，不断完善公交运营管理信息化系统，建成集群调度中心，实现了监控指挥管理全覆盖，开发嘉定公交 App 和中途站到站预报等便民措施，并开展了调度管理、机务管理、票务管理、安全管理等八项子系统的升级开发，进一步优化运营管理指标体系。

同时，我们还针对嘉定本地出行特征，聚焦市民出行痛点问题，基于 MaaS 理念，于 2018 年率先启动了多种出行方式线上整合的探索实践工作，以公司交通出行资源为基础，开发了嘉定行 App。嘉定行 App 倡导集约化出行发展理念，基于市民的出行需求，着力打造本地专属的综合信息服务平台。2020 年 3 月，嘉定行 App"1.0 版"正式上线，整合公交运营、网约班线、长途站经营、客运包车、车检服务等资源，为市民提供了线路规划、网约服务、到站查询、移动支付等一站式出行服务新体验。

2022 年，嘉定公交与支付宝公司合作开发智慧公交客流分析平台，借助支付宝数据分析和软件开发能力，推动公交数字化转型。同时，合作开发"公交出行服务大厅"小程序，实现智能客服、线路规划、失物招领等功能，为市民出行提供更多元化的优质服务。

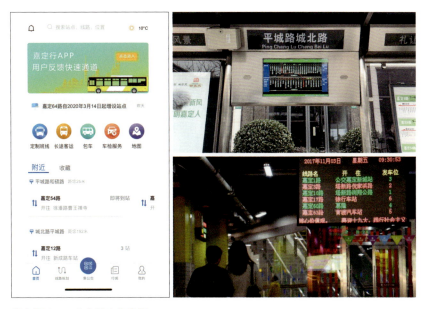

嘉定行 App、公交站点信息屏
图片来源：上海嘉定交通发展集团有限公司

# 临港新片区：公交领域的发展创新

临港新片区交通强国建设行动方案中提出，建成绿色智慧的交通创新发展体系是新片区综合交通发展的重要目标之一。近年来，新片区全面谋划、统筹推进智慧交通体系建设，并在公共交通出行领域开展了一系列探索与创新。

访谈人：冯文庆　中国（上海）自由贸易试验区临港新片区管理委员会建设与交通管理处副处长

问题1：请您介绍一下临港新片区在公交运营新模式方面主要开展的相关探索与实践情况，以及未来还有哪些发展设想。

随着移动互联网技术的发展，为满足市民多样化的公共交通出行需求，区管委会在"互联网+客运"领域进行了一定探索，打造创新发展模式，为出行者提供更高标准、更高质量的公交服务。

目前，海洋大学、电机学院智能公交接驳线已于2023年5月26日开通试行，乘客可以通过小程序选择乘车日期及发车班次购票乘坐。线路配备两辆智能公交车，以"智慧出行+便捷服务"打通校门口"最后一公里"的无缝接驳。

下一步，智能公交接驳线计划将覆盖临港五所高校，并在"智能公交进校园"运营成熟后，向各个社区推广，连接社区与商业、骨干交通，并同步探索结合常规公交与需求响应式公交服务特点的柔性公交发展的可行性。

海洋大学定制公交停靠点
图片来源：上海临港新片区公共交通有限公司

问题 2：作为技术创新的重要载体，请介绍一下目前智能网联公交在新片区的试点应用情况。

在市交通委、市经信委及市公安局交警总队的支持和指导下，区管委会积极响应智能网联汽车示范应用创新项目建设。在智能网联公交方面，由临港捷运试点滴水湖 1 路智能网联大巴，由上海临港新片区公共交通有限公司（简称临港公交）试点环湖 1 路观光线。现两家实施主体均已取得上海首批智能网联公交示范运营牌照，在滴水湖区域开展智能网联汽车载人示范运营活动。

滴水湖 1 路智能网联公交于 2021 年 7 月取得上海市首张智能网联公交示范应用牌照，车辆具备红绿灯信息交互和响应、语音提示自动驾驶动作和状态、自动靠边停站和自动开关门等功能，可实现 L3 级别的自动驾驶运营。环湖 1 路观光线自 2023 年 1 月正式面向市民群众开放。其中，智能公交车为 L3 自动驾驶级别车辆，无人小型巴士为 L4 自动驾驶级别车辆，可供 5 名乘客乘坐，设有随车安全员，车辆没有驾驶位，采用远程实时监管，实时提供辅助决策，实时人工接管。

临港新片区正在依托丰富的交通场景，开拓集智能公交、智能小型巴士、智能装备等多场景融合的"环滴水湖未来交通生态圈"，并进一步扩大智能网联公交运营区域，提升民众日常出行服务品质。

临港新片区智能网联公交车辆
图片来源：上海临港新片区公共交通有限公司

# 第四章
## 中运量公交的探索与实践
Chapter 4 Exploration and Practices of Medium-Capacity Bus Transit

对于主城区而言，我认为中运量公交更多服务于现有客流走廊的出行需求；而对于郊区而言，中运量公交则承担着引导地区发展、吸引客流的任务。

——何莉

71路中运量公交建设聚焦"路、智、站、车、运"等核心设计要素，通过相对独立的路权、数字化的运营管理、舒适便捷的车站、清洁的新能源车辆、功能完善的场站、统一的运营标准，打造品质化中运量公交系统工程。

——戴伟

71路中运量公交信号优先系统全线采用协调优先与主动优先结合互补的优先策略，在路网效益均衡、统筹兼顾的基础上，提升公交运行速度和准点率，增强了公交吸引力。

——潘振兴

71路中运量公交通过"零换乘"线路及周边其他线路的新辟与调整，进一步提高了专用通道的使用效率，更好地发挥了公交网络可达性优势。

——钟保国

能够在工作中更好地帮助乘客，为他们提供更多便利，我们每一位司乘人员都感到非常开心和幸福。

——71路服务团队

基于有轨电车的开通，松江区形成了良好的"轨道交通+地面公交"的"两网融合"。

——屠婵燕

有轨电车的规划建设要注重因地制宜，符合本地特色，既需科学编制线网规划，加强功能定位和客流需求的研究，也要充分考虑与其他交通方式的衔接和换乘，还应当优化路权分配，提高道路利用率。

——何利英

国内首条磁感导向数字轨道胶轮电车、国内首条应用氢能源动力的中运量线路……临港新片区中运量系统是公共交通领域的大胆创新，也是发展绿色集约、智能先进、安全可靠的氢能源产业的应用实践。

——董磊

奉浦快线自开通运营以来已经走过了五个年头，班次、运营速度、可靠性、舒适性都较常规地面公交线路有显著提高，增强了地面公交的吸引力。

——袁文杰

In the downtown area, I believe that Medium-Capacity Bus Transit can cater to the mobility needs of the existing passenger flow corridors more effectively. In suburban areas, however, the Medium-Capacity Bus Transit system can play a crucial role in driving regional development and attracting passenger flow.

—He Li

The development of the Route 71 medium-capacity bus transit system places great emphasis on key design elements including roads, intelligent systems, stations, vehicles, and operations. By ensuring relatively independent road rights, implementing digital operation management, establishing comfortable and convenient stations, utilizing clean new energy vehicles, maintaining fully functional facilities, and adopting unified operational standards, our goal is to create a top-notch medium-capacity bus transit system.

—Dai Wei

The signal priority system for Route 71 medium-capacity bus transit employs a dual strategy that combines coordinated priority and active priority, working in harmony along the entire bus line. This strategy, built upon a foundation of balanced road network benefits and holistic planning, aims to enhance the speed and punctuality of bus operations while also increasing the attractiveness of bus transit.

—Pan Zhenxing

The Route 71 medium-capacity bus transit system features a "zero transfer" option, along with the continued enhancement and adjustment of surrounding lines. These improvements are aimed at maximizing the efficiency of dedicated lanes and leveraging the accessibility benefits offered by the bus transit network.

—Zhong Baoguo

The ability to help passengers in their journeys and offer increased convenience brings immense joy and satisfaction to both drivers and conductors alike.

—Route 71 Service Team

Thanks to the introduction of trams, Songjiang District has achieved a seamless integration of rail transit and ground bus systems.

—Tu Chanyan

The planning and construction of trams should consider the local conditions. It should be based on sound network planning built on well-organized function positioning and demand research. We should also take full consideration of the connection and transfer with other modes, the prority of way and the utilization of roads.

—He Liying

The introduction of the first digital rail-guided rubber-tired tram (DRT) in China, as well as the implementation of the first medium-capacity line powered by hydrogen energy in China... This medium-capacity system in the Lin-gang New Area represents a bold and innovative approach towards developing a green, efficient, intelligent, advanced, and reliable hydrogen energy industry.

—Dong Lei

The Fengpu Express BRT Line has been operating for the past five years, offering a remarkable improvement in schedules, operating speed, reliability, and comfort compared to traditional ground bus lines. These improvements have enhanced the appeal of ground bus services.

—Yuan Wenjie

# 中运量公交的发展变迁与未来展望

上海市在中运量公交方面一直在进行有益的探索，中心城和各郊区都在不断推动中运量公交系统的规划建设工作。目前，全市共建成投运8条中运量线路，包括71路，临港T1、T2、T3线，奉浦快线，松江有轨电车T1、T2线，此外还有最早建成的张江有轨电车。

访谈人：何 莉 上海市道路运输管理局规划和科技信息处处长

问题1：请您介绍一下上海市中运量公交的发展背景和历程是什么样的？

上海市在公共交通方面的发展一直全国领先，政府在提升公共交通服务方面做了大量的工作。进入21世纪以来，上海市轨道交通系统实现了快速发展，地面公交的服务水平也有明显提升，并于2017年获评第一批"国家公交都市建设示范城市"。在公共交通不断发展的过程中，我们也逐渐认识到，像上海这样一座超大城市，公共交通出行应该是多模式、一体化的，才能更好地满足多元化出行需求。

在提升地面公交服务方面，我们着手推进专用道的实施，在提高公交通行效率方面发挥了一定的作用。但专用道由于受到路侧出入口、路段车辆交织等因素影响，效率难以进一步提升。而在具备建设条件的客流走廊上建设中运量公交系统，相比路侧公交专用通道，能够更好地整体提升公交通行效率。

在这一背景下，我们开始思考推进中运量公交系统建设，并选定延安路通道作为中心城的第一条中运量通道，完成了71路规划建设，并取得了良好成效。

2017年，上海城市总体规划中明确了"三个1000公里"的轨道交通网络，其中1000公里即为对中运量局域线网络的要求。

目前，我们正在开展主城区中运量网络规划研究工作，并主要按照"成熟一条，实施一条"的思路，逐步推进中运量公交系统发展完善。

问题 2：在轨道交通网络日趋完善的情况下，您觉得中运量公交在公共交通体系中的功能是如何定位的？

《上海市交通发展白皮书》（2022 版）提出，"在主城区具备条件的骨干公交走廊上，构建与轨道交通功能互补、换乘便捷的中运量系统"。主城区将形成以轨道交通为主体、中运量公交为补充、常规公交为基础的多层次、一体化公共交通体系，为城市空间发展提供均衡高效的公共交通出行服务，从而进一步提升主城区发展能级和辐射能力。轨道交通系统覆盖城市主要客流走廊，满足上海市域各板块中心与城市核心区之间的中长距离快速出行联系。中运量公交系统覆盖主城区内次级客流走廊，承担中短距离快速出行需求，与轨道交通功能互补，加强与轨道配套衔接，扩大骨干公交服务范围。

具体来讲，主城区的运量公交，一是作为轨道交通的补充，通过填白、串联、补强，完善轨道交通网络，既能为轨道交通提供应急保障，强化公共交通网络系统韧性，又能为次级客流走廊提供直达性强、可靠性高的公交服务。二是作为地面公交的骨干，通过相对独立的路权保障，提供高频、准点、舒适的高品质公交服务，承担公交骨干运输功能与中短距离快速出行需求，与常规公交形成差异化、层次化的公交供给服务。三是作为地面公交整体转型的示范，中运量公交突出骨干线路高效可靠，常规公交突出覆盖广、公平可达，通过公交线网优化，逐步重构地面公交系统，实现节能减排、降本增效。同步在车辆装备、调度系统、MaaS 服务等方面进一步提升公交智慧化水平，为自动驾驶公交车辆提供示范和探索的应用场景。

对于主城区而言，我认为中运量公交更多服务于现有客流走廊的出行需求；而对于郊区而言，中运量公交则承担着引导地区发展、吸引客流的任务。从市级管理部门的角度来看，我们也鼓励郊区在中运量方面积极开展规划建设工作，不断探索最适宜地区出行需求的发展模式。

在中运量公交系统规划建设工作的推进中，我们也经历了一些困难和挑战。现在公交优先的共识已经达成，但是在中运量公交的推进中，由于涉及路权分配的问题，对具体规划方案有非常细致的要求，与各个部门、属地之间也需要进行大量的沟通协调工作。

以北横中运量公交系统为例。在最初的规划方案中，地面道路预留了中运量条件，在实施过程中，我们与交警、属地部门等共同开展了大量工作，结合实际道路条件和通行需求不断完善方案；同时，我们还委托研究单位对不同方案继续开展深入研究，多管齐下，力求让北横中运量公交系统的方案能够更精细、更完善。

问题3：当前，上海市中运量公交建设的必要性主要体现在哪些方面？

2022年底，上海全市机动车保有量达537万辆，2023年3月，中心城快速路流量恢复至2019年同期97.3%，中心城路网流量和交通拥堵日益加剧。2023年3月，轨道交通日均客运量1060万乘次，常规公交日均客运量329.5万乘次，71路日均客运量基本稳定在4.8万乘次左右。总体上，轨道交通客流基本稳定，常规公交客流缓慢下降，中运量公交稳定性相对较好。接下来，我们将会大力推进中心城中运量建设，主要是基于以下几方面的考虑。

第一方面，在"双碳"目标指引下，国家更加重视公交都市建设。上海作为第一批获得"国家公交都市建设示范城市"称号的城市，尽管通过验收后继续保留该称号，但依然来不得半点懈怠。目前，我们正致力于打造更高水平的公交都市，即建设公交都市"升级版"。其中，最核心的就是加快构建轨道交通、中运量公交、常规公交多层次、一体化的公共交通体系，增加公共交通的吸引力和系统稳定性。

第二方面，轨道交通已进入成熟发展阶段，部分线路饱和度高、覆盖存在空白；常规公交覆盖持续增加，但吸引力不足，客流仍在缓慢下滑。加快中运量系统建设，可提高公交整体运营效率，构建更为完善的公共交通体系。

第三方面，通过提高站点覆盖率、保障专用路权、数字化运营管理等措施，可缩短公交出行链总用时，提升公交运行效率和可靠度，充分践行"人民城市人民建、人民城市为人民"理念，塑造公交都市新品牌，提升城市软实力。

第四方面，中运量建设可以与城市更新有机结合，通过加强与道路拓宽改造提升、历史风貌保护、地块综合开发、架空线入地等多个项目间的统筹协调、高效协同，优化交通出行，改善城市环境，进一步整体提升城市治理科学化、精细化管理水平。

问题 4：您对未来上海市的中运量公交系统有什么样的展望？

根据《上海市城市总体规划（2017—2035 年）》，到 2035 年规划局域线总里程达到约 1000 公里。

目前，主城区中运量公交网络规划由市交通主管部门牵头，拟形成"7+5+N"的中运量通道网络，总规模约 375 公里，包括 7 条横向通道、5 条纵向通道和 N 条各主城片区内部线。松江、嘉定、青浦、奉贤、闵行、临港新片区等也开展了中运量公交网络规划，提出发展目标并开展相关实践。"十四五"期间，主城区首先选择客流需求明确、道路条件基本适合的通道推进中运量公交系统项目，确保 71 路西延伸、北横一期、南北高架地面道路中运量公交工程建设，后续按照"成熟一条，实施一条"的原则，加快推进项目实施；各新城中，松江、奉贤、临港新片区持续完善中运量公交网络，嘉定、青浦推动中运量公交示范线的实施。

问题 5：国内外城市在中运量公交系统方面也有很多探索，您认为有哪些可供借鉴的经验？

中运量公交系统包括中运量轨道和中运量公交。参照国家相关标准和其他城市案例，中运量轨道是行驶在特定轨道上的中运量制式（纳入城市轨道交通范围），中运量公交是行驶在道路上的中运量制式（纳入地面公交范围）。

全球有 60 多个国家 400 多个城市建成中运量公交系统，以快速公交系统和有轨电车系统最为常见。巴黎中运量公交以有轨电车为主，作为轨道交通的补充，服务次级客流走廊。首尔中运量公交作为地面公交的骨干，基本采用路中专用道形式。北京 BRT 以东、南、西、北四个方向射线为主，与轨道交通平行或填补轨道交通空白；成都 BRT 与轨道交通同步发展，承担填补轨道交通空白、串联轨道交通的功能；广州中山大道BRT采用多线路运营形式，与轨道交通平行设置。珠海与杭州等城市的中运量公交系统由于选线不科学、客流不支撑、制式不合理、路权保障不足，目前运营效果不理想。

经分析，中运量系统成功的关键可归纳为以下四点。一是因城而异，因地制宜。在超大城市中，中运量公交系统应作为轨道交通系统的补充，承担加密、串联和延伸的功能。二是合理选线，客流保障。在城市核心区、外围区、组团间开发相对成熟地区，沿主要或次要客流走廊建设。三是制式匹配，经济高效。制式选择与城市的建设条件、客流需求、运营效率相匹配，应合理控制运营成本，提高社会效益。四是层次分明，便捷换乘。实现与轨道交通、常规公交之间的多方式协同，充分考虑与其他交通方式的便捷换乘，提升乘客出行链服务体验。

71路中运量公交

图片来源：上海久事公共交通集团有限公司

第一节
Part 1

# 71路中运量公交的成功实践
## The Success Story of Route 71 Medium-Capacity Bus

随着城市机动车拥有量及道路交通流量的急剧增加,在上海这座拥有近 2500 万常住人口的城市,道路交通供需难题如何解决,成为摆在城市运行管理者面前的一项严峻课题。延安路中运量公交针对中心城大客流通道交通出行难的问题给出了一项解决方案,同时也为其他城市提供了具有价值的实践参考。

## 上海中心城第一条中运量公交——71 路的规划建设

延安路中运量从申昆路至外滩,沿线经过延安西路-延安中路-延安东路(中山东一路),自西向东横贯闵行、长宁、静安、黄浦四个区,线路长度 17.5 公里。设站 25 组(含首末站),平均站距约 730 米,专用道 16 公里,架设触网 13 公里,改建天桥 4 座,新建天桥 1 座。延安路中运量公交于 2017 年 2 月通车运营。

71 路公交系统的开辟,是以市民需求为导向,探索落实公交优先战略新路径、进行地面公交供给侧结构性改革的有效尝试;是提升地面公交服务水平、促进城市交通出行方式转换、创建公交都市的战略性措施;也是交通运输部验收上海市创建"国家公交都市建设示范城市"的代表性工程,为市民乘客提供高品质的公共交通服务。

访谈人:戴 伟 上海市政工程设计研究总院(集团)有限公司综合交通规划设计研究院党总支书记

问题 1:延安路是中心城区东西向重要的客流走廊之一,请向我们介绍一下为什么会选择在延安路建设 71 路中运量公交系统呢?

延安路作为上海中心城区东西向"三横三纵"中的中横,是非常重要的客流走廊。随着城市的不断发展,这条走廊的交通服务面临着出行需求大,但公交运行效率不高和可靠性不足等问题。

第一，沿线用地开发强度大，有外滩、上海博物馆、人民广场、上海展览中心，以及多个医院、住宅和商业区等大客流集散点，还有凯旋路、静安寺等多处轨道交通换乘站，乘客出行需求高。第二，沿线江苏路-常德路、茂名路-成都北路等路段呈现常态化拥堵状态，延安路通道整体公交运行效率不高。第三，延安路通道公交复线率高、运行可靠性不足、吸引力不强，通道内共有 64 条公交线路通过，单向平均断面公交线路达到 10 条，高峰小时平均约为 70 班，公交自身拥堵情况时有发生。延安路路侧设置有公交专用道，但路权保障优先效果不明显，这也是地面公交运行面临的难题。由于非机动车占道骑行、沿线单位车辆出入、右转车辆借道等干扰，运行车速仅能维持在 12-15 公里/小时。第四，通道缺乏轨道交通服务，尽管轨道交通 2 号线、10 号线和 14 号线分布于延安路南北两侧，但是站点到延安路具有一定距离，不能便捷覆盖。由于延安路已建成高架，无地下轨道交通建设条件，因此，新的交通模式——中运量公交系统成为延安路客流通道疏解的优选方案。

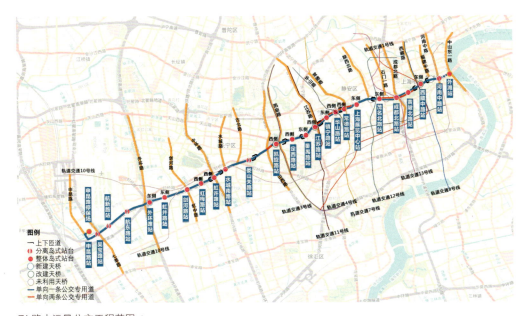

71 路中运量公交工程范围

图片来源：上海市政工程设计研究总院（集团）有限公司

**延安路路段饱和度示意图**
图片来源：上海市政工程设计研究总院（集团）有限公司

图例
路段宽度条
饱和度 PrT（AP）
≤ 50
≤ 70
≤ 80
≤ 100
> 100

**71路中运量公交线路客流断面**
图片来源：上海市政工程设计研究总院（集团）有限公司

第四章 中运量公交的探索与实践

71 路中运量公交与轨道交通的关系
图片来源：上海市政工程设计研究总院（集团）有限公司

问题 2：经过多方比选后，71 路为什么最终确定了无轨电车的中运量制式？

71 路中运量公交的制式选取，综合考虑了主城区现状需求、未来发展、工程实施难度与投资等方面因素。在前期研究过程中，对悬轨、有轨电车及中运量公交等制式均进行了研究，最终经过比选，确定了双源无轨电车作为延安路通道中运量公交制式。

在比选中，曾考虑过是否选择有轨电车制式。利用延安路建设有轨电车经过了三年的前期论证，但考虑到有轨电车建设运营费用高，车道宽度及车辆基地用地要求高，轨道敷设与现有延安路高架承台基础矛盾，车道建设空间不足，且延安路地下管线密布等情况，若按有轨电车布置，管线搬迁、工期的影响均可能存在较大的不确定性，而且由于穿越上海市核心区，对现状交通和沿线出行的影响均难以预计。而双源无轨电车采用"触网加锂电池"的充电技术，脱轨情况下能运行 10 公里左右；无须铺设轨道，可利用桥下空间设站，充分激活桥下空间活力，仅需对部分路口进行渠化改造，方便道路交通组织，工程改造量小，投资少，建设周期短，可以由市级审批，可操作性比较强。采用无轨电车制式，能

221

71路中运量双源无轨电车

图片来源：上海市政工程设计研究总院（集团）有限公司

够快速实现中心城区出行的升级换代、品质提升。因此，71路最终确定采用双源无轨电车的中运量公交制式。

问题3：在确定了通道和制式之后，71路中运量公交的建设有哪些重点内容？

71路中运量公交建设聚焦"路、智、站、车、运"等核心设计要素，通过相对独立的路权、数字化的运营管理、舒适便捷的车站、清洁的新能源车辆、功能完善的场站、统一的运营标准，打造品质化中运量公交系统工程。

第一个核心设计要素是"路"，主要通过专用道的优化实现公交运行效率的提升。将原有路侧公交专用道调整至路中，同时建立起上海第一条全天24小时的公交专用道，"路权独享"，提高运行车速，实现地铁般的准点率。沿线公交车的高峰运行车速由原有路侧专用道的12公里/小时，提升至路中的17公里/小时，提速40%以上。

第二个要素是"智"，包括拥堵节点改造和信号优先助力。延安路沿

中运量公交专用道（改造前）　　中运量公交专用道（改造后）
图片来源：上海市政工程设计研究总院（集团）有限公司

线存在中山西路、凯旋路、华山路、西藏路等多个高峰时段较为拥堵的交叉口，已成为路网中较为脆弱敏感的区域。在紧张的道路资源中，为实现信号优先，对全线所有交叉口进行了充分的调研，在通过土建措施提升路口通行能力的基础上，充分挖掘路口的潜力，针对不同级别的路口配以不同的优先策略，确保中运量公交车辆快速准点。

第三个要素是"站"，通过既有设施改造激活桥下空间。利用延安路高架桥下中央分隔带设置中途站，乘客通过人行天桥进站，在集约利用土地的同时保障慢行安全。

桥下空间利用示意图
图片来源：上海市政工程设计研究总院（集团）有限公司

高架桥下中途站
图片来源：上海市政工程设计研究总院（集团）有限公司

第四个要素是"车"，采用绿色舒适便民的双源无轨电车。71路选择18米铰接式（全程）和12米（区间）零排放新型双源无轨电车，环保舒适，既可以像无轨电车一样利用架空线网边行驶边快速充电，又可以像纯电动车那样脱离线网运行。车辆与站台无高低差，方便乘客上下车。车内还配备了轮椅专用停放区，设置了安全带等保护装置，为需要照顾的特殊乘客提供便利。

第五个要素是"运"，优化公交线网，实现系统服务提升。根据整体规划、分类梳理、逐步调整、平稳有序的原则，采用"主线贯通＋支线换乘"打造"一路一骨干，鱼骨状网络"的系统优化模式。对通道上原有的64条线路逐一分析换乘关系，分批、分步优化调整，公交运营线路降幅22%，公交运营里程降幅50%。

71路中运量双源无轨电车

图片来源：上海市政工程设计研究总院（集团）有限公司

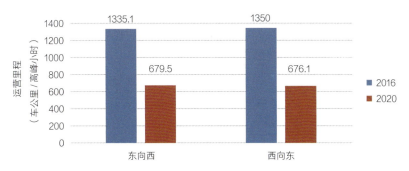

线网优化后运营里程变化

图片来源：上海市政工程设计研究总院（集团）有限公司

问题4：71路中运量公交建设投运后，主要取得了什么样的效果？

在客流量方面，71路中运量公交系统的日均客运量达到4.8万乘次，客运量、客流负荷均为全市第一。

在运输效率方面，高断面运送人数是社会车道的1倍以上。延安路（江苏路-凯旋路断面），71路专用道（单根）的运送人数为2721乘次/

小时，社会车道车辆车道（单根）运送人数为 1303 人次 / 小时，中运量专用车道是社会车辆车道的 2 倍以上。

在运营速度方面，早高峰全程平均运营车速 16.9 公里 / 小时，晚高峰全程平均运营车速 16.5 公里 / 小时。高峰时期，线路全程运行时间较社会车辆节省 10% 以上，运营速度情况良好。

在节能减排方面，相关评估数据显示，运送相同的人数，71 路中运量公交产生的二氧化碳排放量仅为社会车的 1/17，减排优势十分显著。

在可靠性方面，71 路中运量公交早晚高峰运营车速波动幅度为 4%—5%，显著优于常规公交运营车速波动幅度（10% 左右），发车出站准点率达到 98%，也优于常规公交平均发车准点率，车速稳定性、准点率较高。

同时，71 路路中专用通道承担了作为生命通道保障重要车辆运行的任务。利用 71 路公交专用道通行的执行紧急任务的警车、公务车、救护车、救援车、消防车等应急车辆达到平均 379 次 / 日。

问题 5：71 路中运量公交是一项获得多个首次突破的 EPC 工程，主要有哪些特点？

延安路中运量公交工程采用 EPC 总承包模式，整个项目一年内开展设计与施工，于 2017 年 1 月 9 日通车运营，充分发挥了边设计、边施工的 EPC 工程优势，创造了新基建的新速度。项目从规划设计到施工均得到了各级领导的高度关注和支持。项目建成运营后，鉴于取得的优异效果，71 路中运量公交工程获得了国家优质工程奖、上海市白玉兰奖。

首先，漂亮的工程要有勇于创新的设计。设计团队从设计之初潜心研究，作了大量的调研和数十次现场踏勘，使本项目实现了多个"首次"。首次提出在上海道路 1 号车道铺设公交专用车道的方案，首次大规模使用微罩面技术，首次在上海使用双源无轨电车，首次在上海建设公交智能管理系统等，从而实现了"一路一骨干"、完全专用、高准点率和高密度运行。

其次，漂亮的工程要精益求精。细节决定成败，中运量的设计施工过程真的做到了像绣花一样精细。市政工程铺装一般采用普通道板砖，铺装质量符合市政工程验收规范即可。然而，本工程各车站的地面铺装采用的却是高质量的花岗石，其施工水准更是达到了房建工程精装修的水平。为此，项目组引进了八支精装修队伍，全程监控，严格按照精装修规范验收，未经达标立即返工。一位具有房建铺装经验的老师傅施工一天后，对我们感慨道："干了30年，从没见过要求这么高的铺装，真是长见识了。"

最后，漂亮的工程更离不开中运量突击队每一位成员的辛苦付出。为保证道路白天的正常运行，项目团队采用"昼伏夜出"的工作模式，十分艰苦。就拿西藏路天桥吊装来说，吊车大臂离延安路高架仅48厘米，场地极其有限，交警部门不同意封闭道路，只允许夜间10点至次日早上6点施工，时间极其有限，加之单段桥梁重32吨，一旦吊装不成功，后果极其危险，可以说，目之所及，全是限制。为此，吊装前一周，项目各级负责人全部就位，每天凌晨2点亲临现场，进行现场试验，白天连轴转，进行方案优化。2016年10月31日凌晨4点，随着最后一段天桥正式吊装就位，现场响起了热烈的掌声。我想，这就是我们市政总院[1]工程师的责任和情怀。

在即将竣工时的一次会议上，71路中运量公交系统的团队成员达成了一个约定，就是等71路开通后，每人都坐一趟中运量公交。我履行了这个约定，坐在自己设计的线路上，听着早已熟稔于心的站名，心中满满的感动和自豪，当车辆行驶至某个路口，我便会不由自主地想起那短短12个月内的争分夺秒，想起那充满激情的光辉岁月。

---

[1] 即上海市政工程设计研究总院（集团）有限公司，简称市政总院。

# 71 路信号优先的实施

公交优先是在通行的"空间"和"时间"上给予优先,空间上保障公交专用道路权,时间上在路口为公交提供优先通行相位。71 路中运量公交系统不仅是路中式专用道在上海市的首次尝试,同时也是公交信号优先在上海市的第一次规模化应用。

访谈人:潘振兴　上海电科智能公司公共交通事业部总工程师

问题 1:公交信号优先是 71 路中运量公交系统的一个亮点,请您介绍一下这套信号优先系统的设计思路是什么样的?

71 路中运量公交信号优先系统所选择的,是一种在不对社会交通产生较大影响的前提下,同时兼顾社会车辆和中运量公交,全线采用协调优先与主动优先结合互补的优先策略。这种公交信号优先不是绝对优先,而是充分考虑道路拥堵情况的一种相对优先。我们通过搭建信号优先系统,与公交运营企业、交通管理部门的相关系统之间实现信息感知与运营协调,在路网效益均衡、统筹兼顾的基础上,提升公交运行速度、准点率,提升公交服务水平,扩大公交吸引力。

71 路中运量公交信号优先系统将公交车的通行需求嵌入到原有的信号灯控制系统中,并在必要的情况下有条件地给予优先。在统筹兼顾社会车辆的情况下,尽量减少公交车在两个站点间交叉口的停车次数与延误,实现中运量公交车在多个交叉口间协调通行,从而提高中运量公交车运行速度以及服务水平。

具体来说,71 路信号优先系统由云、边、端三个层次组成。一是云端的公交信号优先中心管理平台,将公交优先系统涉及的信号优先、车载智能化、车道检测、车站智能化等系统进行功能集成,便于信息共享、统一监管。二是边缘的公交信号优先控制主机,主要实现采集与处理交通运行信息和信号控制信息,通过分析路口各流向的交通运行状态,自适应执行路口信号优先控制，并与路口信号机进行实时联动控制。三是前端的信号优先路侧智能化感知系统，主要实现专用道公交车辆双基识别定位检测和非专用道社会车辆综合检测。其中，专用道公交车辆双基识别定位检测是通过射频识别（RFID）技术、地磁设备对运营车辆身份和位置信息的双重识别，实现车辆精准定位；非专用道社会车辆综合检测是通过高清视频监控、无线地磁分别采集主线非专用车道及横向道路的交通流状态信息、交叉口排队信息等，综合研判公交信号优先对社会交通流的综合影响。

问题2：作为市区重要的交通走廊，延安路通道高峰时段的车流量一直很大。在这种复杂情况下，71路公交信号优先系统在通道上是如何具体实施的？

延安路公交信号优先系统工程的实施范围是申昆路-中山东二路（外滩），涉及黄浦、静安、长宁和闵行四个区沿线48个信号控制交叉口、5处独立信号控制的路段行人过街和4处独立信号控制路段调头，平均交叉口间距343米。根据71路上线前的流量调查，并结合信号灯相位分析，延安路交叉口早高峰时段交通流量较大，服务等级普遍较低，多为D级、E级乃至F级，且部分路口的南北向流量超过了公交车辆通行的东西相位，信号优先实施难度大。

在不对社会交通产生较大影响的前提下，我们在设计信号优先系统时尽可能兼顾中运量公交车辆和社会车辆，全线采用协调优先与主动优先结合互补的优先策略，实现公交车在多个交叉口间协调通行，尽量减少停车次数与延误，从而提高运行速度及服务水平。

协调优先方面，主要是基于中运量公交车辆的运行特征、停站时间、站点位置、背景交通状况等因素，结合调度计划、平均运营车速等调度信息，在现有的交通信号配时协调方案的基础上对其公共周期、绿信比及相位差等参数进行微调，生成一套或多套"优先通行"协调控制方案，实现中运量公交车在多个交叉口的"绿波通行"，既不干扰交叉口的正常运转，也减少公交车在交叉口的停车等候时间。延安路全线根据悉尼自适应交通控制系统（SCATS）绿波子区设计，在统筹兼顾社会车辆和中

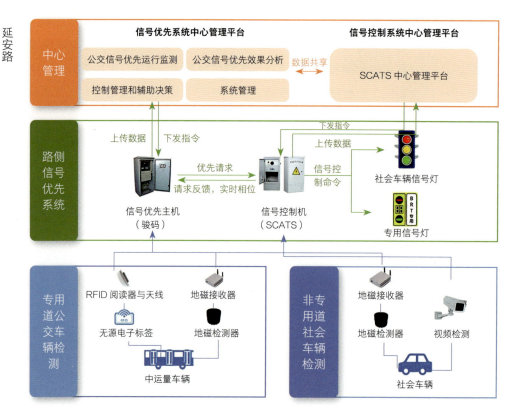

71路信号优先系统架构图
图片来源：上海电科智能公司

运量公交车的情况下，对每个子区系统的协调路口、周期与相位差等参数进行了调整。目前全线协调路口被划分为了14个协调绿波子区，子区系统包括路口最多的有8个，最少的有2个。

主动优先方面，在各交叉口的现状信号配时方案基础上，综合考虑中运量公交站点位置、道路交通组织方案、高峰小时饱和度等要素，因地制宜地为每个交叉口设计信号优先方案和优先参数，并设计面向不同运行状态、道路交通状态下的实时信号优先控制流程。71路的主动优先主要包括三类主动优先控制方式，当公交车在距离路口160米左右时，系统主动对公交车运行情况分析识别，采取绿灯延长、绿灯提前或插入相位等方式，让公交车优先通行或减少停车延误。主动优先控制策略的

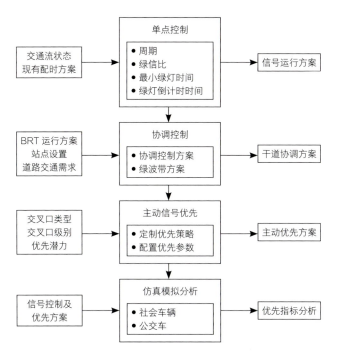

71路信号优先系统研究分析过程
图片来源：上海电科智能公司

实施在一定程度上会对其他社会车辆的通行造成一定影响，因此，我们的信号优先系统会根据公交延误情况、满载率及路口交通状态等因素综合判断是否进行主动优先，以达到既为中运量公交车辆实现优先通行，又最大限度地减少对社会车辆影响的目的。

值得一提的是，在延安西路-古北路-虹桥路交叉口，由于交通流量大且路口条件非常复杂，我们在这个路口设计了中运量公交专用相位，使71路公交车辆可以在路口直接通过，不需要像途经延安西路的其他社会车

71路专用信号灯
图片来源：上海电科智能公司

辆一样，在通过该路口时绕行至虹桥路，这一设计有效提升了71路的整体运营效率。

**问题3：在71路信号优先系统的建设中，您认为关键技术创新应用主要有哪些？**

我认为第一项创新应用是全过程精细化的信号优先策略设计。通过深度分析现状交通流量，我们设计并应用公交与社会车辆多模式、多目标优化的"有效优先"控制模型算法，生成协调优先与主动优先相结合的公交信号优先策略，并应用专业的交通仿真工具在实施优先后对71路的效用和对社会交通可能产生的影响进行预评估，并优化策略方案。

第二项创新是自适应的主动信号优先控制。通过我们自主研发的信号优先控制主机，实现了与国外 SCATS 信号控制机的联动控制；通过对中运量公交、社会交通实时运行状态的分级动态计算和综合研判，实

71路外滩站
图片来源：上海电科智能公司

71 路调度大屏

图片来源：上海电科智能公司

现自适应主动信号优先。

第三项创新是信号优先的监控与优化。通过中心管理平台动态监控信号优先系统的工作状态，掌握各路口的信号优先触发和执行情况；还可以通过历史分析评估信号优先的执行效率，优化调整对应的优先算法参数，以提高系统运行效能。

问题 4：71 路信号优先系统的实施效果主要体现在哪几个方面？

71 路信号优先系统的主要实施效果可以从公交运营速度、可靠性和交叉口延误情况的改变三个方面来评价。

延安路通道的公交运营速度较之前提升 13%—40%。71 路公交信号优先响应率达到 81%。早高峰全程平均运营车速 16.9 公里/小时（开通前公交专用道运营速度 12—15 公里/小时），晚高峰全程平均运营车速 16.5 公里/小时。公交全程运营时间基本控制在 1 小时内，较社会车辆能够节省时间 10% 以上。

在可靠性方面，71 路中运量公交相比常规公交具有更好的速度稳定性和准点率。评估数据显示，71 路中运量公交早晚高峰运营车速波动幅度为 4%—5%，显著优于常规公交运营车速波动幅度（约 10%）。共线段高峰发

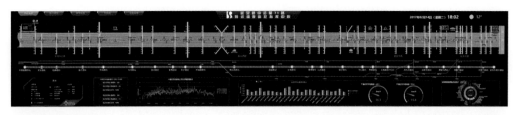

71 路综合监控系统
图片来源：上海电科智能公司

车频率为 2—3 分钟/班，发车准点率 98%，优于平均发车准点率（91.3%）。

此外，对比不同时期沿线交叉口的车辆延误情况，其增幅明显低于机动车保有量的增幅。2022 年相比于 2016 年，上海市机动车保有量由 360 万辆增至 537 万辆，增幅达到 49.17%。而跟踪延安路通道 16 个主要交叉口从 71 路通车至今的交叉口服务水平变化情况，只有少量交叉口延误增加，且增幅较小。71 路中运量公交对延安路沿线交叉口的社会车辆运行未产生显著影响，基本处于可接受水平。

信号优先是提高公交系统运行速度和可靠性的一项重要手段。71 路的信号优先系统从初期调试完成至今，运行安全可靠，在提升中运量通行效率方面取得了良好的效果。新技术不断发展，我们也在不断探索未来如何更好地发挥信号优先系统的优势并实现更广泛的应用，让公交优先得到深入落实。

# 71路配套公交线网的优化

在71路中运量公交系统开通的同时,相关配套公交线网也同步进行了优化调整。71路配有三条可实现同站换乘的"零换乘"线路,同时,通过归并调整重复线路、新增和延伸接驳线路等,分三个阶段优化调整了周边常规公交网络。

访谈人:钟保国　上海久事公共交通集团有限公司运营协调部原高级主管

问题1:随着71路中运量公交的开通,我们对周边配套线网的调整主要是从哪些方面来考虑的?

71路这条通道上原来有64条公交线路,其中57条为市区线路,7条为市通郊线路。在设计过程中,我们以"一路一线,区域成网,方便换乘"为基本策略,以"整体规划、分类梳理、细化方案、有增有减、逐步调整、平稳有序"为基本原则,以形成"鱼骨状"的公交线网结构(主线贯通+支线换乘)为目标,对这些线路进行优化调整。其中,9条停靠5站以上的市区线路采取撤并、调整或缩线,6条停靠3—4站的市区线路采取停靠规模酌情缩线,21条停靠1—2站的市区线路将结合后期中运量公交系统建设期间的交通组织同步优化调整,21条不停靠线路结合周边道路交通条件将线路调出延安路通道(或增设停靠站点形成换乘),7条青浦市通郊线路结合中运量公交系统建设运营酌情同步缩线。

问题2:请您介绍一下,71路配套公交线网调整工作主要经历了哪些过程?

71路从启动、立项、建设到开通运营只有约两年的时间,配套调整时间紧、任务重。在调整过程中,我们分了三个阶段来进行。

第一个阶段是在71路开通前,2016年下半年,我们分两次对通道上的部分线路提前开始了走向调整、线路撤销和归并;第二个阶段是在

2017年2月1日开始的,与71路开通时间同步,我们对原有通道上的线路进行了走向调整、缩线和撤销,并同步新辟了区间线路和接驳线路;第三个阶段是在开通后持续进行的,工作重点是进一步完善71路周边各个方向的公交线路接驳,包括开设接驳支线以及优化普通线路的走向及站点。

问题3:与71路同站"零换乘"的支线公交线路是上海市公共交通系统的一项全新实践,当时实施这项工作进行了哪些考虑?

71路中运量公交设有1条主线、2条区间线(包含区间延长线)、3条"零换乘"支线和1条接驳线。3条"零换乘"线路分别是1250路(71路支线1)、1251路(71路支线2)和748路(71路支线3)。

71路中运量公交现有的路中式车道、站台设施都是左开门设计,与常规公交系统不匹配,常规公交无法利用专用道的现有设施进行同站换乘,如需上下客还需从最左侧路中式车道连续变道至最右侧车道,这极易造成交通流线紊乱,影响延安路整体的通行效率。"零换乘"线路的配车采用上海交通巴士客运(集团)有限公司定制开发的宇通12米双开门纯电动公交车,车辆外观造型与71路中运量公交保持一致,左右两侧都有乘客门,可根据不同站台开启相应侧的乘客门,实现中运量公交站台(左侧门)和常规站台(右侧门)的切换使用,大幅提升了乘客换乘的便捷性。

双开门公交车
图片来源:微信公众号"上海交通"《中运量71路双开门公交车支线计划本月正式开通营运》

通过一系列调整,延安路通道内的公交线路较71路中运量公交开通前明显减少,大幅度减小了通道中由大量常规公交运行导致的交叉口延误的情况。同时,"零换乘"线路和其他配套换乘线路的新辟与调整也进一步提高了专用通道的使用效率,更好地发挥了公交网络可达性优势。

# 71 路服务团队：在平凡中绽放光彩

自 2017 年至今，71 路中运量公交已投运近 7 个年头。在日常运营中，各位一线工作人员在岗位上尽心尽责，几年如一日地为乘客提供有效率、有温情的服务。

访谈人：周建平　上海巴士第三公共交通有限公司总经理
　　　　张　卓　71 路车队长
　　　　方　进　71 路驾驶员，全国劳动模范

问题 1：作为中运量公交系统，71 路在日常运行中相比普通公交车辆的主要差异是什么？车队又如何应对由此带来的困难和挑战？

周建平：因 71 路是路岛式左车门开门，相比于常规公交线路路侧式右开门停车方式，车辆到站、停站的要求非常高，考虑到是无轨行驶，如果太靠近站点会发生车辆与站台的碰擦，太远则上下间距过大，造成乘客有踏空跌落站台的危险。

车队在开线之初，集结了数名驾驶技术好的党员司机，利用业余时间对 100 多名驾驶员在站点停靠的操作实践进行了总结，逐渐形成了车

71 路靠站标准示范
图片来源：上海久事公共交通集团有限公司

辆停靠站点保持 30 厘米距离的规定，形成了车门对准屏蔽门的做法，大大增加了安全系数。此外，作为双能源的无轨电车，升降电车集电杆是 71 路不同于常规公交车的操作要求，驾驶员必须熟知架空线走向、电门位置、十字并线头等操作，做到熟练操作，精准升降杆。

问题 2：在更好地服务乘客出行方面，71 路司乘人员主要有哪些心得体会？

张卓：在车厢服务工作中，中运量公交车队逐步总结了"倡、念、做、打"四字工作理念。

"倡"是指倡导文明车厢，做文明的践行者。2019 年，71 路在公交行业内首创"静音车厢"，以文明车厢为载体。日常工作中，会碰到违反静音规定的乘客，比如有乘客用外置声音听音乐、看视频，碰到这样的情况，乘务员就要做到温和善意地轻声提醒。通过宣传、倡导、推广文明乘车的理念，小小车厢变成文明乘车的公约车厢。

"念"是要念好文明用语，做文明的实践者。规范乘务员在执勤时的文明用语，培植礼貌待客、以客为尊的服务理念。制定服务标准规范、开设服务礼节培训课堂，展现"量量品牌"[1]特色服务五步法，即"来有迎声、对视微笑、尊称招呼、手势指引、走有送词"的服务举措，使乘客的公交出行能感受到

71 路中运量公交车队车厢服务
图片来源：上海久事公共交通集团有限公司

1　"倾情服务、伴您出行"是中运量公交"量量品牌"的理念。

71路的"量式服务"[1]特色。

"做"是指做到旗语的三个百分百，做文明的力行者。慢字旗语是71路的服务特色之一，车队总结规范了旗语流程，向全体乘务员进行了推广，做到"一慢、二升降、三瞭望"的八字口诀，有效提升了中运量公交的行车效率和屏蔽门开关安全，努力做到"屏蔽门无夹伤乘客、升降杆无失误、照顾到赶到的乘客"。

71路中运量公交导乘服务台
图片来源：上海久事公共交通集团有限公司

"打"涵盖了从"打"招呼到"打"响品牌力量的双重涵义，做好文明的宣传者。好的服务首先是从打招呼建立"沟通"开始的，它可以让一位乘客记住一名乘务员，也加深了这条线路的印象与体验。在车厢服务过程中，车队加大对乘务员仪容、着装、形体、饰品、礼仪、沟通等规范课程的培训，让乘务员在车厢的服务礼仪标准化、规范化、制度化。

问题3：请再为我们分享一些日常工作中令人印象深刻的小故事。

方进：记得每周六早晨7点在吴宝路车站，都有一名推轮椅的阿姨陪她儿子去虹梅路的医院做"血透"，因为她儿子体重较大，行动极其不方便，所以每次到这个时间点我都会把公交车停到离站台最近的距离，来确保这对母子可以顺利地推轮椅上车。上车后，乘务员会帮他们固定好轮椅，安排好座位，让老母亲可以安心乘车。有一次，我驾驶车辆进站时看见她们母子在路口等红绿灯，非常焦急地看着已经进站的车辆，我向她摇了摇手，意思是不用太着急，我会等她上来。

后来，我们车队全体驾驶员都知道了这对母子的故事，不仅是我，其他驾驶员也会为他们提供温馨服务。他们也非常感激我们的举措，每逢端午节和中秋节都会给我们驾驶员送来粽子和月饼表示感谢。一晃六年时间过去了，用阿姨的话说：71路司乘人员都像自己的亲人一样，充满了温暖！

在中运量公交71路上，像这样的小

---

[1] "会服务、懂专业、讲奉献"是"量式服务"的含义。

故事还有很多。这7年的时光,让我们和许多乘客之间产生了像朋友一样的羁绊。能够在工作中更好地帮助乘客,为他们提供更多便利,我们每一位司乘人员都感到非常开心和幸福。

71路中运量公交无障碍服务
图片来源:上海久事公共交通集团有限公司

第二节
Part 2

# 在探索中创新：中运量公交的上海新样本

Innovative Exploration: Shanghai's New Models of Medium-Capacity Buses

# 现代有轨电车的松江实践

构建以有轨电车为骨干的中运量公交系统,是松江进一步推进公交优先战略实施,缓解交通压力,提升公共交通服务水平,促进构建绿色交通体系,提升交通服务品质的一项重要举措。自2018年起,松江区已陆续建成2条有轨电车示范线,总长约31公里。随着中运量公交系统的建设,松江逐步形成多层次的区域公共交通网络,以国铁网、轨道交通网、中运量公交网、地面常规公交网等为载体的"四网融合"综合交通体系逐步完善。

访谈人:屠婵燕　上海市松江区交通委员会副主任
　　　　何利英　上海市城市建设设计研究总院(集团)有限公司
　　　　　　　　轨道院副总工程师

问题1:请为我们介绍一下松江有轨电车的规划建设工作推进历程,其中是否也有过一些困难或阻力,又是如何克服这些困难持续推进的呢?

屠婵燕:随着松江区社会经济的发展、居民生活水平的不断提高,交通需求持续增长,民众对城市交通服务水平的需求也越来越高,而大运量的轨道交通目前深入松江核心区的仅有南北向的轨道交通9号线,已经逐步趋于饱和。9号线在松江新城设置5站,对解决新城内部公共交通的作用有限,东西向公共交通出行仍然依靠常规公交。同时,为了应对私人小汽车保有量高速增长,公共交通服务的吸引力亟待提升。

为了实现"长三角地区重要的节点城市之一,上海市西南部重要的门户枢纽"的发展目标,松江着眼融入新发展格局,松江新城围绕"一廊一轴两核"打造未来发展战略空间,而新城能级提升和城市组团式空间结构的形成急需交通基础设施的支持。

从2012年起,松江区与市交通委、发展改革委,区规划和土地管理局等部门开始研究规划中运量骨干交通。2013年3月,松江区编制了全

**网络编制：公共交通"四网融合"规划示意图**

以国铁网、轨道交通网、中运量公交网、地面常规公交网等为载体，以枢纽为转换锚固节点，实现地区综合交通"四网融合"。

☐ **国铁线路：** 四线交汇，实现对长三角区域及对外的联通；

☐ **轨道交通：** 市域快线和城市轨道总长约160公里，实现与中心城、市域重大功能节点、郊区新城等快速联通；

☐ **中运量公交：** 中运量公共交通约120公里，是地区公共交通骨干线路；

☐ **常规公交：** 约200条线路，地区综合交通基础脉络。

松江区有轨电车网络规划

图片来源：上海市松江区交通委员会

区有轨电车网络规划；2014年5月，区现代有轨电车网络规划获市政府批准；2015年12月，有轨电车T2线一期工程开工建设，次年1月T1线一期工程开工建设。2018年12月26日，一阶段（T1线仓华路-中辰路站）开通运营；2019年8月10日，二阶段（T1线三新北路站-新庙三路站）开通运营；同年12月30日，三阶段（T1线新庙三路站-新桥站）及与T1线仓华路-T1线新庙三路站全线贯通运营。

在有轨电车建设期间，我们陆续也遇到一些困难，主要体现在施工过程对道路交通存在着影响，以及在管理运营中缺少已成文的规章制度这两个方面。

有轨电车施工期间对部分区域内道路的日常交通影响较大，还牵涉到管线搬迁等一系列问题。面对这些问题，我们采取分段、分批进行、提前做好施工绕行方案等应对措施。特别是荣乐路路段，施工周期长，我们将施工封闭路段、公交线路绕改道等信息通过报纸、微信公众号等媒体平台及时发布,做到广而告之,尽量减少对市民出行的影响。另外,由于松江现代有轨电车是示范线,缺少相关的法律、法规依据,区交通委借鉴其他城市的做法,与市交通委、市交警、区司法局等多部门沟通会商,解决了驾驶员培训、车辆上牌等问题,形成了《松江区有轨电车管理暂行办法》和《松江区有轨电车营运服务规范(试行)》等,为运营开通提供了上位支持。

问题2:请从线网布局、车辆、优先设施和运营模式等方面为我们整体介绍一下目前松江区有轨电车的运营情况。

何利英:有轨电车的规划建设要注重因地制宜,符合本地特色,既需科学编制线网规划,加强功能定位和客流需求的研究,也要充分考虑

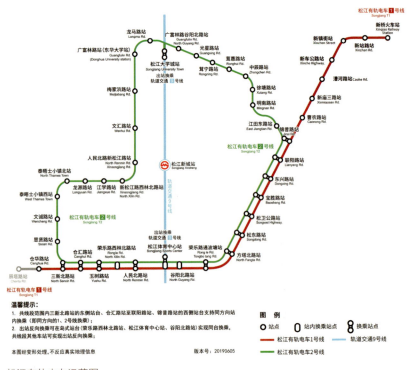

松江有轨电车运营图

图片来源:上海市松江区交通委员会

有轨电车车厢
图片来源：上海市松江区交通委员会

与其他交通方式的衔接和换乘，还应当优化路权分配，提高道路利用率。松江区有轨电车已建成2条示范线，共有22辆列车投入运营，两线总长约31公里，目前共开通44座车站。T1线贯穿松江老城，西起仓华路，沿荣乐路向东延伸至松江工业区及新桥站，T2线串联松江老城、松江新城、大学城及松江工业区。

松江有轨电车采用接触网供电、钢轮钢轨制式，轨道标准1435毫米，和地铁的轨道标准相同。车辆采用法国阿尔斯通Citadis型有轨电车，为DC750V 100%低地板钢轮钢轨现代有轨电车。运营列车采用5节编组，全长约33米，宽2.65米，坐席为56人，额定载荷为6人/平方米时的载客量约为300人。

有轨电车的公共交通优先设施包括专用通道、专用站台和交叉口信号优先。车道采用路中独立路权模式，轨道与道路路面齐平，在交叉口与其他交通方式共享路权。乘客上下车需要经过交叉口的人行横道或天桥进出路中车站。站台形式有三种，分别是错位侧式、对位侧式、岛式，其中错位侧式站台最多，站台设置在交叉口出口道。有轨电车还配备智能交通信号系统，在路口可相对优先通过。

目前，松江有轨电车为"环线+单线"的运营模式，运营时间为6点至22点。1号线线路由三新北路至新桥火车站，实行单侧双向运营，运营间隔为14分钟；2号线线路为环线运营，运营间隔约为12分钟，其中1号线与2号线有约9公里共线路段，共线段间隔约为6分30秒。线路可实现与轨道交通9号线和金山铁路之间的换乘。

问题3：松江有轨电车自开通运营以来已经有近五年时间，它的实施效果怎样？

何利英：从2018年底松江有轨电车一期开通起，随着二期、三期工程陆续开通，有轨电车客流总量不断攀升，平均客流为2.5万乘次/日，

松江区有轨电车
图片来源：上海市松江区交通委员会

节假日高峰达到3.2万乘次/日。但此后受到新冠感染疫情冲击，客运量起伏较大，自2022年下半年起，客流整体呈现稳定态势，目前平均客流已恢复至2.2万乘次/日。从客流特征来看，有轨电车以新城内廊道短距离客流为主，也承担内外交通衔接转换功能。

运营车速方面，以2021年数据进行分析，有轨电车较地面公交（15.2公里/小时）有一定优势，T1线上行车速为17.5公里/小时，下行车速为18.6公里/小时；T2线车速为17.2公里/小时。

基于有轨电车的开通，松江区形成了良好的"轨道交通+地面公交"的"两网融合"，目前有轨电车可直接衔接的公交线路达到50条，占全区公交线路约38%。有轨电车与其他公共交通方式换乘的客流比例达到30%，其中换乘轨道交通的比例为17%，换乘地面公交的比例为13%。有轨电车乘客通过换乘1次公交和10分钟内的步行可抵达新城内61%的区域。

准点可靠和舒适度高成为乘客选择有轨电车出行的重要理由，区交通委对有轨电车的服务质量实施综合评价考核，定期常态开展半年度测评，服务质量始终在90分以上。

**问题4：对于松江区的中运量公交系统，未来主要还有什么样的发展设想？**

屠婵燕：在现代有轨电车网络规划成果的基础上，松江区还启动了近期建设规划工作，根据地区轨道网络变化，从"加强轨道衔接、服务重点地区"等角度对方案进行了优化，研究进一步织密线网，提升新城公共交通服务水平，打造"多环多射"的中运量公交网络，便捷联系新城及各重点镇，以中运量公交系统为公共交通骨干，覆盖全区主要公共设施和重要节点。

# 数字轨道中运量公交的临港实践

中国（上海）自由贸易试验区临港新片区发挥产业布局方面的优势，先行先试，积极探索公共交通服务与区域产业协同联动应用的发展道路。目前，数字轨道中运量公交1号线、2号线分别于2021年6月30日及2022年10月28日正式开通全线运营，3号线也于2023年7月5日全线开通试运营。

访谈人：董　磊　上海临港新片区公共交通有限公司副总经理

问题1：请介绍一下数字轨道中运量公交规划建设工作的推进过程，在这过程中面临的困难或挑战主要来自哪些方面，又是如何克服并持续推进的？

2017年，临港新片区管理委员会（简称临港管委会）启动了中运量线网规划编制工作，在各方共同努力下，2018年形成中运量线网规划方案，并通过专家评审论证。2020年8月，中运量T1示范线工程项目建议书由临港管委会批复通过同意立项，并正式开展项目建设。最终，2021年6月30日，中运量T1示范线开通全线运营，2022年10月28日，中运量T2线开通全线运营。2023年7月5日，中运量T3线开始试运营。

在推进数字轨道中运量公交规划建设过程中，我们遇到了多方面的困难和挑战。首先，是在规划阶段，我们需要仔细评估临港新片区的城市结构、交通需求和人口分布等，确保规划方案的科学性和可行性。其次，资金投入一直是一个重要的难题，对于规模庞大的工程来说，需要大量的资金支持。

面对这些困难和挑战，我们采取了一系列措施以克服并持续推进规划建设。首先，我们成立了专业的规划团队，汇集了交通规划、国土空间规划和工程建设领域的专业人才，为规划方案的制定提供有力支持和保障。其次，我们积极与各相关部门和利益相关方进行沟通和合作，形成了多方合力，共同推进工程进展。再次，我们还加强了项目管理，着力控制工程质量和进度，确保规划建设的顺利进行。

问题2：请介绍一下临港中运量公交系统中各线路目前的运营情况。

临港中运量公交是新片区公共交通的骨干网络，目前由上海临港新片区公共交通有限公司负责运营。下面我简要介绍一下临港中运量公交系统的运行现状。

临港新片区中运量1号线

图片来源：上海临港新片区公共交通有限公司

首先介绍临港中运量1号线。这条线路全长21.75公里，由鸿音广场站发往滴水湖站。专用道采用路中布局，对直行、左转及右转车辆无影响。这条线路采用中车集团自主研制的数字轨道胶轮电车制式，是国内首条磁感导向胶轮电车中运量线路。车辆采用容量大、充电快的车载超级电容加电池进行供电，每辆电车仅需10—15分钟就能充满运行所需的电量。

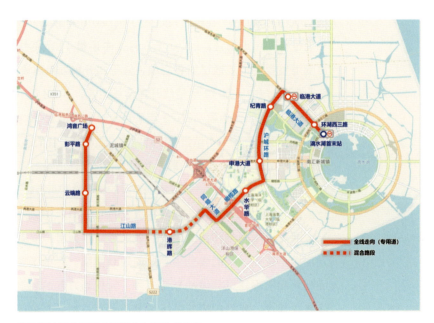

临港新片区中运量1号线走向及站点分布

图片来源：微信公众号"上海临港"《临港中运量1号线今日10时首发运营，你想了解的问题都在这里！》

临港新片区中运量2号线
图片来源：上海临港新片区公共交通有限公司

其次介绍临港中运量2号线。临港中运量2号线全长8.7公里，由滴水湖站发往水华路站。临港中运量2号线是我国首条应用氢能源动力的中运量公共交通线路。这不仅是公共交通领域的大胆创新，也是发展经济高效、绿色集约、智能先进、安全可靠的氢能源产业的应用实践。车辆每次加氢10—15分钟就可以跑100公里。中运量2号线每日营运74个班次，发车间隔为20—28分钟，可以在水华路、橄榄路及滴水湖换乘临港中运量1号线。

此外，2023年7月新开通的临港中运量3号线也是应用氢能源动力的中运量公共交通线路。线路全长10.5公里，从草萱路站发往飞渡路站，沿途经过产业区、蓝湾社区、泥城社区。

总体来说，临港中运量线路能够满足工作日和双休日乘客的需求，通道运行效率和车速表现良好。乘客对临港中运量的可靠性和便利性也表示认可。

在换乘便捷性方面，临港中运量致力于提供便捷的换乘体验。站点之间的距离合理，方便乘客换乘到其他线路；此外，换乘站点的指引和标识系统比较完善，方便乘客准确找到换乘的路径和站台，提高了换乘的便利性。在乘客体验方面，临港中运量通过建立较为健全的乘客反馈机制，听取乘客的建议，不断完善中运量车辆和内部设施，提升服务质量，使得乘客能够享受愉快的乘坐体验。

问题3：请为我们重点介绍一下，临港中运量交通系统中主要有哪些技术方面的创新？

数字轨道胶轮电车是临港新片区中运量系统的主要特色。选用这一车辆类型，除了吸取现代有轨电车的特点外，还利用地埋无源磁钉形成数字化磁标签为虚拟轨道，自导向胶轮电车为车辆载体，采用轨道交通运营模式的新型轻量化、智能化的交通制式。数字轨道是对传统轨道交通物理钢轨的虚拟化、数字化替代，以沿线埋设的磁标签（或称磁钉）为基础设备，支撑电车受虚拟轨道的约束而实现自导向的行驶。除了循迹导向功能之外，数字轨道同时提供了全程定位、电子地图、虚拟道岔等功能，与行车控制和管理系统配套，构建轻量、精确、敏捷的新型中运量交通系统。车辆应用光电磁数字轨道导向技术，并采用氢能源混合动力技术、全轮转向控制技术、转向架铰接技术等先进技术，使其具备自动驾驶、长距离续航、道路适应性强等技术优势。

临港新片区中运量 3 号线

图片来源：上海临港新片区公共交通有限公司

同时，借鉴智能汽车最先进的技术方向，车辆前端配置激光雷达、毫米波雷达和双目视觉传感器，可实现 100 米内障碍物探测和主动避障。车辆四周配置超声波雷达和全景环视，可对车辆环境进行全面探测和预警。基于电磁导向系统的全程定位、电子地图、虚拟道岔等技术，数轨已实现 GOA2 或 L3 级自动驾驶。即使在平交路口，也无需司机多余操作。

数字轨道中运量公交巧妙结合有轨电车和快速公交各自的优势，扬长避短，大幅拓展了轨道交通车辆的应用边界。

# BRT 中运量公交的奉浦样本

奉浦快线于 2018 年 4 月 20 日开通运营，是上海市第一条 BRT 线路。奉浦快线主要服务于奉贤区及至中心城方向出行，在开通后各项指标均达到预期，取得了良好效果，提高了市民对公共交通的认同感，增强了市民选择公共交通出行的积极性，同时也为市民带来了公交便捷出行的新感受。

访谈人：袁文杰　上海市奉贤区建设和管理委员会（上海市奉贤区交通委员会）一级调研员

问题 1：作为 BRT 系统在上海市的首次应用，奉贤 BRT 的规划建设主要经历了哪些过程？

从 2011—2018 年，奉浦快线从无到有，总共花费六年多时间。
2018 年 4 月 20 日，奉浦快线南桥汽车站至沈杜公路段开通运营。
这样一种新型公交系统，在规划建设工作的推进过程中并不是一帆风顺的。整个规划建设过程涉及与市交通委、闵行区、浦东新区的协调对接，项目方案也根据多方意见进行了细化和调整，主要也是为了后续 BRT 实际运营更加顺畅。另外，考虑到全线客流需求和道路条件，目前，奉浦快线开通运营从南桥汽车站至沈杜公路的区间线路，而奉贤新城-东方体育中心快速公交系统（奉贤 BRT）工程二期仍在推进阶段。

问题 2：请介绍一下奉浦快线目前的运营情况及实施效果。

奉浦快线（南桥汽车站-沈杜公路）全长 20.6 公里，全线共 13 组 25 座车站，配置 35 辆 BRT 低地板车辆。
奉浦快线全线基本设置路中式公交专用道，从南桥汽车站至沈杜公路全长 20.6 公里，在通行时段和通行车型上采取了较为灵活的方式。其中，奉贤境内的南奉公路、贤浦路、南行港路为快速公交专用车道，05：00—24：00 只允许快速公交车辆通行，24：00—05：00 允许社会车辆通车通行；浦星公路（南行港路-沈杜公路，除丰南路-闸航路路段外）为公交专用道，在工作日07：00—10：00和16：00—19：00允许公交车辆和20座以上车辆通行，其余时间不限行。公交专用道的设置，有利于奉浦快线服务水平的提升，从而吸引更多客流。

在车辆配置方面，线路配有35辆BRT车辆，包括10辆12米和25辆18米下压式快充纯电动城市客车，分别能容纳乘客数90人和142人。车辆在夜间非运营时间段停在金海路停保场使用慢充装置充电，在运营时间段则停在南桥汽车站使用快充装置，充电10分钟即可保证车辆往返一次，充电效率高。

在运营方面，早高峰车辆班次达到41班，发车间隔达为5—8分钟，晚高峰车辆班次为31班，发车间隔达为7—9分钟。线路实行多级票价，1—4元不等。乘客可使用公交卡或自助购票乘车，并且持公交卡乘车可享受换乘优惠。

**贤美公交站台**
图片来源：上海市奉贤区交通委员会

在这期间，我们也收到了很多市民的意见和建议，同时，我们也在持续不断提升奉浦快线服务质量。2022年7月，结合人民建议征集活动，我们完成了BRT沈杜公路站、定康路站、齐贤站壁扇、喷雾等防暑降温装置的安装，投入使用后提升了乘客候车环境。在望园路站采用的"贤美公交站台"设计，为乘客出行营造了更好的环境，提升了乘客的获得感和幸福感，还被数十家媒体宣传报道，得到了多方肯定。

问题3：请介绍一下奉浦快线开通运营之后，在客流、运营效率等方面的主要实施效果。

奉浦快线自开通运营以来，总体运营情况良好，各方面均达到预期。得益于高品质的公交专用道、信号优先等设计，奉浦快线平均运营车速达到 29.6 公里/小时，高于同路段社会车辆行驶车速。

2019 年，奉浦快线线路日均客流达 1.1 万人次，已超规划预期日均客流（8000 人次）。2020 年受新冠感染疫情影响，总客流有所下降。2021 年疫情得到平稳控制，客流量得到回升，线路日均客流达 1.25 万人次。2022 年之后，奉浦快线运营客流恢复较快，运营以来最高单日客流达 1.8 万人次。

奉浦快线的客流需求以向心为主，主要接驳沈杜公路地铁站，具有明显的潮汐特征，早高峰上行方向（南桥汽车站-沈杜公路）进站客流是下行方向的 2.3 倍。线路主要服务于南桥汽车站和沈杜公路站之间乘客的出行需求。其次，南桥汽车站至金海公路站和定康路站、南行港路站至沈杜公路的出行量也较大。奉浦快线客流中有 54% 与轨道交通和常规公交接驳进行换乘，公交换乘主要集中在南奉公路去往奉贤区东部地区和南桥中心城区。

总体来看，奉浦快线的班次、运营速度、可靠性、舒适性都较常规地面公交线路显著提高，公共交通的服务品质得到提升，增强了地面公交的吸引力。

**奉浦快线车辆**
图片来源：上海市奉贤区交通委员会

# 第五章 Chapter 5

## 水上客运：从百转千回到柳暗花明
## Waterway Passenger Transport: A Rebirth

上海是一座因水而兴的城市，水上客运也经历了一系列演变。随着"一江一河"等城市空间的转型，通过水上客运穿行在上海都市，可以感受到历史与现代的对话。

——张林

浦江轮渡虽历经百年沧桑仍显活力，其中最关键的一个原因就是我们的游船、码头等硬件设施能够随着时代的变迁、随着市民日益增长的美好生活需要而不断升级改造、优化调整。

——李立民

未来，我们将从安全、绿色、智慧、人文角度出发，把上海百年轮渡打造成黄浦江沿岸的亮点工程、政府的民心工程和乘客的幸福工程。

——倪荣春

而如今，崇明百姓不管刮风下雨都能够自由出入岛，水上交通和长江隧桥一起，满足了大家的全天候出岛需求，极大地提高了交通的便捷顺畅程度，带来了很大的便利，也带动了旅游业和崇明特色产业的蓬勃发展。

——汤雄

通过一系列的措施，我们打造了浦江游览发展新格局。同时，有效解决了行业资源不均衡、缺乏核心竞争力、产品单一、市场"黄牛"乱象等现实问题，实现了全行业的扭亏为盈，营造了良性竞争的市场氛围。

——胡敏

　　作为特色文化游试点航线，"初心起航·浦江红色文化游"被列入全国 50 条水路精品航线试点航线之一。

——蔡尧

　　苏州河游览走的是一条融入历史文脉、融入城市风貌、融入市民生活的路线，如小家碧玉般，充满烟火气息，贴近百姓的生活。

——洪朝辉

Shanghai, being a city that flourishes on its waterways, has witnessed significant evolution in waterway passenger transport. With the transformation of urban spaces along the Huangpu River and Suzhou Creek, it is now possible to traverse the city of Shanghai via waterway passenger transport and experience the captivating dialogue between history and modernity.

—Zhang Lin

Despite experiencing a century of vicissitude, Huangpu River Ferry continues to demonstrate its vitality. A key factor contributing to this success is our consistent commitment to upgrading, transforming, and optimizing our hardware facilities, including cruise ships and docks, in line with the changing times and the evolving needs of our citizens for an enhanced quality of life.

—Li Limin

In the future, we will prioritize "safety, environmental sustainability, intelligent systems, and passenger well-being" in our endeavor to transform the century-old ferry system of Shanghai into a prominent project along the Huangpu River, one that serves the public interest, and ensures passenger satisfaction.

—Ni Rongchun

Nowadays, the residents of Chongming Island enjoy the freedom to travel on and off the island irrespective of weather conditions. The availability of water transportation, in addition to the tunnel and bridge across the Yangtze River, caters to the all-weather transportation needs of everyone. This significant improvement in convenience and smoothness of transportation not only brings great ease to the residents but also stimulates the flourishing growth of tourism and the specialty industries in Chongming.

—Tang Xiong

We have adopted a comprehensive set of measures to forge a new path for the development of Huangpu River tourism. In doing so, we have not only addressed practical issues such as resource imbalances, lack of core competitiveness, limited product offerings, and ticket scalping but also revitalized the entire industry and fostered a healthy and competitive market environment.

—Hu Min

The Revolution-themed Cultural Tour on Huangpu River, as a distinctive cultural experience, has been selected as one of the 50 pilot routes for high-quality waterway routes in China.

—Cai Yao

The Suzhou River Cruise follows a route that seamlessly blends historical significance, urban charm, and the vibrant essence of everyday life. It offers a unique opportunity to intimately connect with the local community and immerse oneself in their daily experiences.

—Hong Zhaohui

# 水上客运的演变

访谈人：张　林　上海市交通委员会原副主任

问题 1：自上世纪 90 年代以来，随着黄浦江和长江桥梁、隧道、地铁等过江交通基础设施的不断完善，上海越江交通越来越多元、便利。水上客运作为越江公共交通，它的发展分为了几个发展阶段？其功能定位又有什么变化？

上海是依水而建的城市，水上客运不仅是一种交通方式，也是一个文化载体，记录着城市发展的历程，也承载了城市奋斗的艰辛。我们现在所说的水上客运主要是指黄浦江上的市轮渡和长江口的三岛客运，其中市轮渡，从 1911 年算起，到现在已经有 110 多年的历史了。

改革开放初期至 20 世纪 90 年代，市轮渡一直是过江通勤方式的主力军。当年，上海为改善市民的居住条件，在浦东建设了一批工人新村，很多上班地点在浦西的市民也随之迁居到了浦东，这就产生了大量过江交通需求。最初黄浦江越江通道只有一条打浦路隧道，主要是小汽车通行，公交车很少，那时候有一句话叫"过江难，难过江"，是当时上海越江交通的真实写照。当时，黄浦江共有 22 条客运轮渡线，每日运输上百万人次的客流，可以说是世界上最繁忙的轮渡。1985 年陆延线（从浦西的延安东路到浦东的陆家嘴，后更名为东金线，是黄浦江上最繁忙、客流量最大的一条线）日客流量曾高达 20.8 万人次。这种繁忙甚至拥挤的情况直到 1989 年 5 月延安东路隧道通车和 1991 年 12 月南浦大桥通车才得到一定的缓解。

进入 21 世纪，上海建成了卢浦大桥、外环隧道等一批越江隧桥，特别是地铁 2 号线、7 号线等越江轨道交通线路相继开通，使大量通勤客流开始转至轨道交通、越江公交车和小汽车，轮渡的客流量逐年下降。为了解决世博会展馆浦东和浦西园区之间的越江交通，2010 年前，上海突击建造了白莲泾等一批世博"水门"和 22 艘世博客渡船，成为世博会客运交通中的一抹亮点。

如今，各种快速越江交通方式比较完备，轮渡已不再是市民主要的过江方式，从主体作用变成了辅助作用，从公共交通中的必需品变成了一个特色选择。2019 年，轮渡日均客运量仅 7 万人次，占公共交通出行比重 0.43%。如今的轮渡，虽然承担的客运量减少了，但仍然是上海城市公共交通的一部分。对于使用自行车、助动车的群体来说，轮渡是唯一的过江方式，是一种基本的民生保障。以 2022 年数据为例，在除东金线外的其他航线的客流中，自行车、助动车客流占到总客流的八成，相当一部分是快递运输。只要助动车交通（含快递运输）这种交通方式存在，他们的需求就不能忽视。

另外，以浦江游览为代表的上海水上旅游，是上海的一大特色，也是上海城市的一张靓丽名片。2017 年，黄浦江核心段（杨浦大桥至徐浦大桥）的 45 公里岸线公共空间贯通开放，景观灯光得到了全面改造提升，夜幕降临时，两岸灯光五彩缤纷、璀璨夺目、流光溢彩，让游客流连忘返，这为把浦江游览打造成为"世界级旅游精品"创造了条件。游客乘坐浦江游览，还可以欣赏外滩万国建筑博览群和陆家嘴现代标志性建筑群等申城必打卡的景点，近年来打造的上海文化体验游、向上下游延伸的旅游航线等新产品，为游客提供了更多的选择空间。据统计，2019 年黄浦江水上游览客流总量达到了 500 多万人次，运营规模名列前茅，创下历史新高。

苏州河是横贯上海中心城区的唯一一条东西向河流，曾经承担了重要的航运功能，促进了上海工商业的兴起，现在也已经成为上海城市文化的重要符号。市民对开通苏州河水上游览航线的呼声一直很高。2020 年底，苏州河两岸实现中心城区 42 公里滨水岸线的贯通。2022 年底，"悠游苏州河"水上游览航线开通运行，首批推出了 8 个游船码头和 12 艘游船，线路途径外滩源、外白渡桥、华政校园、邮政大厦、四行仓库、天安千树等蕴藏着丰富上海故事的代表性景点，风景秀丽、水景宜人，受到市民游客的追捧，船票供不应求。

问题 2：您对水上客运的未来发展有什么样的期待？

未来，我觉得上海的水上客运，可以在绿色低碳和文化品牌上继续下工夫。当下轮渡还是柴油机船，没有采用电动船或新能源船，这与上海整体的绿色低碳城市的发展定位还有一定差距。水上客运行业的环保理念曾经走在行业前列，20世纪90年代运营在苏州河强家角渡的客轮使用的就是电动船，船上方接有电缆，类似于上海的"辫子"公交车，现在我们更要践行绿色低碳理念。另外轮渡的发展也要与上海的文化特色相结合，船舱、码头等空间可以作为文化宣传的阵地，比如，将百年轮渡的发展历史故事展示在乘客候船和乘船的空间内，让大家乘船时可以了解轮渡发展的历程和城市发展的故事，这就可以把出行体验和文化体验融合在一起，打造古典与现代辉映、休闲与文化交汇的经典出行场景。

未来，我们要把黄浦江游览和苏州河游览这张城市名片擦得更亮。硬件方面，我们的新码头、新游船等总体上已处于领先水平，下一步重点要把握上海城市发展转型的机遇，以高品质的公共空间为引领，不断优化功能布局，提升客运码头和船舶的设施等级，将黄浦江沿岸打造成为具有国际影响力的世界级城市会客厅，将苏州河沿岸打造成为宜居、宜业、宜游、宜乐的现代生活示范水岸。软件方面，要努力在旅游产品中注入文化内涵和时尚元素，打造高品质、多样化产品，使黄浦江游览和苏州河游览成为国内外游客必选的旅游项目，成为上海市民最喜爱的休闲场所。

第一节
Part 1

# 城市变迁中的黄浦江轮渡和三岛客运

Huangpu River Ferry and Islands Shuttle Ferry Amidst Urban Transformation

上海传统的对江轮渡经历了20世纪80年代的繁荣与成熟后逐渐走向没落。21世纪以来，特别是2010年以来，通过将单一的客运模式向水上旅游、商贸等方向多元化运营模式转型，轮渡已经焕发出新的活力。与黄浦江轮渡相似的是，在2009年长江隧桥建成通车之前，三岛水路运输一直是崇明、长兴、横沙三岛的百姓到上海市区的重要交通方式，担负着三岛居民日常出行和社会发展的重任。2009年隧桥建成通车后，三岛客运也同样发生了一系列的变化。

# 更好的服务设施，更优质的服务体验

访谈人：李立民　上海市交通委员会港务监督管理处处长

问题1：随着"一江一河"滨水空间的城市转型，黄浦江和苏州河的港口岸线和客运码头都经历了哪些调整？

滨水空间的城市转型中最基础的就是对岸线的优化调整，这是践行习近平总书记提出的"把最好的资源给人民"的最佳案例。在2008年的《上海港总体规划》中，就已经确立了黄浦江中游港区（卢浦大桥至杨浦大桥）的港口岸线以城市服务功能为主，发展国际邮轮和休闲旅游客运。一批与城市核心区功能不相匹配且具有一定污染的货运码头逐步搬离黄浦江核心段。

2018年，按照"确保滨江贯通开放、坚持水陆联动、确保安全保障民生"等原则，市政府进一步编制形成《黄浦江岸线综合利用规划——核心段（杨浦大桥-徐浦大桥）》，重点对公务码头、轮渡码头、邮轮游船码头、游艇码头四类码头进行了统筹规划。针对轮渡码头，将在保留歇浦路轮渡站、宁国路轮渡站、民生路轮渡站、丹东路轮渡站、其昌栈轮渡站、秦皇岛路轮渡站、泰东路轮渡站、公平路轮渡站、东昌路轮渡站、金陵路轮渡站、杨家渡轮渡站、复兴东路轮渡站、塘桥轮渡站、董家渡轮渡站、南码头轮渡站、陆家浜路轮渡站、三林路轮渡站、港口轮渡站 18 处现状轮渡站的基础上，规划新增世博 L4、L5 码头，梦中心，前滩（东方体育中心）共 4 处具有越江客运功能的码头。针对旅游码头，在结合现有邮轮及游船码头基础上，形成北外滩国际客运中心邮轮码头和十六铺、秦皇岛路、其昌栈、东方明珠、白莲泾（世博 M2）、民生路、世博 M1、世博公园、梦中心、前滩（东方体育中心）、古民居、淀浦河 12 处游船码头布局。针对游艇码头，将在确保黄浦江航道航运安全、不影响滨江公共空间贯通开放的前提下，以总量控制、分散布局、适度发展为原则，规划布局 11 处游艇码头。另外，外环内结合苏州河旅游发展规划，在现状 6 座码头的基础上，新增 7 处旅游码头，平均间距约 2 公里，采用一站式和站点式相结合的游览方式，兼具日常观光和通勤功能。

杨浦滨江一
图片来源：新华网　罗沛鹏

杨浦滨江二
图片来源：杨浦区融媒体中心

虹口区北外滩
图片来源：新民晚报　宏新

问题2：在规划实施过程中，有哪些比较成功的码头改造案例？

黄浦江是上海的母亲河，曾孕育了上海近代工业文明。经过百年发展，黄浦江两岸码头密布、工厂林立。到20世纪80年代，黄浦江流经市区段除外滩以外几乎没有公共岸线。为举办2010年上海世博会，2003年上海划出黄浦江两岸（南浦大桥-卢浦大桥）的城市老工业区进行重新规划布局，作为世博会选址区域，进行世博场馆建设。作为配合，两岸大大小小的码头都借此契机迎来了改造。2017年后，随着滨江景观的贯通，贯通范围内外所有码头都实施了"焕新颜"改建工程。

首先，不得不提十六铺码头。十六铺码头曾是外滩最著名的码头，拥有150多年历史。它曾是上海的水上门户，也是长江流域埠际贸易的重要节点。

20世纪70年代，为满足客运需求，以十六铺码头为基地，成立了上海港客运总站。2004—2009年，码头完成综合改造一期工程，建成功能复合、体量庞大的黄浦江水上旅游中心。2010年世博会期间，十六铺

十六铺码头

图片来源：上观新闻，2022-07-28，《独家1"十六铺"改造完成，全新亮相的"时空之门"成南外滩新地标》

码头作为黄浦江游览公共码头正式启用，接待海内外各方宾客。2018年，结合黄浦江两岸公共空间贯通工程，码头再度进行了提升改造，并完成了二期码头的建造与启用。2021年，按照市政府打响"浦江游览"品牌工作要求，其更名为"十六铺旅游码头"，现有岸线长855米，共设17个泊位。

其次是秦皇岛路旅游码头。秦皇岛路旅游码头的前身是上港三区黄浦码头，2009年改建成为世博园区秦皇岛路水门码头，乘客从这里搭乘"水上巴士"可直接抵达世博园浦东M2码头。2010年世博会结束后"变身"为黄浦江游览码头。经过多年使用，码头陆续出现候船厅屋顶漏水、设施设备老化等问题，2018年，秦皇岛路旅游码头进行了"焕新颜"改建工程，对候船大厅、票务窗口和码头部分的绿化景观、灯光照明、暖通系统等进行重新设计和调整，增设便民咨询等配套服务，增添旅游文化宣传布置。2020年，秦皇岛路码头进一步在候船大厅内打造具有码头文化特色和红色文化内涵的"初心启航"红色文化展厅，深入发掘黄浦

秦皇岛路旅游码头
图片来源：杨浦区融媒体中心

白莲泾旅游码头
图片来源：章勇，Yuan Wang

码头故事，体现历史文化风貌，传播国家级非物质文化遗产，展示"工业锈带"变为"生活秀带"后的滨江景观特色风貌。

然后是定海路旅游码头。定海路旅游码头于2020年开工建设，总改造建筑面积约1575平方米，岸线长度为120米，设有2个泊位，已于2021年6月建成，并正式投入"多点停靠"班轮航线运营。同月，候船大厅内的党群服务站也正式启用，为区域化党建工作注入新的元素和功能，进一步丰富了党建活动内涵，为打造码头红色旅游产品、打响红色旅游品牌奠定坚实基础。

最后，我想说说白莲泾旅游码头。白莲泾旅游码头现有岸线长度为264米，共设4个泊位。始建于1919年，原为美商大来码头和民族资本中兴码头。1950年大来码头被政府征用，改名白莲泾码头。1958年起，白莲泾码头成为华东地区木材集散储运中心。2010年世博会期间，被改建为世博M2码头；世博会后，经改造成为黄浦江公共旅游码头。2018年，码头结合黄浦江两岸公共空间贯通工程再度实施了提升改造。

问题 3：黄浦江轮渡的历史已超过百年，百年来船型经历过哪些变化？

渡江船型的变化就是一部近现代黄浦江航运的变迁史，也是上海城市发展的见证。从 19 世纪中叶至 20 世纪初，黄浦江渡船主要是私人木船——靠船工摇橹的舢舨和划子，载客 2—6 人不等，而且渡江风险大。1911 年 1 月 5 日，浦东塘工善后局开办了南京路外滩铜人码头至浦东东沟的船渡试航。这是上海官办浦江轮渡的开端。

1927 年，上海特别市政府（直辖市）成立后，由市公用局接管塘工局所办的轮渡业务。到 1936 年，已拥有渡轮 12 艘、客位 5000 多个，当年客运总量达到了 1200 多万人次。1947 年，官商合办的上海市轮渡股份有限公司正式成立。官方轮渡在当时的优势非常大，十几艘渡轮造得非常豪华，每 20 分钟一班，可载五六百人。当时，平均每天过江的人数大约是 4 万人。不过在很长一段时间里，黄浦江上的轮渡还是连接"城市上海"和"乡村上海"的纽带。那时，在黄浦江上摆渡的除了渡轮之外，还有小舢板和小木船，它们并驾齐驱了很长时间。

1956 年，上海市的轮渡行业实行公私合营改造，传统的民营舢板因安全隐患问题被全部取消。也是从那时候开始，浦东陆续开始建造一些大型工厂和工人新村，黄浦江上的水上交通更加繁忙。上海轮渡作为市

20 世纪 30 年代黄浦江边摆渡轮

图片来源：美国合众社、伦敦泰晤士报记者 哈里森·福尔曼

南京国民政府时期黄浦江轮渡

图片来源：上海市轮渡有限公司

内交通和公用事业的重要组成部分,开辟了很多新的航线,渡轮硬件不断更新。

20世纪90年代起,随着浦东开发开放和越江交通的多元化发展,上海对江轮渡日渐衰退,水上旅游客运逐步兴起,水上客运的船型和功能由满足单纯的渡江需求逐步向满足乘客渡江需求与水上观光体验相结合转变。

2003年9月19日,由周家渡船厂建成的全国城市第一艘空调渡轮"沪航客44号"投入东金线试运行。这是黄浦江上首条空调轮渡专线,双层客舱配置了落地式空调和高背航空椅,更加舒适、人性化,既改善了市民"摆渡"过江的乘坐环境,同时也满足了观光的需求。2010年世博会前夕,黄浦江对江轮渡进行了大规模更新,共有22艘新型世博客渡船在黄浦江两岸世博园区5条航线上穿梭运行。这些新型轮渡船最大的变化就是有了玻璃密闭窗,船舱中增加了空调以及集新闻娱乐、广告宣传等功能为一体的多媒体系统。世博会结束后,新型客渡船转移到黄浦江对江轮渡常规航线继续提供服务。

2019年2月1日,上海轮渡3号、5号两艘新建空调客渡船正式投入其秦线运营。渡轮采用全新的黄、蓝相间的色带装饰,代表着上海轮渡睿智、创新、亲切、活力的风格,两种色带的结合也象征着浦江两岸滨江的贯通,百年轮渡的一个年轻时代已经开启。与以往相比,上海轮渡系列在船舱窗户的设计上也有很大的突破,新船型采用玻璃幕墙结构的设计,增加船体在视觉上的通透性,让乘客在船舶行驶过程中拥有更

20世纪90年代桔子船——沪航客97号

全国第一条空调船——沪航客44号

开阔的视野来一览两岸滨江公共空间的美景;同时,在部分窗户上增开小窗,确保船舶内空气的流通,使乘客拥有一个更舒适的客舱环境。此外,下客舱地板采用环氧金刚砂地坪,防滑性能更好;上客舱及左右上下客梯选用实木地板进行装饰,提升美观及舒适度。在内部设施上,包括空调机、走字屏、工号显示屏等设施也作了相应的增加。

浦江轮渡虽历经百年沧桑仍显活力,其中最关键的一个原因就是我们的游船、码头等硬件设施能够随着时代的变迁、随着市民日益增长的美好生活需要而不断升级改造、优化调整。未来,我们将会打造更好的服务设施,为市民提供更优质的服务体验,让百年轮渡的历史传承下去。

上海轮渡系列船舶——上海轮渡 7 号
图片来源:上海市轮渡有限公司

# 适应新时代发展的服务功能演变

访谈人：倪荣春　上海市轮渡有限公司执行董事

**问题1：您从20世纪80年代就进入轮渡公司，可以说是"老轮渡人"了，请您讲一讲轮渡公司发展的历程。**

上海市轮渡有限公司（简称轮渡公司）最早可追溯到清朝，1911年，上海地方自治机构浦东唐工善后局租赁的小火轮开始行驶于浦江两岸，这是上海官办轮渡的雏形。1947年，官商合办的上海市轮渡股份有限公司正式成立。1956年，上海市轮渡行业进行社会主义改造，全市的黄浦江、苏州河私营渡船全部并入轮渡公司，实现公私合营的统一管理，轮渡公司承担起了黄浦江两岸的全部运能。

现在，轮渡公司依然是全市经营黄浦江对江轮渡的唯一一家公司，拥有水域岸线约3000米、航线17条、营运客渡船舶35艘、渡口34个，员工超1000人，日均客流约为10万人次。

我是20世纪80年代进入轮渡公司的，也算是经历过轮渡这么多年来从辉煌到低谷，再到近年来积极转型寻求突破的整个过程。

其中，20世纪80年代是轮渡比较辉煌的阶段。当时轮渡是大部分市民过江的唯一方式，整个轮渡业可以说是处于鼎盛时期。比如，1985年日均客运量高达107万人次，日均机动车流量超过1万辆，轮渡公司员工总数为3000多人，那个时候能在轮渡公司工作也是一件让人非常羡慕的事。

从20世纪90年代开始，轮渡处于持续萎缩的阶段。最早是1988年、1991年延安东路隧道和南浦大桥建

鼎盛时期的轮渡业
图片来源：上海市轮渡有限公司

成通车,再到后来的杨浦大桥、奉浦大桥陆续开通投运,原来轮渡的车、客运量被不断分流,市民的对江轮渡需求快速下降。尤其是离大桥较近的几条轮渡航线流量急剧萎缩,1999 年全年客运量仅为 1991 年的 44%,减少近 2 亿人次。

新出现的越江设施——南浦大桥
图片来源:徐良波

新出现的越江设施——轨道交通 2 号线
图片来源:上海申通地铁集团有限公司

2000年以后,黄浦江上又陆续建成了十几处越江大桥和隧道。同时,上海地铁开通的越江轨道线路也越来越多,市民过江的交通方式更加多样、便捷,轮渡客流断崖式下降。以之前的"明星线"东金线为例,1993年全年客流量为5185万人次,逐年降至1999年的1819万人次,2010年全年客流量为492万人次,日均流量仅有1.3万人。

　　问题2:后来,我们上海也经历了一些"大事",能跟我们讲讲轮渡公司当时有没有抓住一些发展契机?

　　有的。主要就是世博会、两岸滨江贯通和国企改革这三次发展机遇。

　　第一次机遇是世博会。在筹备期间,我们结合全市公交优先的理念,着重在加大硬件设施投入、提高服务质量、强化行业管理和营造社会文明风尚几个方面发力。

　　2010年世博会选址于黄浦江两岸,水上交通备受关注。当时开设了5条园区内部越江轮渡、1条园区夜景航线,园外4个水门(东昌路、十六铺、其昌栈、秦皇岛路)至园内3个水门(M1、M2、M3)开设了5条入园航线、3条出园航线。为做好世博会水上交通保障工作,我们还

2010年世博客渡船
图片来源:上海市轮渡有限公司

世博 L5 轮渡码头
图片来源：上海市轮渡有限公司

对部分船舶和码头进行了新建和改造，尽可能提升乘客舒适度。一方面，我们建造了 22 艘新型世博客渡船；还由从事黄浦江游览业务的 7 家公司出资建造了 13 艘世博游览船（共计 6500 客位）。另一方面，2010 年 4 月前完成了世博园区内 6 个世博客渡船专用码头、3 个游览船码头，以及园区外 4 个水门及其相关配套设施的建设改造。在提升轮渡服务质量、营造文明氛围方面，轮渡公司也借世博会前进了一大步。当时在市民中沿用了 49 年的纸质月票更新升级为电子月票。我们还引进培养了一批船员，除了要学习专业技能外，公司当时还请来了专业教师教员工学习简单的手语和英语，渡口和船上乱扔垃圾的情况也在那时候依靠一批世博志愿者的努力得到了极大的改善。

第二次机遇是黄浦江两岸滨江贯通工程。2015—2017 年，市委、市政府加紧推进黄浦江两岸岸线公共空间贯通开放工程，要把黄浦江两岸建设成服务于市民健身休闲、观光旅游的公共空间和生活岸线。在这一过程中，我们成立了轮渡滨江开发项目办公室，借助贯通工程的契机，全面整新、优化设施、丰富功能，升级了水上公共交通越江环境。我们结合整体的贯通要求，对轮渡公司下属的 17 个渡口实施了程度不一的改造任务。由于各个码头条件不同,我们结合实际做到"一渡口一方案"。在圆满完成贯通任务的基础上,我们还对公司轮渡的整体形象、功能服务、硬件设施作了很好的提升。从渡口站房外立面到候船室内部装饰,从浮桥码头的路面到遮风避雨的顶棚,从选材、用料再到光线、颜色,每个环节都坚持"点缀滨江"的理念,确保市民眼中的轮渡统一、闪亮。在软件更新方面,我们以提升乘客感受为目标;在智能升级方面,升级电子售票系统,引进智能检票系统,新增走字屏和语音宣传引导系统,启用环保高清照明系统;在温馨服务方面,我们更新各类引导宣传标识与警示标牌216块,增添候船座椅150余座,还配备爱心座椅50座,并更换灯箱30个;在安全技防方面,我们增添防滑材料,添置服务设施156处,更新监控设备220套。总体上,在滨江贯通改造推进的过程中,我们把轮渡融入城市的建设发展,也完成了一次自身的完善与跨越。

第三次机遇是国企改革带来的新发展。2020年,轮渡公司加入了久事公交的大家庭。以此为契机,我们将依托久事公交的资源和力量,实现轮渡的全面复兴。我们制定了《上海市轮渡有限公司三年行动计划》,

贯通改造中的陆家浜路轮站
图片来源:上海市轮渡有限公司

滨江贯通改造后的陆家浜路轮站临江面
图片来源：上海市轮渡有限公司

在清晰认知现状、明确把握定位的基础上，围绕线、船、栈、桥、人，全面提升服务能力和水平，真正把轮渡航线打造成黄浦江上移动的风景线，给乘客带来更多幸福感。

问题3：在新的发展趋势下，轮渡公司有没有在提质增效、扩展业务等方面作出一些努力和突破？

要确定轮渡公司要如何发展，首先是要明确自身的定位。20世纪90年代开始，轮渡客流不断下降，当时我们的存在价值受到了挑战。2000年之后，我们开始认识到，未来数十年内，道路基础设施势必会继续发展，而轮渡作为越江交通辅助手段依旧会继续存在，主要体现在承担轮渡周边市民出行、非机动车越江、中心城以外重要公共交通越江等功能，主要有三个方面：首先，轮渡作为一种交通方式，主要为助动车、自行车提供越江服务，这对于使用者来说是刚需，是唯一的越江途径，目前是其他方式无法取代的。其次，发挥浦江游览的作用，轮渡"2元游黄浦江"也可以算是游客来到上海不可错过的一个旅游项目。最后，我们认为对于上海来说，轮渡应该发挥文化方面的作用。

为了确保企业的平稳发展、应对过江客流逐年下降的总趋势，我们积极主动地对轮渡营运结构进行适度调整。通过对各轮渡站开收渡时间、班次、高低峰时段投放运力等方面的调整，可以做到既满足乘客的需求，又降低企业的营运成本。比如针对歇宁、民丹、其秦等客渡航线，在客流稀少的时段，采取缩短营运时间、调整单船航班等措施，适当减少运力投入，降低生产成本支出。在航线方面也适时撤销和优化、精简业务。

除了在航线调整、运营优化、硬件提升和技术升级上持续发力外，在服务方面，我们也越来越强调人性化。比如，我们依旧保留着对70岁以上老人凭证免费过江的优惠；又比如，现在各个渡口都可以提供一些诸如充电宝、雨伞、自动售卖机、打气筒、螺丝刀等便民工具和设施。2019年，我们在金陵东路快线码头和闵行新站房还首创了轮渡爱心母婴室。在船型方面，我们也审时度势地对客渡船型进行了一些改变，包括加装空调、缩小大型渡船的客位规模、增大乘客船内的活动空间等，让渡船也能够更加适应新形势下的需求。同时，我们还持续推进科技创新，加大对高新技术的投入，在售检票方式上取得了重大的突破，在2005年改变了轮渡完全依靠人工验筹的传统检票方式，转为非接触式电子筹码，为进一步发挥数字化转型优势、提升市民过江便捷度奠定了基础。2022年底，轮渡下属17条航线实现了无人售票模式。

渡口人性化设施
图片来源：上海市轮渡有限公司

第五章 水上客运：从百转千回到柳暗花明

曾经的长渡线
图片来源：上海市轮渡有限公司

今天的浦江游览
图片来源：上海市旅游行业协会水上旅游分会

另外，轮渡还发挥着游览观光的作用。早在20世纪30年代，上海市轮渡就开通了长渡线夏令乘凉夜航班，船上除播放点唱机、收音机外，有时还放映电影，配备各种冰镇饮料。进入21世纪，我们又敏锐地意识到世博会肯定会给都市旅游带来新的增长点，策划开通了水上旅游巴士的业务，如2004年的外滩—共青森林公园航线、与上海市档案馆合办的母亲河巡游活动等。到了2005年，浦江游览的游客量比2000年增长26倍，全年接待游客的数量近百万。这些水上游览线后来也孵化成为浦江游览公司。这也对公益属性的轮渡形成了资金上的反哺，是一种经营模式上的创新。

另外，我们还在水上巴士方面作了探索和尝试，在2015年试运营了连接陆家嘴金融片区与黄浦江东岸商务区的航线，意在分流一部分早晚高峰客流。但由于客流较少，平均航班载客率不到2%，所以在三个月后就停止了试运营。

问题4：安全是轮渡运营的生命线，请问为保障安全运营，有哪些安全保障措施？

由于黄浦江属于潮汐港，江上船舶习惯顺流进出黄浦江，在黄浦江潮水落末初涨时段会造成船舶流密集，这就给渡轮在横越黄浦江时带来了较大风险。在每天的航行中，既要避让黄浦江上的船只，避免碰撞，同时也要保证船上乘客不会意外落水或落水后能得到迅速处置。因此，

船长驾驶舱
图片来源：上海市轮渡有限公司

黄浦江穿梭船只
图片来源：上海市轮渡有限公司

轮渡运营的安全挑战非常大。

要保障每次出航的安全，首先要修炼基本功。我们培养一个船长需要6—7年时间，培养一个船舶驾驶员、轮机员也需要3年。相关技能的掌握和操作的熟练度是安全航行的前提，面对一些紧急突发情况，他们可以做到响应迅速、处置得当。

其次就是各种高科技产品的应用。轮渡安全智慧平台的建成和使用，全面强化了轮渡安全生产数字化的应用管理，可以针对事故、落水、失控、污染、透水、火灾等情况作出预警，加快反应，提高处置速度。目前公司34艘日常营运船舶，已陆续搭载船舶避碰设备，系统内上线了船舶避碰"分类分级"预警机制。

最后就是相关机制的建立和日常动态监管。一方面，我们落实了安全生产风险分级管控和安全生产隐患排查治理双重预防机制及船舶避峰停航机制。另一方面，公司层面形成了公司领导带队检查、生产职能部门不定期检查，重要时段、重大节日"飞行"检查，每季度一次的综合检查，以及数字运营中心视频实时、抽查监管等多层面的安全检查监管模式。而基层单位形成了岗位自查、日常现场巡查和定期排查等安全检查模式。营运中心也24小时不间断地对各个渡口的站房、船舶进行巡回监管，确保公司的各个营运场所处于安全状态。

**智慧轮渡系统**
图片来源：上海市轮渡有限公司

**问题 5：目前轮渡还发挥着什么样的作用？**

  这里还想提一下的是轮渡文化，其实就是指我们老上海人心中的轮渡情结。黄浦江上的各种隧道和大桥都通车了，但轮渡依旧是上海人民割舍不下的浪漫与情怀，承载了几代上海人的回忆。2023 年上半年以来，双休日前来体验轮渡的市民明显增多，好几条航线双休日的客运量已经超过了工作日，不少家长会带着孩子周末用乘坐轮渡的方式来一场"City Walk"（城市漫步）。这其实也给我们提出了新的发展要求，需要我们更加注重轮渡的文化内涵，以轮渡休闲游的兴起为契机，提供更优质的服务和更高质量的产品。后续，我们还会尝试把一艘新能源船打造成为一座移动的百年轮渡博物馆，进一步向社会展示百年轮渡文化。

  未来，我们将从安全、绿色、智慧、人文角度出发，始终把安全生产、优质服务作为企业的生存之基、发展之本。力争把上海轮渡打造成黄浦江沿岸的亮点工程、政府的民心工程和乘客的幸福工程。

# 呵护着上海绿肺的三岛客运

访谈人：汤　雄　原上海市客运轮船有限公司总经理

问题 1：2009 年长江隧桥的通车给三岛客运带来一系列变化，您能否讲一下在功能定位方面发生了哪些变化？

隧桥开通之后的首月，吴淞-长兴航线车运量下降了 90%，吴淞-横沙航线车运量也大幅下降，当年全部客运量较 2008 年下降 73%，一下子从"沸点"降到"冰点"。随着北部交通的打通、旅游产业的快速发展，从 2016 年起三岛水路客运市场逐步回升，2021 年达到三岛水路客运的最高峰，共完成旅客运输 425.75 万人次，完成车辆运输 120.80 万辆次，水上客运航线成为崇明三岛对外的辅助通道。

近几年，长江隧桥经常出现拥堵问题，三岛水路客运车客流量逐年回升，特别是在节假日期间，客运需求量显著提升，在保障市民便捷出行方面发挥了关键性作用。2021 年十一期间，三岛水路客运共投放船舶 27 艘，累计运送旅客 21.88 万人次，运送车辆 4.58 万辆次。面对进出岛客流高峰，公司采取高速船计划、加密航班，车客渡采用不定时开航（装满即开）和就近周转（重点加密航程较短的航线）的措施，快速有效地疏散现场旅客和车辆。节日期间共计开航 2000 多航次，其中加班 1000 多航次，大幅减轻了隧桥的通行压力。

此外，伴随着长江隧桥的开通，三岛水路客运也开启了转型升级的新时代——由市区往返崇明的唯一交通通道转化为市内和外省兼具运输、通勤和休闲旅游功能的交通补充形式。服务对象也从原来以三岛居民为主，发展到来三岛工作、旅游、学习的乘客与三岛出行居民共同组成的"乘客大军"，而且这种服务对象的转化将随着崇明世界级生态岛的建设更加凸显。

问题 2：2009 年之后，三岛客运航线、船型及票制票价发生了哪些变化？

2010 年 1 月，受长江隧桥建成通车的影响，吴淞-长兴马家港、吴淞-横沙、新河-吴淞车客渡航线，南门-长兴马家港的高速船航线相继关闭。目前经营航线 9 条，分别为 6 条高速客船航线，即宝杨-南门、宝杨-堡镇、吴淞-新河、吴淞-马家港、吴淞-横沙、南门-石洞口；2 条车客渡航线，即石洞口-南门、石洞口-新河；1 条对江渡航线，即长兴-横沙对江轮渡。

船型方面，老车、客渡船"华丰"系列及小高速船"老飞翼""亚通"系列相继淘汰，2012 年起建造了新一代小高速船"瀛洲" 2、3、7、8、9、10、11、12 和"飞翼" 11、12、15、16 轮。65 车位快速车客渡船"生态岛 1""生态岛 2""沪航 22"轮在 2018 年建成投运。此外，纯电动车客渡船"新生态"于 2022 年底投运。相较于旧船，新一代船船体更轻、航速更高、载客量更大、抗风浪等级更高，且更加节能环保。

票制票价方面，由于 2009 年后车、客运量明显下降，上海市客运轮船有限公司（简称客轮公司）不得不采取压缩航班、降价（与桥隧收费基本相同的收费标准）等措施，于当年 11 月 5 日停运了"华丰 1"轮和

纯电动车客渡船"新生态"号
图片来源：上海市客运轮船有限公司

"华丰2"轮，车辆运价从原来的61元/吨降为53元/吨。2010年又开始实行分类定价，以此来缩小与隧桥收费的差距。客票价格则由16—28元区间，逐步调整到10—20元区间，以此来和陆路公交收费接近。

问题3：为了适应新的发展趋势，公司提出了哪些创新型的服务理念？

2020年，客轮公司获得了SMS安全管理体系认证，2021年初，公司启动了"上海品牌"创建工作，在安全管理体系与安全生产标准化的基础上新建服务质量体系，会同中国船级社上海分社共同编写了团体标准《内河渡船旅客运输服务规范》T/STIC 120048—2021，填补了国内水路客运服务质量标准的空白。2021年12月19日，客轮公司荣获中国船级社质量认证公司颁发的"上海品牌"认证及内河渡船旅客运输服务认证。至此，上海市客运轮船有限公司成为国内水上客运企业中为数不多的同时拥有安全管理体系认证、旅客服务规范认证及地方品牌认证的水路客运企业。

在开通电脑售票、网上售票、移动支付的基础上，我们正致力于提升智慧交通服务，目前已在长横对江渡上线购票微信小程序，实现在家购票、按时到港、电子检票的便捷化、智能化流程，旅客可以驾驶车辆在预约的时间段到码头经检票后直接上船，避免在码头长时间等候，极大地方便了旅客出行。

在船舶方面进一步优化运力结构，并对老旧船舶和船况差、

线上购票展示
图片来源："上海客轮"售票系统

设施落后的船舶进行运力更新，建造了"生态岛1""新征程"等新船，缩短了航行时间，旅客乘船舒适性也显著提升。除根据不同航线、不同时段和旅客的不同需求，合理配置运力，优化航班设置，保留或加密通勤航班外，适当调整航班间隔，在节假日期间重点航线根据客流情况实行增开航班和不定时航班，做到精简高效，满足群众出行需求。

问题4：出岛方式的变化为百姓生活带来了哪些影响？他们的生活发生了哪些变化？

隧桥的开通给崇明百姓的生活带来了很大变化。以往，出岛只有渡船一种方式，每次都要排队，还常因大风、大雾等恶劣天气影响而停航，出行非常不便，特别是遇到急、难、愁事却毫无办法，只能听天由命。而如今，崇明百姓不管刮风下雨都能够自由出入岛，水上交通和长江隧桥一起，满足了大家的全天候出岛需求，极大地提高了交通的便捷顺畅程度，带来了很大的便利，也带动了旅游业和崇明特色产业的蓬勃发展。接下来，客轮公司将继续积极探索"航旅结合""水陆联动""定制交通"等新型交通出行方式，为旅客提供更加安全、便捷、舒适的出行体验。

第二节
Part 2

## 上海的水上旅游名片
A Business Card of Water Tourism in Shanghai

# 浦江游览的发展与规范

浦江游览的发展离不开管理部门的规范与引导,为了将其打造成上海水上会客厅,管理部门采取了多种措施,取得了不凡的成效。

访谈人:胡　敏　上海市交通委员会港务监督管理处副处长

问题1:浦江游览已经成为我市的水上会客厅,请您介绍一下浦江游览的发展历程。

上海的内河游览客运始于清末民初,达官贵人雇用手摇木船、脚划船,或游览浦江,或赴市郊佘山、松江等地游览。当时以浦江游览最为多见,游船均为木船,以划子、舢舨、无锡丝网船为主。民国二十年(1931年),官方正式创办浦江游览,当时由上海市轮渡管理处(上海市轮渡有限公司前身)经营管理。同年7、8月间,轮渡管理处专门组织一部分渡轮,或包租或自揽游客,开办浦江乘凉夜班业务。

1953年夏,轮渡管理处恢复了乘凉夜班,并在1957年4月增设了白天汽艇游览和乐队上船助兴等项目。1961年因自然灾害严重、燃料供应紧张,浦江游览停办。20世纪70年代末,旅游业重新受到了重视。1979年5月,原上海市内河航运局成立浦江游览服务站(后改为浦江游览分公司)。站址设在北京东路外滩的水上饭店,投入浦江号游览船1艘专门经营浦江游览业务。同年5月4日,浦江游览站正式恢复停办10多年的浦江游览业务。

1992年,浦江游览分公司配合外滩防汛墙改造,由黄浦公园码头搬迁至新开河码头。1998年8月,与上海市轮渡公司顺达水上娱乐发展公司合并成立上海浦江游览有限公司。2006—2021年,经过了多次集约整合、股权变动及名称变更,目前,上海久事旅游(集团)有限公司全面控股浦江游览公司。

问题 2：浦江游览在服务提升方面采取了哪些举措，成效如何？

上海的浦江游览项目开行多年，但在很长的一段时间里，知名度一般。2012 年左右，中国国民党革命委员会上海市委员会专门组织人员对浦江游览作过一项课题调查，发现浦江游览由于受到经营种类、服务水平、设施设备等多重因素影响，仍未形成旅游品牌效应。即使在 2010 年世博会期间，浦江游览公司接待的游客也不到来沪旅游人数的 10%。因此，提升浦江游览的服务水平迫在眉睫，我们主要从以下几个方面着手。

一是推进码头船舶改造，促硬件提升。按照核心段岸线功能调整规划，新建浦江游览十六铺 3 号、定海路等旅游码头，启动十六铺 1 号旅游码头综合改造，重塑码头头及灯光设计，优化码头进出动线，提升码头周边区域标识系统。同步加快浦江游览船舶更新改造，近三年来已淘汰、更新游船 7 艘。

二是推进平台票务建设，促软件完善。指导浦江游览行业，持续提升浦江官网平台功能，优化购票、预订等流程，开展浦江游览"电子船票"试点应用，通过升级系统平台，更新检票设备，实现"电子船票"线上精准预约、线下一码通行，无须二次换票，为游客提供更加便利化、多样化的购票服务。

三是推进航线产品升级，促形象提升。加大对浦江游览主题类创新扶持力度，结合浦江游览星级评定工作，鼓励浦江游览游船企业勇于创新，积极拓展"周末亲子游""红色休闲游""文化主题游"等游船航线产品；支持浦江游览公司创新"水岸餐厅""水岸演艺空间"等各类形式的"不开航"游船产品，增强水岸互动体验。同时，推动行业自律自治，修订完善行业自律公约，积极引导企业"增特色""创品牌"。

问题 3：浦江游览在安全管理方面存在的问题及采取的主要举措有哪些？

黄浦江巨潮港至吴淞口 101 灯浮为沿海开放性水域，全长约 67.35 公里，是一条曲折多弯的狭窄水道。黄浦江核心段水域总长 13 公里，共有三个主要弯道，分别是陆家嘴、董家渡和龙华嘴，江面宽度 250—450 米不等，但深水航道（-8.3 米等深线）宽度仅 127—200 米，船舶转向、交会和避让空间较为有限。

据上海海事局统计，黄浦江核心段日均船舶流量约1000艘次，且受货运船舶习惯乘潮航行影响，每天有明显的早晚高峰，期间船舶流密集、间距较小，尤其是游览船晚高峰与过境船舶高峰形成"双峰叠加"时，更具有一定的安全风险。针对安全风险，我们主要作了两方面的努力。

在通航安全保障方面，针对黄浦江核心段的通航特点，上海市交通委和上海海事局近年来按照职责分工，持续改善黄浦江航道通航条件，组织实施黄浦江船舶流管控，有效落实了客运企业安全监管和水上交通现场监管，防范和化解了水上客运安全风险隐患。

同时，我们会同上海气象局、上海海事局联合开发黄浦江"精准气象"服务平台，在黄浦江核心段新增三个气象监测点，精准预报气象信息，保障船舶航行安全。

黄浦江"精准气象"服务平台
图片来源：看看新闻Knews，2020-06-28，《上海：精准气象服务推动浦江游览高质量发展》

在企业经营行为监管方面，我们对港航企业的经营资质保持情况、企业经营状况、船舶及码头运营情况等实行"一企一档一清单"管理。督促港航企业严格落实安全生产主体责任，加大安全生产投入，重视和优化船员队伍结构与人才培养机制。近年来，浦江游览未发生过重大安全生产事故。

问题4：浦江游览此前也存在着很多问题，我们在行业规范发展方面采取了哪些举措，有何成效？

"后世博"时代，游船运力和游客数量之间出现了明显的供大于求的现象，产品同质化的问题也开始显现，唯一"拿得出手"的办法就是"杀价"，于是市场竞争变得非常激烈。激烈到什么程度呢？门市价100元的票价，最后结算的平均票价只有18—20元。当时从陈毅广场到复兴路的十六铺码头，所有沿街卖水、卖冰淇淋、卖茶叶蛋的商贩都挂了"浦江游览"的牌子,帮助各家游船公司卖票。以至于业内人士常常调侃:行业很红火,企业都亏损,黄牛都得利。在此背景下,浦江游览的改革势在必行。我们主要从以下三个方面着手。

一是制定改革总体方案,优化行业体制机制。形成了《"浦江游览"改革发展总体方案》,以"打造浦江游览世界级旅游精品项目、上海城市水上会客厅"为目标,通过资源整合、企业整合、品牌提升、安全保障等方式,推进浦江游览供给侧结构性改革。建立市级层面的浦江游览联席会议、浦江游览理事会等工作协调机制,交通、旅游、发改、国资、海事、公安、绿化、住建以及沿岸各区政府等部门共同参加,制定年度重点任务分工,有序推进行业改革发展各项工作。

二是统筹水岸总体布局,改善黄浦江通航环境。先后制定黄浦江岸线综合利用规划、浦江游览行业地方标准、两岸景观照明总体方案等。结合黄浦江滨江公共空间改造提升,进一步打造水岸资源融合互通的浦江游览发展格局。开展黄浦江上游浮吊整治,健全行业安保体系,修订黄浦江通航安全规则,设立黄浦江核心段精准气象监测等,进一步优化黄浦江通航水域综合环境,在确保安全的前提下,推动行业健康有序发展。

三是是推动行业创新发展,提升综合基础配套。搭建了浦江游览综合业务平台,着力推进浦江游览信息化建设,加大行业人才队伍培养力度,丰富浦江游览文化内涵,挖掘人文历史底蕴,打造短、中、长不同航线产品,试点开通水陆联动、文化联动、餐饮联动等多个"浦江游览+"产品。配合黄浦江滨江贯通改造,推进杨浦、虹口、黄浦、徐汇及浦东新区等浦江游览游船码头的改建和新建工程,同步开展浦江游览"迎贯通、焕新颜"专项工作,加快老旧船舶淘汰、更新。此外,我们还开展了黄浦江两岸景观及四座越江大桥的照明提升改造,逐步完善码头周边陆域景点、商业、娱乐、休闲等配套设施。

通过上述一系列的措施,我们打造了浦江游览发展新格局。同时,有效解决了行业资源不均衡、缺乏核心竞争力、产品单一、市场"黄牛"乱象等现实问题,扭转了浦江游览公司多年亏损的局面,实现了全行业的扭亏为盈，营造了良性竞争的市场氛围。2019 年，浦江游览客流总量达到 506.29 万人次，打破了十几年来年均 300 多万人次的客流规模，创下历史新高，运营规模名列全国前茅。

问题 5：浦江游览在精品航线打造上推出了哪些举措？

2022 年 3 月，我们启动了上海辖区范围内申报国内水路旅游客运精品航线试点工作，在现有水路旅游航线的运营基础上，鼓励各申报单位通过进一步提升旅游客运船舶和设施品质、提升港口客运站和停靠站点服务品质、创新水路旅游服务产品、提升水路旅游服务质量以及提升安全绿色发展水平等举措，打造一批功能完善、内涵丰富、便捷舒适、安全绿色的高品质水路旅游客运精品试点航线，加快推动上海水路旅客运输与旅游融合发展。

目前，上海浦江游览精华游航线和"初心启航·浦江红色文化游"航线已入选全国 50 条试点航线名单。现阶段正对照精品航线建设目标，进一步优化船舶、码头设施配套，丰富产品内涵，增强服务品质，提升游客满意指数。

# 领略国际大都市风采的黄浦江游览

浦江游览是上海不可或缺的城市名片。随着黄浦江两岸45公里岸线的贯通开放，乘坐游船游览黄浦江日益受到中外游客的青睐。

为了治理黄浦江游览行业"黄牛"乱象，由上海市交通委牵头，联合浦江游览行业各相关企业，共同成立了浦江游览公共平台并建立了行业运作机制。平台为浦江游览的稳定、健康发展起到关键作用。

访谈人：蔡　尧　上海浦江游览集团有限公司董事长

问题1：浦江游览公共平台的发展阶段是怎样的？其作用有哪些？

公共平台的运作机制自2012年起发展至今，已有十余年的时间，其间历经了三个主要的发展阶段。

第一阶段（2012—2015年）：规范市场，守住行业精华游产品的价格底线。由参与精华游营运的各游船公司安排游船轮值公共航班，通过平台统一出票、统一排班、统一结算、统一分配的原则，以合作共赢的形式阻断了各游船公司之间的纯价格竞争关系，明确行业价格体系，规范团队接待流程，帮助行业走出连年亏损的境况。

第二阶段（2016—2019年）：提质增效，建立行业自营渠道，切实提升营收。2016—2019年是公共平台高速发展的四年，随着平台运作机制不断完善、精华游营运效率不断提升、自营散客团队渠道不断拓展，切切实实为行业提高了经济效益和社会效益。行业从"过度依赖中介团队"转向"适度依靠中介团队"。四年期间，精华游客流从196万人次（2016年）增长至343万人次（2019年），精华游营收从9800万元（2016年）增长至1.85亿元（2019年），散团比也从最初的1∶9上升至5∶5左右。

第三阶段（2020年至今）：持续优化，不断提升行业服务能级与品牌化。受新冠感染疫情影响，浦江游览行业的客流及营收都曾产生断崖式的下跌，浦江游览各游船公司、码头管理公司、票务平台公司都出现较大亏损。三年间，公共平台的运作机制仍在不断提升，通过"修炼内功"提升行业的信息化和服务能级，努力挖掘本土客群市场，提升窗口服务质量。公共平台从售票到出票都落实了行业实名制规则，确保游客信息可追溯，与行业各兄弟公司建立了安全应急联动制度，为守牢行业大安全作出贡献。2023年以来，旅游业恢复的势头相对较好，尤其是散客化趋势明显，公共平台及时进行同行业协商，及时调整各个水上旅游码头的功能定位及售票渠道，为行业创造更高营收的同时，配合各游船公司特色、主题产品的创新和开发，做好行业宣传推广工作，为其开发多元化产品提供了基础数据保障和支撑。

问题2：目前浦江游览的航线产品有哪些？特色线路和景点有哪些？

现阶段，浦江游览的航线产品大致可以分为四大类。

第一类是精华游。精华游航线以纯观光性质为主，是行业各类产品中年接待游客数量最多的游览产品，占到浦江游览行业全年客流的75%。航线时长50分钟，游览区域为黄浦江外滩最核心的区域，淡季每日航班36班次左右，旺季每日航班54班次左右。特色线路为从十六铺游船码头（秦皇岛路游船码头）出发，游船于秦皇岛路游船码头（十六铺游船码头）附近调头返航，航程约为50分钟。

第二类是快线游。快线游也是面向广大游客的公共类型的游览产品，是浦江游览班轮航线的过渡性产品。航线为65分钟，游览区域为黄浦江世博航段，与精华游航线稍有差异，为游客带来不同的体验和观感。特色线路为从金陵东路游船码头（东昌路游船码头）出发，游船于梅赛德斯-奔驰演艺中心附近调头返航，航程约为60分钟。

第三类是特色、主题游。早期的特色游以"游船+餐饮"为主，近些年随着业内游船公司对本土市场的深挖，结合上海市委、市政府关于丰富浦江游览主题航线产品的相关要求，顺应市场的发展和变化，开设了许多不同类型的主题航班，如红色、亲子等主题航班。

特色景点为中共一大纪念馆，以初心为航标，以伟大建党精神和人民城市为主题,对"浦江游览6"游船进行整体升级,共同打造"党的诞生地"红色主题游船,为广大党员干部和群众提供更广泛便捷、更鲜活生动的学习平台,形成独特红色文化标识。"党的诞生地"主题游船从秦皇岛路旅游码头出发,途经外滩两岸的万国建筑博览群、陆家嘴金融贸易区、老上海外白渡桥等风貌景观,航行全程60分钟。

第四类是包船游。包船游主要以婚庆包船和商务活动为主。

红色主题游船
图片来源:上海浦江游览集团有限公司

今后随着行业评级体系规范的不断完善以及产品的创新开发，或将推出以星级游船为主的"精华游+"系列产品；同时，随着市内相关委、办、局关于水陆联动产品的开拓要求，浦江游览行业将恢复班轮系列产品。

问题3：浦江游览的客流情况是怎样的？

为了将浦江游览打造成为世界级旅游精品项目，吸引更多的国内外游客，市委、市政府加强统筹规划，整合浦江游览各类资源，强化体旅、文旅、商旅、科旅等多产业融合，积极推进水岸联动，高标准、高起点推进软硬件建设，强化游船等设施的设计改造，不断提升服务水平，切实提高了游客体验。2019年，浦江游览共接待中外游客超过500万人次，同比增长35%，达到高峰。

2020—2022年，受新冠感染疫情影响，旅游行业整体遭受较大冲

**黄浦江上穿梭的浦江游览船只**
**图片来源：** 李挺然

击,其中浦江游览客流量也大幅下降。2022年,浦江游览整个行业全年航班仅占2019年的17.01%;接待游客仅31万人次。

2023年起,上海市文旅市场加速复苏。据上海旅游大数据监测,2023年五一假期,上海市共接待游客1564.94万人次,实现旅游收入188.97亿元。这增强了行业内外对旅游市场恢复的信心,也为全年旅游复苏按下"加速键"。2023年1—5月,浦江游览行业共开出航班6200余班,接待市民游客111万人次,与2019年相比,航班数已经恢复到六七成,客流量恢复到八成以上;五一期间,浦江游览行业总共接待旅客约9.5万人次,共开航班388班,其中上海浦江游览集团有限公司约占50%。

目前,浦江游览精华游每日投入3—4艘船,每日共开航12—15班;特色游每日投入2艘船,共开航2班;快线游每日投入2艘船,共开航8班左右,并根据市场需求逐步调整。

2022年10月17日,交通运输部办公厅发布《关于打造国内水路旅游客运精品航线试点单位及试点内容的通知》,作为特色文化游试点航线,"初心起航·浦江红色文化游"被列入全国50条水路精品航线试点航线之一。

问题4:公司未来还会推出哪些旅游产品、旅游线路和服务?

我们的游船、码头公司也正在进一步探索和尝试丰富游船产品的种类,无论是与文化的结合,还是与餐饮品牌的集合,都为吸引本地游客带来更多的可能性。但是沉淀出优秀的产品不是一蹴而就的,仍需不断调整。

未来,我们将开发多种航线,提升游客体验。目前主要有两个方面的想法:一是"快线航班"结合主题码头打造,进一步突出产品特色;二是探索"一江一河元宇宙"的场景打造,基于增强现实、数字孪生等技术应用,构建更为生动、沉浸式"一江一河"游览新体验。目前已经与科技馆等联合打造了科创主题的游船,后续也将开放运营。

此外,还将丰富产品类型,做精特色业务。一是持续深耕特色餐船

科创主题游船（内部）
图片来源：上海浦江游览集团有限公司

业务，不断提升餐饮品质和服务水准，结合贯穿全年的主题活动，优化、完善嘉年华系列产品；二是以"浦江游览6"为平台，在2023年红色路线的基础上，主推红色、党建之旅。

问题5：未来还会采取哪些提高旅客游览体验的措施？

未来，围绕提高旅客游览体验，我们将主要作两个方面的尝试。

一方面，聚焦水陆联动，整合优质资源。一是将水上游览体验延伸至陆域，联动"一江一河"沿岸文、商、旅、体场馆，探索旅拍、餐饮、研学、党建以及水上主题展览等产品的研发，讲述上海故事、传播海派文化，不断拓宽水岸联动产品谱系，打造"一江一河"文化IP。二是持续加强与沿岸码头合作，利用"一江一河"驿站等资源，积极推进码头配套服务中心的复合开发利用。同时以"一江一河"品牌赋能，寻求与沿岸企业、高校和文博场馆等单位合作，开发优质空间资源。

另一方面，探索板块联动，推进产业融合。一是强化水上板块联动发展，注重"一江"与"一河"间的相互赋能，以票务联合、产品联动、主题活动等形式，将黄浦江与苏州河游览进行有机串联，充分展现上海城市形象，打造上海水上旅游名片；二是推动板块融合，探索水上旅游与水上交通、宾馆服务、旅行服务等其他业务板块的协同发展模式，打造富有特色的主题产品。

**科创主题游船（外部）**
图片来源：上观，2023-09-06，《浦江惊现"移动的科普馆"！还有多艘主题游船等你去打卡》

# 海上人文风情浓郁的苏州河游览

　　1978 年，苏州河上海境内河段全部受污染，市区段终年黑臭。1998年，上海市政府开始对苏州河进行综合治理，并第一次提出了苏州河休闲观光的概念。经过三期的治理，苏州河的水质得到了改善，其功能实现了从生产型、运输型向生态型、休闲型的转换，并于 2010 年 4 月开放了苏州河日游线。运营一段时间后，暴露出行程单调、票价高、联动不足等问题。当时，苏州河两岸值得看、值得玩的地方尚未完成开发建设，且运营期间一直伴随着因各种施工而导致的停航（2011 年底泥疏浚、2015 年北横通道施工等），因此对消费者的吸引力十分有限。2016 年，该项目停止运营。随着 2020 年底沿河 42 公里岸线的贯通以及苏州河沿岸公共空间的改造，六年之后，苏州河游览带着全新的景色、码头、游船重新回到了我们的视野中。

　　访谈人：洪朝辉　上海久事苏州河旅游发展有限公司总经理

问题 1：苏州河游览的码头是如何布局的？当时为什么选这几个地方作为码头呢？
　　苏州河旅游项目首批选址了八处码头，分别是外滩源、四行仓库、昌化路、西康路、梦清园、中山公园、长风公园、丹巴路。码头选址均毗邻沿岸繁华区域，地理位置优越，市民、游客到达便捷；设计上充分考虑周边特点，采用了融入环境的形式，与沿岸景色相互融合。目前，已建设完成并投入运营的码头有六处，分别为长风公园、中山公园、昌化路、四行仓库、外滩源和丹巴路码头，西康路码头和梦清园码头也将陆续和市民见面。

苏州河码头分布情况示意（改绘自标准地图：沪S（2022）008号）

图片来源：李挺然

问题2：苏州河游览的航线有哪些？

当前已推出两种时长的航线产品，一种是60分钟时长航线，包括长风公园码头和昌化路码头双向对开的单程线，也包括昌化路码头出发，到外滩源码头折返回到昌化路码头的大环线；另一种是30分钟时长航线，包括外滩源码头、四行仓库、中山公园码头出发对开并折返的小环线。

外滩源大环线

图片来源：上海久事苏州河旅游发展有限公司

游客们可以跟随游船上的虚拟导游"悠悠",通过乘坐不同的航线,快速了解上海近代以来的城市发展,感受苏州河的历史底蕴、人文传奇和治理成就。

问题3:这些航线所用的游船都是电动船舶,体现了生态环保理念,在船型设计上还有哪些亮点?另外我们在船型选择的背后有哪些故事呢?

首批投入试运营的游船有12艘。我们提供了两种船型可供选择,配备绿色电动能源、景观灯光造型和移动拆卸座椅。其中,"上海印象"系列小型游船复刻了上海牌轿车造型,搭配开放式敞篷设计,具备更好的通透性和亲水性,载客量为11客位。"时空之梭"系列中型游船装配全景式玻璃视窗、多媒体柔性透明屏和卫生间,可以载客20人。

在船型选择方面,不同于浦江游览的游船可以造得很壮观、很漂亮,船型选择可以充分地自由发挥,我们由于受制于苏州河上的各种客观条件,对游船的选择实际上是一道命题作文。苏州河对游船的限制主要体现在以下几个方面。一是对游船长度的限制。苏州河弯比较多,所谓"苏州河十八弯",而且还存在一些"发卡弯",所以限制了我们游船的长度。二是对游船宽度的限制。苏州河平均宽度只有50多米,同时还要考虑到两艘船对向行驶的情况。而且航道也并不像我们目视的那样宽,因为它

上海印象(左)、时空之梭(右)游船图
图片来源:上海久事苏州河旅游发展有限公司

的底部是一个 V 形槽，所以真正能够航行的宽度是十分有限的，这就限制了我们游船的宽度。三是对游船吃水深度的限制。苏州河并不深，因此考虑到游船的吃水深度，其内部的设施、设备就不可能做到包罗万象、面面俱到。四是河上桥梁对船高的限制。苏州河东段的浙江路桥、福建路桥、四川路桥等都非常低矮，考虑到通过性，船的上层部分就不能设计得过高，外观要相对简洁。基于以上原因，我们在满足上述限制条件的前提下，选择了目前的两种船型。

问题 4：陆上码头的功能是如何进行完善的？在水岸联动方面又有哪些举措？

早在 2012 年，市交通委就做了 13 个码头点位的规划，我们后续的码头建设相当于是站在了巨人的肩膀上。目前已建成的陆上码头已经逐步完善了餐饮功能，长风公园、昌化路和四行仓库码头均可购买饮料，时空之梭游船也配有瓶装咖啡。下一步，我们也将根据市民游客的需求进一步完善配套设施，比如一些码头站点遮阳棚的设置、便利商店的设置等，给予市民游客更好的打卡体验。

水岸联运方面，我们以"民族精神、城市精神、开拓精神、实干精神"为内涵，同时结合中山公园段华东政法大学的历史文化特色，开发了五条海派城市考古线路。目前，我们与第三方合作运营，五条线路均已成形，反响良好。比如在与华东政法大学的水陆联动航线上，游客从中山公园码头登上苏州河游船完成 30 分钟的小环线游览，再步入绿意盎然的华东政法大学长宁校区，跟随讲解员欣赏校区风貌。作为上海城市史上最早的大学校园，华东政法大学长宁校区拥有与苏州河美景相得益彰的圣约翰大学近代建筑，这里深深镌刻着百年近代高等教育和 70 年新中国法学教育的历史印记，呈现出红色文化、海派文化、江南文化相互交融的"最上海"城市文脉。

此外，考虑到市民游客对苏州河水上旅游的个性化需求，我们已经和码头附近的几家下午茶餐厅试点合作，推出了"游船+下午茶""游船+City Walk"的套餐组合，上线了包含天安千树、红子鸡、墨笛在内的多家下午茶餐厅联动产品。下一步，我们还将围绕苏州河两岸艺术场馆、

第五章　水上客运：从百转千回到柳暗花明

"游船+下午茶"联动

图片来源：上海久事苏州河旅游发展有限公司

天安千树

图片来源：吴星纬

华东政法大学一隅

图片来源：上海久事苏州河旅游发展有限公司

苏州河夜景

图片来源：上海久事苏州河旅游发展有限公司

体育场馆等，打造更多"游船+"系列产品。

苏州河水上旅游航线开通前，不少人认为这条狭窄的水道上并没有多少景物可看。毕竟与黄浦江两岸的外滩万国建筑博览群、陆家嘴的高楼大厦等标志性景观相比，苏州河边可以使人脱口而出的景观没那么多。

然而，苏州河游览走的是一条融入历史文脉、融入城市风貌、融入市民生活的路线，如小家碧玉般，充满烟火气息，贴近百姓的生活。

问题5：苏州河游览采取了哪些智慧化、数字化、绿色化的手段来提高游客观光体验？

为方便市民游客更好地了解苏州河、购买船票，我们开发建设了官方微信小程序和微信公众号，市民游客可以微信搜索关注"悠游苏州河"官方微信小程序及微信公众号，其涵盖了购票、预约、核销、退票等环节，以及导览、打卡、评论等功能，不仅能呈现苏州河沿岸重要文、商、旅资源及历史文化信息，更能为游客提供游前、游中、游后全过程信息服务。

综合考虑苏州河市区段航道特点及运营需求，我们首批打造了12艘中小型绿色纯电动新能源游船，其中11客位的上海印象小型游船6艘，搭配独特的复古轿车造型及开放式的敞篷设计，具备更好的通透性和亲水性。

目前苏州河上的游船均为新能源纯电动游船，都通过了高标准的国内客船入级检验；而且考虑到苏州河两岸居民区较多，在常态运行时，全船声音可控制在60分贝以内，并可通过效果程序管理对灯光进行合理管控。

问题6：相较于浦江游览，苏州河游览有哪些独到之处呢？吸引的游客类群又是怎样的呢？从2022年试运营到现在，客流情况如何，游客的体验如何？

很多上海市民对于苏州河，有比黄浦江更深的感情。在我小的时候，黄浦江边上码头、工厂林立，能玩耍的地方只有苏州河畔。我在这里学习、生活、工作。同时，由于苏州河深入浦西居住区腹地，像我这种情

从前的苏州河两岸居民生活图景
图片来源：陆元敏

况的上海人并不在少数，很多人从感情上认为苏州河也是母亲河。所以目前苏州河游览的游客大部分是本地人，与浦江游览的游客组成正好相反。

自 2022 年 12 月试运营以来，苏州河旅游项目受到市民游客的欢迎和媒体关注。从开始试运营至 2023 年五一假期，苏州河旅游共开出航班 3400 余班，其中散客航班 3100 余班，包船业务 340 余班；总计接待游客 4.58 万人次，其中散客航班上座率达到近 85%。尤其元旦、春节、五一假期期间，苏州河旅游赢得了市场的高度认可，热门航线每日线上开票均被"秒杀"，上座率达到近 95%。同时，公司也根据天气情况调整班次，夜间增开了主要以环线为主的航班。除此之外，新开通的中山公园环线也吸引了一大批市民游客打卡，节假日需求量大，比如 2023 年元旦三天假期中每天客流

如今苏州河游船上的热闹景象
图片来源：上海久事苏州河旅游发展有限公司

都是爆满状态。因此，目前市民游客整体对我们的水上航线还是比较满意的，每次船票也抢得很快，比较火爆的有东段航线（昌化-外滩源）和四行仓库环线。未来我们也会继续完善和更新航线，让市民游客们可以更好地游览休闲。

问题 7：未来还会推出哪些旅游产品、旅游线路和服务？

2023 年，我们将不断探索"一江一河"联动发展新模式，强化"一江一河"IP 打造和持续赋能，树立品牌核心价值，助推"一江一河"长远发展，打造水上旅游行业新标杆。未来将参照观光巴士的运营模式，通过进一步挖掘周边园区、楼宇、商户、公园等文商旅体资源，打造水上观光和岸上体验相结合的衍生服务和产品，即水上观光巴士，让市民游客享受更加高品质的游玩体验。

未来，我们会继续加强水岸联动，推出更多"游船+"系列项目来增加游览类型的选择；同时还会加快新游船的建设。目前我们满负荷运营也仅有 700 客位，而市民游客普遍需求量较大，20 客位的游船供不应求，因此新的游船也会在 2023 年底建成后上线，满足更多市民、游客的需求，让更多人能够体验这一条悠游苏州河的精品水上航线。

第六章
Chapter 6

# 高品质的慢行交通
High-Quality Slow Traffic

慢行交通的价值和意义，不单单是城市综合交通系统的重要组成，更是城市向更低碳、更便利、更健康方向发展不可或缺的重要载体。

——陈小鸿

"公交出行和慢行交通体验提升工程"是本轮民心工程的新面孔，是听取人大和市民意见与建议后的结果，纳入民心工程体现了我市对慢行交通的高度重视，是"以车为重"惯性思维转变的身体力行。

——戴敦伟

2022版白皮书则直接明确了"坚持公共交通和慢行交通优先发展"的战略取向，首次在战略层面将"公共交通"和"慢行交通"并重考虑。

——邵丹

根据上海实际，结合新城、城市更新地区等的发展要求，《上海市慢行交通规划设计导则》提出"连续成网、空间复合、便捷接驳、特色彰显"的慢行交通发展理念。

——何莉

《上海市慢行交通规划设计导则》研究过程中，通过调查问卷和市民来信，我们收集了市民对慢行交通的主要需求及现状最需要改善的问题，提出对新建设施予以提前指引、对既有设施予以优化提升的总体策略。

——李彬

《上海市街道设计导则》发布以来，有效推动了公共和市场建设主体、行业主管部门、设计机构、专家学者及广大市民建立共识，并在规划、建设和治理全过程产生影响，将街道设计理念全面融入街区规划和街道设计试点，显著提升城市人文环境、商务环境、交通环境和生活环境。

——胡晓忠

街道设计的创新在于它将"道路"向"街道"转变，是"车本位"思想向"人本位"思想的转变。

——蒋应红

上海主要从构建"骨干＋支网"式慢行网络、提升慢行系统可达性、增强蓝绿网络与市政慢行网络的衔接融合三个方面来构建连续完整的慢行交通网络。

——朱华勇

一方面我们认为有限资源要斤斤计较，把工作做得像绣花一样细致；另一方面，禁非恢复的论证也要充分考虑道路功能定位，从区域角度论证禁非恢复对机动车交通运行的影响、对路段和交叉口通行能力的影响等。

——陈祥

徐家汇空中连廊提供了安全、便利、舒适、宜人的人行空间，创造出绿色生态的、有文化趣味的、有景观标志性的城市新形象。

——镇雪锋

五角场淞沪路地下通道大大改善了五角场商圈的交通出行环境，市民可以不用过街、不用等红绿灯，风雨无阻地在地下自由穿行。

——牟娟

滨水空间已从土地要素开发转为公共空间共享，从滨江绿地转为腹地与滨江的连通，从空间打造转为场所重构。

——王娴

北外滩苏州河四大风貌特色路段集中体现了传统文化与现代城市生活的交融，合力营造有温度的人文生态滨河空间，让市民可以漫步于此、安坐于此、闲谈于此、享受于此。

——黄则伟

除人行道本身品质提升外，基于本市人口老龄化趋势不断加深，我们还开展了人行天桥加装电梯工作，这也是响应市民需求的一项实事工作。

——周晓青

我们针对互联网租赁自行车行业管理确立了"积极引导、注重有序、强化安全、加强协同"的基本原则和"总量控制、动态调整"的总体思路，共同指导监督互联网租赁自行车运营企业规范开展运营服务。

——梁华军

南京东路步行街东拓构筑了一个可放空休闲漫步、可驻足品味历史、可便捷时尚购物的国际步行街区。

——高浩中

红色经典步道化"零散展示"到"整体展览"，打造"无边界博物馆"，铸就交通红色品牌。

——应立仁

大学路充分发挥"三区联动"优势，打造年轻、知识、艺术的生活方式，打造具有"科创＋文创"属性的线下体验，将线上内容向线下导流，促进在地居民的反馈顺利落地。

——刘绍旭

嘉定远香湖慢行示范区通过慢行交通系统拓展及修缮，形成宜人尺度、高品质的步行环境与休闲体验，让公共空间融入城市生活。

——刘翅

The value and significance of slow traffic go beyond being a mere cog in the urban transportation machine. It serves as a vital engine driving the city towards a future that is greener, more convenient, and healthier.

—Chen Xiaohong

The "Bus Transit and Slow Traffic Experience Improvement Project" is a new representation of the latest public interest initiative. It is a response to the feedback received from the National People's Congress and Shanghai citizens, highlighting the city's strong emphasis on slow traffic, and demonstrating its commitment to breaking free from the traditional mindset of prioritizing automobiles.

—Dai Dunwei

The *2022 Shanghai Transportation Development White Paper* sets forth a clear strategic direction of prioritizing the development of both public transportation and slow traffic. This marks the first time that both these modes of transportation are given equal consideration at a strategic level.

—Shao Dan

Taking into account the specific conditions of Shanghai and the development needs of new towns, urban renewal areas, and other areas, the *Guidelines for Slow Traffic Planning and Design in Shanghai* emphasizes the creation of a well-connected network that seamlessly integrates with the urban fabric, ensuring convenient accessibility and enhancing the unique characteristics of each area.

—He Li

During the research phase of the *Guidelines for Slow Traffic Planning and Design in Shanghai*, we gathered valuable insights on the primary requirements and the most urgent challenges of slow traffic from citizens through questionnaires and correspondence. Based on such insights, we formulated an overall strategy that focuses on offering early guidance for new developments while enhancing and optimizing existing infrastructure.

—Li Bin

Since the publication of the *Shanghai Street Design Guidelines*, it has played a significant role in fostering consensus among various stakeholders, including public and private construction entities, regulatory bodies, design institutions, experts, scholars, and the general public. This document has had a profound impact on the entire planning, construction, and governance process. By integrating street design principles into block planning and implementing pilot projects, it has remarkably enhanced the urban humanistic environment, business climate, transportation environment, and quality of life in the city.

—Hu Xiaozhong

The innovation of street design lies in its ability to transform "roads" into "streets", symbolizing a shift from a traditional car-centric mindset to a more human-centric approach.

—Jiang Yinghong

Shanghai's endeavor to build a comprehensive slow traffic network primarily focuses on three key aspects: establishing a robust backbone and branch network for slow traffic, enhancing the accessibility of the slow traffic system, and strengthening the connectivity and integration of water and green networks with the slow traffic infrastructure.

—Zhu Huayong

On one hand, we believe in the importance of judiciously utilizing limited resources and approaching our work with meticulous attention to detail, akin to the precision of embroidery. On the other hand, when considering the argument for banning non-renewable energy sources, it is crucial to thoroughly assess the role of roads and examine the regional implications. This examination should encompass the effects of such a ban on motor vehicle traffic operations, as well as its impact on the capacity of road sections and crossroads.

—Chen Xiang

The Xujiahui overhead corridor has been designed to offer pedestrians a safe, convenient, comfortable, and enjoyable space. This innovative structure has now become an iconic landmark, providing not only an eco-friendly environment but also a culturally captivating experience for citizens.

—Zhen Xuefeng

The underground passage on Songhu Road at Wujiaochang has significantly improved the transportation environment in the business district. It enables citizens to conveniently travel underground without the need to wait for traffic lights to cross the street, regardless of weather conditions.

—Mou Juan

The development of waterfront space has undergone a shift in focus. Previously, the emphasis was on land element development, but now there is a greater emphasis on sharing public spaces. The focus has also shifted from simply creating riverside green spaces to establishing connectivity points between the hinterland and the riverside. Moreover, there has been a shift from solely creating new spaces to also reconstructing existing venues.

—Wang Xian

Four sections of Suzhou River in the North Bund, each featuring distinctive landscapes, serve as a fusion of traditional Chinese culture and fantastic life in the modernized urban city. All together a great riverside space with appealing cultural background and natural beauty enables citizens to wander, sit, chat with each other and enjoy their time here.

—Huang Zewei

In response to the growing trend of an aging population in the city, we have not only focused on enhancing the quality of sidewalks but also installed elevators on pedestrian overpasses, a practical initiative that addresses the needs of our citizen.

—Zhou Xiaoqing

We have laid down the fundamental principles of "active guidance, emphasis on order, strengthening safety, and fostering collaboration" as well as adopting an overarching approach of "total quantity control and dynamic adjustment" for managing the shared bicycle industry. These principles and approach work hand in hand to jointly guide and supervise the standardized operations and services provided by shared bicycle operators.

—Liang Huajun

As the eastward expansion of East Nanjing Road Pedestrian Street, an international pedestrian block has been built to provide an ideal space for leisurely strolls, allow visitors to appreciate the historical significance of the area, and offer convenient access to fashionable shopping options.

—Gao Haozhong

Themed footpaths, dedicated to Chinese revolutionary stories, have been established to transition from a scattered display to a unified exhibition of revolutionary history. This effort aims to create an "open air museum" that serves as a landmark in Shanghai's slow traffic system.

—Ying Liren

Thanks to the joint efforts of three districts, Daxue Road endeavors to foster a dynamic, intellectually enriching, and artistic way of life. Its objective is to curate an offline experience that encapsulates the essence of "scientific innovation and cultural innovation". By channeling online content into the physical realm, it enables the implementation of feedback concerning local residents.

—Liu Shaoxu

The Jiading Yuanxiang Lake Slow Traffic Demonstration Zone has undergone an expansion and renovation of its slow traffic system. The aim is to establish a delightful and high-quality walking environment and offer a leisurely experience, thus integrating public spaces into urban life.

—Liu Chi

# 慢行交通的轮回

慢行不仅仅是中短距离的出行方式，也是公共交通网络的重要延伸，更加是市民休闲健身的一种主要方式。过去 40 年，从城市最稀松平常的交通方式，到被忽视、被挤压的慢行空间，再到重提慢行优先，慢行交通在城市交通体系中的位置与作用似乎完成了一个轮回。

访谈人：陈小鸿　同济大学交通运输工程学院教授

问题 1：近几年慢行交通越来越被人们重视，慢行似乎不再是简简单单的城市交通，涵义变得丰富多元，您认为慢行交通的价值与意义发生了哪些变化？

确实，当前慢行交通的价值和意义已超越了交通本身。几十年前，慢行交通仅仅是一种交通方式，而现在步行和自行车已是最绿色环保的出行方式，最直接无缝的门到门方式，也是提供锻炼、增强健康的最有效方式之一，成为一种低碳、便利、健康的交通与生活方式，也可以说是"未来城市、未来交通、未来生活"三个未来的重要载体。所以，慢行交通的价值和意义，不单单是城市综合交通系统的重要组成，更是城市向更低碳、更便利、更健康方向发展不可或缺的重要载体。

除低碳、便利、健康属性外，慢行交通在城市更新和经济可持续发展上也是大有可为的。小尺度的城市更新也好，上海一直在做的街道设计也好，慢行交通往往是其中最有作为空间的，微更新、微改造下慢行品质的提升往往取得事半功倍的效果。此外，慢行交通对政府而言恰恰是低负担的、经济可持续的，与城市付出的设施空间、交通管理和运营费用相比，步行和非机动车承担了更多的交通出行量，可以说是性价比最高交通方式。

我们太习惯讲公交优先，但是忘了公交优先的根本意图是"便利、节约、低碳"，如果慢行交通也能做到"便利、节约、低碳"，为何不能也将慢行优先？

问题 2：您刚刚提到慢行交通"从简单的交通方式到三个未来的重要载体"的价值内涵的转变，那么对应的，慢行交通在城市交通体系中地位和功能经历了哪些转变？

慢行交通曾经是城市最为基本、平常、普及、直接、主要的交通方式。20 世纪 80、90 年代，商业不发达，人们出行目的单一，绝大部分是为了通勤通学，其他目的很少，导致交通工具也很单一，以自行车为主，占 70% 左右。

后来，由于城市扩张与出行距离增大，自行车逐渐失去了尺度优势；由于小汽车增长与道路阻隔，步行逐渐失去了便利优势。慢行交通一度被视为不重要的，甚至应该被替代的交通方式，慢行交通空间一度受到挤压。

而现在，城镇化、工业化导入人口产生的低成本机动化出行需求，以及蓬勃发展的电商外卖，又使得助动车飞速增长，成为非机动车主力，自行车与助动车实现共存。随着轨道交通"最后一公里"的接驳需求日益旺盛，尤其是移动互联与电子支付的便利，催生了共享单车，自行车与步行重新嵌入出行链，也带动了慢行交通的复兴。此外，白日使用小汽车的快捷，需要周末、晨昏"刷步"来保持运动量，在快节奏的城市生活状态下，人们更加享受慢下来的时光，慢行交通在单纯的交通方式外，又被赋予了一层美好生活的色彩，成为一种健康的生活方式。

总的来说，慢行交通的地位和功能的变化，实际上就是"四个多元"：一个是"工具多元"，从脚踏车到助动车；一个是"功能多元"，从独立交通方式到出行链一环；一个是"目的多元"，从通勤到谋生、健身；一个是"权属多元"，从自有自用到营运共享。虽然慢行交通形式依旧，但空间、场所、活动特性发生了巨大的变化，需求与功能更加多元，使用模式更为丰富，与其他交通工具的衔接更加紧密，成长为城市交通新的活跃"物种"。

随着"15 分钟生活圈"、一江一河等对人们活动形态、活动形式的改变，以及健康城市、绿色低碳理念对交通工具选择的影响，慢行交通需求会越来越多，地位会越来越重要，成为一种不可或缺的交通方式。

问题 3：作为一位交通行业资深专家，面对慢行交通复兴和地位的变化，城市交通需要作出哪些应对？

首先，需要重新理解与认知慢行交通需求。慢行交通在居民出行中约占一半的比重，需要针对"三个 1000 公里"轨道站点客流接驳、TOD、"15 分钟生活圈"、高品质街道空间营造、新城建设、城市更新等不同场景，结合步行、健身、游览三种体验，自行车、电助动车、踏板车三种车型，自行车骑行者、自用助动车骑行者、职业骑手三类骑行者，通勤接驳、上学接送、快递外卖三类骑行目的，从需求差异性出发，研究慢行网络规划、车道设计、设施配置、安全管理、效益评估的方法。

其次，慢行交通的多元价值与发展目标，需要在各个层面形成更广泛的共识。慢行交通早已超越单纯交通方式的移动目的，它承载了健康、低碳、可持续发展等多种价值追求，是交通方式与生活方式的融合。慢行交通系统应该成为城市规划、街道设计、环境景观的共同载体，需要制定鼓励慢行交通发展的公共空间、公共资源配置原则，特别是道路通行、路侧停放应优先满足行人与非机动车。尝试通过一系列分区域、分时段限制机动车通行或速度限制等方式，乃至规划建设更加专门化的系统，营造更有利于慢行交通的出行环境，成为城市交通缓拥堵的解决手段之一。

为此，需要重新界定并规划慢行系统基础设施，制定不同区域、不同类型慢行交通发展策略。从最初各类城市道路的机非分行，到体现城市品质、慢行优先的街道设计及各类绿道建设，为慢行交通提供了基础条件。但车辆类型、使用目的多样，又给通行与充电安全、停车管理提出新的要求，包括助动车与自行车的安全冲突、共享单车停放与行人的冲突、通行权与公平性等，这些都需要更加广泛地讨论并形成规则。同时，各类步行与非机动车的网络、标识、标线、导引与信号控制，也需要专门研究并建立标准。

问题 4：您认为在新增道路设施不多的背景下，从哪些地方着手能更大程度地提升步行和非机动车出行品质？

上海慢行交通基础条件是较为完备的。网络是基本贯通的，人行道宽度基本是足够的，非机动车道主次干道 70% 以上是机非硬隔离的，可以说基础条件是相当不错的。进一步提升步行和非机动车出行品质，最主要的是三方面：一是设施，二是融合，三是全出行链体验提升。

设施方面，坚定不移地尽可能保证慢行有道，特别是保障隔离和相对独立的空间。这方面上海比较欠缺的主要是人行道，一些海派文化代表性的道路，人行道很窄，原本应该是一条值得逛的街，结果逛的体验并不佳。非机动车方面，我们有过一段非改机的曲折经历，回头审视，有得有失，当时仅将非机动车当作短途的出行工具，认为能通行即可，未曾想到对非机动车而言，中短距离是它主要的发力场所，但是并不应反对或禁止中长距离的非机动车出行。

融合方面，可借鉴更多国外经验。比如日本，从轨道交通站出来，步行衔接距离最短的是自行车停车处，然后才是小汽车停车场。也可以借鉴欧洲、美国，可以利用长三角全域一体化背景下的城际列车、市郊城铁等，允许其中一节列车放自行车，在有可能的情况下尽量提供一点便利。

全出行链体验提升方面，移动本身就是目的，交通服务也应同步扩展。散步、跑步、健身，或者去坐其他交通工具，都属于我们城市综合交通体系应该提供的通行空间的范畴。不应把慢行交通仅仅局限在交通内部，只要是利用市政交通公共设施的，都应该努力去改善。此外，单纯的在途条件的改善，并不能够达到全程体验提升的效果，还应注重一些末端环节的完善。比如从企业为骑行上班者提供淋浴设施等小事做起，推动骑行的空间、停放的空间、转换的空间、末端的空间形成高品质慢行服务闭环。

城市交通体系本身的内涵和外延在不断变化，慢行交通的内涵和外延也在同步丰富和多元。历久弥新，慢行交通值得并需要持续深入地研究。期待一个高标准、高品质的慢行交通系统开始新一轮生长，发挥更大且不可替代的作用。

# 慢行交通的今天

慢行交通的今天离不开昨日的付出，有前进，有波折，有转变，习近平总书记"人民城市"理念的提出，让我们更深刻地认识到慢行交通的人本价值，今天的慢行交通纳入民心工程，将多维度、更全面地推动慢行交通品质升级。

访谈人：戴敦伟　上海市道路运输管理局副局长

问题1：上海如今慢行交通的成果离不开管理部门经年累月的付出，能否请您介绍下上海市慢行交通的发展历程？

上海历来重视慢行交通，时至今日，上海慢行交通已具有非常好的基础，从全国看，乃至从世界看，上海的慢行都是不逊色的。上海的道路在断面规划之初基本就遵循了标准断面要求，布置了机动车道、非机动车道、人行道。以中心城为例，上海中心城地面道路均可步行，97%以上可以通行非机动车。总体而言，慢行交通基础设施完善，慢行系统品质持续提升。

当然，这中间也有过曲折和波动。21世纪之初，随着机动车的快速发展，为解决交通拥堵问题，一方面曾设想过把市中心主骨架三纵三横的非机动车道改造为机动车道，用平行的非机动车通道替代，形成机非分流；另一方面，中环（浦西段）为充分发挥主干路网应有的效率并提高其通行能力，实施机动车专用，全线没有设置非机动车道。但是，随着慢行交通发展逐渐深入人心，低碳环保、旅游健身观念的兴起，新兴业态（包含共享单车、外卖快递）的崛起，我们逐步认识到慢行交通的重要性。市中心主骨架道路仍旧保留了非机动车道，对建设期即未预留非机动车道的浦西中环，市、区合力多次开展研究，推进恢复工作。2017—2018年，实施了复兴中路（宝庆路-西藏南路）和建国西路-建国中路-建国东路（乌鲁木齐南路-肇周路）共计6.6公里的非机动车道恢复工程；杨浦区军工路结合大修工程也设置了非机动车道。2021 年，邯郸路（国年路-国顺路）辅道通过设置双向非机动车道和增设安全隔离设施，也实现了禁非恢复[1]。

2015 年，我们借新一轮城市总体规划编制之机，陆续开展了《慢行交通发展规划》专篇编制和其他相关研究，并在"上海 2035"总规中明确要求"保障通达的骑行网络和舒适便捷的步行活动区域，逐步恢复禁行道路的非机动车通行权"。

2018 年以来，我市在慢行交通品质提升方面持续发力。除禁非恢复外，五年打造了 474 条、800 公里精品道路，推动路域环境整体提升；至 2022 年完成 38 座人行天桥加装电梯，解决残疾人、老年人过天桥难题；每年推进几十个公交港湾站改造，实施一批公交站点适老化改造，全面提高公交站点周边慢行出行环境；制定人行道品质提升三年行动方案，全市范围集中整治，打造一批特色人行道。通过上述精细化工作，我市慢行交通品质大大提升。2023 年，"公交出行和慢行交通体验提升工程"纳入民心工程，慢行交通品质提升推进力度进一步加大。

整个慢行交通发展历程有过波动和调整，我们的认知也在不断进步。一些工作还没有完全到位，比如中心城还有 103 条道路禁非、局部人行道过窄等，对比市民感受度、

[1] 禁非即禁止非机动车骑行和停放。禁非恢复即恢复禁行道路的非机动车通行权。

嘉定区精品道路白银路树穴盖板人文标识

图片来源：上海市道路运输管理局

人行天桥加装电梯，解决老年人过天桥难题

图片来源：上海市道路运输管理局

管理精细化以及整个城市发展，我们还是任重道远。社会各界对慢行交通的关注越来越多，每年的群众来信、政协人大意见建议，从宏观层面的网络规划，到细节性的机非要不要分隔、人非共板有没有问题等，都提出了很好的建议，对慢行交通的改进提升起到了较大的促进和监督作用。今后我们也会继续响应民众需求，不断提升慢行出行体验。

问题2：您前面提到慢行交通被纳入民心工程，请问纳入民心工程的初衷是什么？纳入民心工程后有何计划？

"公交出行和慢行交通体验提升工程"是本轮民心工程的新面孔，是听取人大和市民意见与建议后的结果，纳入民心工程体现了我市对慢行交通的高度重视，是"以车为重"惯性思维转变的身体力行。

在纳入民心工程前，我们已经拟定了《关于加快推进本市慢行交通品质提升工作的实施意见》和《关于加快推进本市慢行交通品质提升的三年行动方案（2023—2025年）》。民心工程和慢行交通品质提升两者之间，慢行交通品质提升是全方位的，民心工程是慢行交通品质提升的重中之重，核心任务纳入民心工程并对各区进行考核，慢行交通品质提

苏河湾绿地慢行示范区
图片来源：上海市静安区建设和管理委员会

升借助民心工程机制全面推动。

具体而言,民心工程围绕慢行交通品质提升中的四个核心任务——完善慢行网络、打造慢行空间、提升设施品质、创建慢行示范区域,建设、更新、提升一批非机动车道和人行道,有效提升城市慢行交通系统的连续性和安全性,进而打造"连续畅达、系统衔接、环境友好、特色彰显"的慢行交通系统。

**问题3:我市将如何推进慢行交通品质提升?**

我们将抓住市委、市政府民心工程契机,全面推进慢行交通品质提升,具体将围绕四大类任务展开。

第一类是完善慢行网络。实质上就是保障路权。其中最重要的两点是禁非道路的恢复和断点瓶颈的打通。同时我们也考虑因地制宜地在园区、河道等周边设置非机动车专用道。

第二类是打造慢行空间。现在各区在空中连廊和地下通道的打造方面意识越来越强,从陆家嘴世纪连廊到徐家汇空中连廊,立体空间打造一步步升级。蓝绿空间的统筹近年来也被高度重视,道路和绿化、建筑前区分界线不再那么明显。比如徐家汇体育公园慢行示范区的零陵路,将步行空间嵌入绿化,不仅步行环境得到提升,机动车和非机动车的通行空间也能有机会扩容。

徐汇区零陵路步行空间嵌入绿化
图片来源:上海市道路运输管理局

第三类是提升设施品质。这类工作较基础,内容最细,却也是最有必要的,有安全类的,还有提升类的。安全类,比如隔离设施、端头警示标识、通行指引、二次过街安全岛等。考虑慢行设施指引不足,我们还专门编制了《上海市慢行交通标志标线设置技术指南》,创新性地对禁非道路提出了路线

徐汇区东平路人行道板采用鹅卵石过渡
图片来源：上海市道路运输管理局

奉贤区南桥路路侧座椅
图片来源：上海市道路运输管理局

指引。提升类，比如徐汇区东平路人行道板鹅卵石过渡、奉贤区南桥路路侧座椅等，均在细微之处提升着整个城市慢行的品质。

最后一类是创建慢行示范区域。中心城加强慢行示范区引领，结合"美丽街区""公园城市""15分钟生活圈"等，打造高显示度、强引领性的慢行示范区。五个新城聚焦核心功能区、枢纽片区、风貌区、公共活动区等，打造区域慢行示范。其他各区加快慢行示范区建设，打造空间融合、亮点突出的慢行示范区。

问题4：上海的慢行交通走在全国前列，您认为上海有哪些经验可供大家参考借鉴？

不同地区的空间条件和发展需求存在差异，还是要结合各地实际因城施策。如果说有哪些经验可供兄弟城市参考，我觉得以下三方面可能是共性的，未必全面，互相学习。

一是健全完善的基础设施条件。上海多年发展积累的高密度路网是慢行交通重要的基础。以黄浦区为例，黄浦区全路网密度已达14公里/平方公里以上，步行、骑行通达性极高。因此，要打造高品质的慢行出行环境，还是要以连续完整的慢行网为先。网络层面，《上海市慢行交通规划设计导则》明确以适宜人的活动为原则，建设地区鼓励"窄马路、密路网"的城市道路布局理念，建议形成2公顷左右的街坊尺度。这些原则理念均对新城慢行网络构建具有指导意义。

二是以人为本的城市规划理念。上海很多城市规划建设新理念的提出在一定程度上促进了慢行交通的发展。比如"15分钟生活圈"提倡市民15分钟慢行范围内,实现教育、文化、医疗、养老、休闲及就业创业等日常活动,反向推动着"15分钟生活圈"内慢行网的提升。再比如"公园城市"理念的提出,推动了复兴公园、中山公园、鲁迅公园等一批公园的围墙打开,促进了城市绿道与市政道路慢行网络的衔接,有效提升了慢行通行环境。

三是精细打磨的慢行交通设施。上海城市交通治理已进入精细化阶段,慢行交通品质的呈现是很多细节性工作的集成。以道路隔离设施为

武夷路特色井盖
图片来源:上海市道路运输管理局

例，2021年我市曾集中开展过一轮城市道路禁车柱、分隔栏杆等分隔设施整治，中心城很多人行道缓坡处的红白栏杆被替换成黄灰为主的禁车柱，使路域环境显得更加温馨。2023年通过多年积累，我们形成《城市道路隔离设施端部警示标识设置指导意见》，对机非分隔、人非分隔进行了更精细化的设计，颜色上以黄灰为主调，质地上选用柔性材质，保证警示功能和安全使用的同时，也推动着城市更具温度。此外，城市道路花箱在不同季节采用不同品种，树池篦子、井盖因地制宜与沿途风貌融合，这些精细化工作潜移默化地增厚了整座城市的底蕴。

当然，我们也有很多需要学习其他城市的。比如，北京的慢行断点打通、深圳的儿童友好街区，国外哥本哈根、丹麦等骑行友好城市极致人性化的设施等都是我们学习的对象。未来，对照"历史与现代、繁荣与创新、健康与生态、人文与幸福"的卓越城市内涵，我们唯有持之以恒，久久为功，才能在城市化水平和居民生活水平提高的进程里，塑造更有温度、更有品质、更有底蕴的慢行交通。

第一节
Part 1

# 慢行交通新理念
**A New Paradigm of Slow Traffic**

# 上海市交通发展白皮书

步行和非机动车交通是城市交通的重要组成，在上海交通体系中发挥着不可或缺的作用。纵观三轮白皮书，对于慢行交通的认识在不断加深，慢行交通政策重点伴随发展阶段和功能定位的转变发生了一定的变化，2022版《上海市交通发展白皮书》明确提出"慢行交通优先"。

访谈人：邵　丹　上海市城乡建设和交通发展研究院-上海市城市综合交通规划研究所副所长

问题1：上海一共编制了三轮白皮书，三本书中对慢行交通的定位和重视程度发生什么样的变化？为什么会有这样的变化？

三轮交通发展白皮书对慢行交通的定位是在不同历史背景下，针对当时慢行交通的主要问题制定的，过程中，我们对慢行认知不断转变，重视度也在不断加强。

在编制2002版白皮书时，步行、自行车是居民出行最重要的交通方式，全市慢行交通出行比重占70%左右，但慢行交通的系统管理意识尚处于基本缺失的状态，在整体设施条件和管理水平上都相对落后，比如：人行道宽度狭窄，路面破损，连续性差；非机动车道主要为地面划线，缺乏物理隔离设施；交叉口处也较少有行人和自行车的专用信号灯；机非干扰、人车干扰、环境污染（燃油助动车排放问题突出）等问题不断加剧。慢行交通的总体环境还不理想，慢行交通出行质量与上海国际大都市的定位有着较大的差距。

对照这些问题，2002版白皮书更加注重慢行系统设施的建设和改善，重点强调交通功能的人行道、过街设施、自行车网络的建设。当时，燃油助动车的保有量有50万辆规模，根据燃油助动车快速发展的现实情况，有针对性地制定了限制发展和逐步淘汰的政策。同时，强调通过加快公共交通发展，积极引导长距离的自行车交通、助动车交通向公共交通转移。经过2002版白皮书的政策引导，慢行交通的设施状况已经大大改观。

全市慢行交通出行比重变化

| 年份 | 步行 | 自行车 | 助动车 | 合计 |
|---|---|---|---|---|
| 1995 年 | 32.8% | 45.1% | | 77.9% |
| 2004 年 | 27% | 25% | 5% | 57% |
| 2009 年 | 26% | 14% | 15% | 55% |

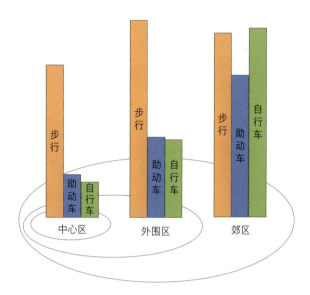

非机动车出行量的空间分布

图片来源：上海市城乡建设和交通发展研究院

在编制 2013 版白皮书时，慢行交通发展面临更高的要求、更新的形势和问题。一方面，慢行交通的重要度得到进一步提升。随着节能减排与绿色发展的要求和迫切性不断加强，步行和非机动车的发展问题已经逐步上升到国家战略，2013 年国务院发布关于加强城市基础设施建设的意见（国发〔2013〕36 号文件），明确提出将城市步行和自行车交通系统建设与公共交通设施、道路桥梁并重，要求设市城市应建设城市步行、自行车绿道，加强行人过街设施、自行车停车设施、道路林荫绿化、照明等设施建设，切实转变过度依赖小汽车出行的交通发展模式。另一方面，慢行交通的发展也出现了新的问题。电动自行车保有量持续增加，承担了大量的通勤及物流配送功能,并逐步带来安全秩序问题。

因此,2013版白皮书相比2002版白皮书,不再仅仅强调慢行交通功能的完善,而是从整体交通体系组织和低碳发展的要求,进一步强调区域慢行系统的优化和对整体交通出行模式的优化。同时,在交通工具发展政策上,进一步加强对电动自行车的规范管理,强化车辆合规,要求必须登记上牌。

到2022版白皮书则直接明确了"坚持公共交通和慢行交通优先发展"的战略取向,首次在战略层面将"公共交通"和"慢行交通"并重考虑。慢行交通地位被如此突出,主要基于以下两个方面考虑:

一是推动"快慢并重"发展,适应发展阶段转型和形势要求。经过改革开放45年以来的发展,上海交通以支撑经济社会发展和城镇空间体系拓展为使命,"枢纽型、功能性和网络化"的综合交通体系已经基本建成,以公共交通为主导的交通发展模式基本成型。在"双碳"目标背景,

地铁换乘通道的步行环境

图片来源:上海市城乡建设和交通发展研究院

人民城市建设理念下，面对城市空间拓展呈现增量拓展与存量更新，产业结构的知识密集和创新转型，人口结构的老龄化、少子化挑战等新形势，与人居环境品质密切相关的慢行交通空间和出行体验提升已经成为共识。

二是适应慢行交通内涵提升要求。慢行交通是最基础的交通方式，慢行空间也是城市公共空间的重要组成部分，往往伴随其他各类活动需求，慢行空间也已成为交、憩、游、闲、产等多种需求的功能载体。随着内涵的不断丰富拓展，对衔接组织、路权保障、空间环境、无障碍功能设施配套、管养运维等要求不断提高。

问题2：本轮白皮书明确提出"慢行交通优先"，那么优先主要是体现在哪些方面呢？

2022版白皮书提出：打造宜行宜骑、全龄友好、空间融合的慢行交通环境，更好地适应创新发展和美好生活需求，更好惠及全体市民。为达到这些目标，"慢行交通优先"重点是从路权供给、出行体验、整体空间品质等方面来体现优先。

滨江骑行空间

图片来源：上海市城乡建设和交通发展研究院

"路权供给优先"就是要打造宜行宜骑的慢行交通网络。包括提升非机动车路网密度和通达性,提升步行设施连贯性和舒适性,完善非机动车停放供给并改善秩序。

"出行体验优先"就是要营造全龄友好的慢行交通环境,增加出行包容性。包括提升行人过街便利性和安全,提升对老年人、儿童、有碍人士等群体出行的包容性,打造更高标准的慢行出行环境。

"整体空间品质优先"就是要塑造人性化、高品质的慢行交通空间。包括强化与城市功能空间的融合,加强与蓝绿生态空间的融合,加强与文化空间的融合。

在强调三个优先的同时,我市陆续修订、出台了《上海市道路交通管理条例》《上海市无障碍环境建设条例》《上海市儿童友好城市建设实施方案》《上海市慢行交通设计导则》《上海市街道设计导则》等,从配套法规规章方面为慢行优先保驾护航。

# 上海市慢行交通规划设计导则

2021 年,《上海市慢行交通规划设计导则》(简称《导则》)出台,作为本市慢行交通规划设计的技术性指导文件,发挥了重要的基础性指导作用。《导则》是慢行交通系统全面推进工作的起点,也是全市慢行交通认知的重大转折。

《导则》分"总则""慢行友好、以人为本的魅力之城""创新引领、系统完善的品质之城""实施要求"四大篇。"总则"明确编制意义、原则、范围及应用等;"慢行友好、以人为本的魅力之城"从网络密度、复合立

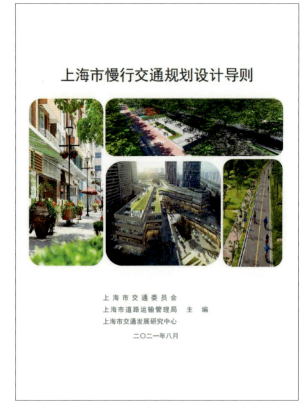

《上海市慢行交通规划设计导则》封面
图片来源:《上海市慢行交通规划设计导则》

体、接驳系统、示范品牌四个方面阐述慢行交通规划要点，侧重建设地区慢行硬件设施的规划建设；"创新引领、系统完善的品质之城"从结构优化、品质创新、精细设计三个方面阐述慢行交通设计要点，侧重已建成地区的更新改造和品质提升，增强慢行软实力；"实施要求"对慢行后续规划落实、计划制定、实施机制、公众参与等提出要求。

访谈人：何　莉　上海市交通委员会综合规划处处长
　　　　李　彬　上海市交通发展研究中心主任

问题1：《上海市慢行交通规划设计导则》对我市慢行交通工作起到了很大的指导和推进作用，能否请您介绍一下《导则》编制的背景与初衷？

何莉：《上海市慢行交通规划设计导则》是在2021年推进五个新城背景下提出的，时任上海市委书记李强调研五个新城时提出，交通设施、慢行系统与其他城市市政设施建设一体谋划，在关键细节上下功夫、见水平。市交通委员会由此开展慢行交通相关规划设计研究。研究过程中，基于上海交通存量发展实际，结合人民城市建设、城市软实力提升、城市更新等城市发展理念变革大背景，我们认为不仅是五个新城，全市的慢行交通也需要《导则》来指导，所以当时将这本《导则》扩展提升为全上海市的导则，其中针对五个新城专门提出了一些要求。

编制《导则》，主要是为了科学指导全市慢行交通规划及实施，用于各层次城市及交通规划中慢行交通系统的规划指引，以及道路交通方案设计阶段的指引。从区域看，重点引导五个新城、南北转型等重点地区提前谋划预留潜力空间，指导中心城区等更新地区综合施策，促进有机更新。从设施看，重点指导以交通功能为主的市政道路、公共通道慢行设施，兼顾以游憩、健身为主的绿道系统。

问题2：《上海市慢行交通规划设计导则》倡导的主要理念是哪些？为什么会提出这些理念？

何莉：根据上海实际，结合新城、城市更新地区等的发展要求，《上海市慢行交通规划设计导则》提出"连续成网、空间复合、便捷接驳、特色彰显"的慢行交通发展理念。

之所以提出上述发展理念,主要基于上海市慢行交通目前存在的问题和对未来的美好愿景。"连续成网"旨在多方式提高慢行网络密度,保障慢行交通连续可达,如提高跨苏州河人行和非机动车通道密度、加密新城集中建成区慢行网密度等。"空间复合"意在突出道路慢行交通应与两侧空间由"分开设计"向"一体化建设"转变,如依托综合交通枢纽、轨道交通站点、密集商办开发地区构建高效连通和功能复合的全天候立体慢行系统等。"便捷接驳"旨在有效提高慢行交通延伸公共交通服务的功能,如加密轨道站点周边慢行网络、完善轨道站点周边非机动车停放

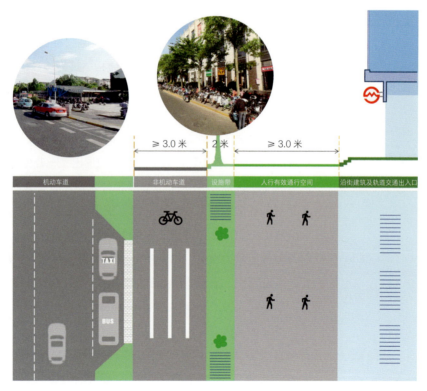

丰富轨道交通站点接驳元素,打造"微枢纽"
图片来源:《上海市慢行交通规划设计导则》

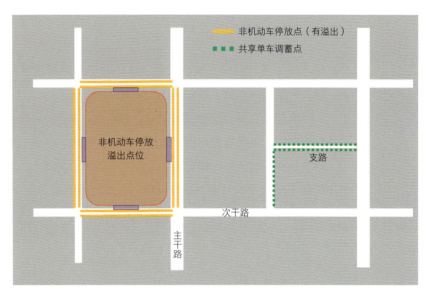

共享单车调蓄点示意图
图片来源：《上海市慢行交通规划设计导则》

设施等接驳元素。"特色彰显"着力打造最佳慢行环境，塑造彰显上海软实力的重要名片，打造高品质的慢行示范区和凸显底蕴特色的慢行交通品牌。

问题3：《上海市慢行交通规划设计导则》与规范标准相比有何区别？有哪些亮点？

何莉：《导则》从人的需求和城市的发展需求出发，相比规范标准，编制导向上更具针对性、体现差异性，规划设计要素聚焦场景应用、注重创新引领，主要体现在以下四个方面。

更加关注紧贴人民群众急难愁盼的热点需求。针对市民关注的热点，深入研究跨水系等障碍物的慢行节点打通、站点周边慢行网络便捷可达、机动车和非机动车矛盾、互联网租赁自行车（俗称共享单车）及外卖车辆的停放、立体过街设施加装电梯等问题，细化场景，明确要求。如明确跨水系慢行通道间距、原则上避免路内停车对非机动车路权占用、轨道站点非机动车停车用地宜在规划阶段统筹考虑等。

始终坚持分区施策，契合空间发展。以新开发地区和城市更新地区为重点，提出契合区块空间结构和用地现状差异性的慢行规划设计指引。新开发地区吸取中心城经验系统谋划，城市更新区结合现有条件积极优化，给出慢行网络密度、宽度、非机动车停车配建等区域差异化指标，以及在空间、环境、衔接层面不同的设计指引。

更加强化慢行交通规划设计"精、微、实"。聚焦交叉口转弯半径、慢行过街、隔离设施、铺装设施等精细化设计，体现"精"。探索城市更新地区道路微设计、微更新，改善老城区慢行品质，凸显"微"。针对非机动车停放矛盾突出、过街设施间距过大等问卷调查主要结论，提出相关规划设计指引，提升群众感受度，实现"实"。

鼓励探索空间品质创新，营造活力人文氛围。由慢行自身的规划设计指引拓展到街区整体氛围营造，系统梳理空间尺度、街道界面、环境设施、种植生境、街道夜景等立体设计要素，塑造类似杨树浦路的历史人文风貌品质街区、番禺路的邻里生活滋味品质街区、大学路的资源集约创新品质街区。

问题4：《上海市慢行交通规划设计导则》发布已有两年多，现在回头看，《导则》发挥了哪些作用？

何莉：2021年编制的《上海市慢行交通规划设计导则》是慢行交通工作一项很好的基础，在规划设计推进各阶段都发挥了很大作用。《导则》意义长远，至少在"十四五"期间都是慢行交通工作的努力方向。

《导则》是起点，是慢行交通系统工作的基础。《导则》的编写不是简简单单编导则，而是针对上海市路网情况、慢行交通通行情况以及整个城市发展水平开展的。特别是五个新城规划建设起步阶段，及时出台关于慢行交通的一些规划设计建议，具有较强的顶层规划指导意义。2023年慢行交通被纳入民心工程，《导则》仍然是一项重要的指导性文件。今年编制的《关于加快推进本市慢行交通品质提升工作的实施意见》和《关于加快推进本市慢行交通品质提升的三年行动方案（2023—2025年）》，具体任务也是以《导则》为引，结合各区实际进行提炼的。以《导则》为基础，我们还编写了一些标准规范，涉及慢行空间的设置、标志标识等。

时至今日,哪怕是到具体工作的推进阶段,《导则》提出的一些建议还是具有较强的应用价值。我市既有的慢行交通成功案例,《导则》里基本都有提到。比如中山公园围墙打开,其核心——慢行空间和公园内部空间的统筹设计、慢行空间和人行道前区的统筹设计,《导则》都有明确指导。

下一阶段,更重要的还是要加大《导则》宣传力度,包括一些优秀

中山公园围墙打开,万航渡路改造前后对比
图片来源:上海市长宁区建设和交通委员会

案例的宣传，让各区、各设计单位吃透、研读透，在实际工作中落地《导则》。我们也希望在民心工程推进的过程中，能够听取各区和各单位的反馈意见，在规划设计的手段、细节处理、具体方案的深化等方面进一步提炼。

问题5：作为《上海市慢行交通规划设计导则》的研究单位，在《导则》研究过程中发现了哪些慢行问题？相应提出了哪些建议？

李彬：《导则》研究过程中，通过调查问卷和市民来信，我们收集了市民对慢行交通的主要需求及现状最需要改善的问题，提出对新建设施予以提前指引、对既有设施予以优化提升的总体策略。

相比新开发地区，城市更新地区设施配套基本成熟，慢行品质提升特别是网络密度提升有限，如何进一步优化城市更新地区慢行网络是《导则》的重点之一。对此类地区，《导则》提出以畸形交叉口改造、滨水两岸断点打通、禁非道路弹性恢复等网络小修小补为主。同时通过公共通道对行人和非机动车开放、蓝绿空间通行功能发挥、共享街道建设等创新方式补充慢行网络。

实际使用中，我们常会遇到慢行空间被侵占或破坏的问题，本次《导则》对此提出了很多保障和保护慢行空间的措施。例如《导则》要求协调公交进出站与非机动车通行的关系，推荐非机动车后绕方式，配套减速让行线，以减少公交车、非机动车、候车乘客间的干扰。另外，对建筑退界空间内的停车占用人行道空间或打断人行道连续性的问题，《导则》提出应设置专用空间。

互联网租赁自行车等非机动车停放问题，一直是城市治理的难点，本次《导则》要求轨道站点等重点区域规划设计阶段就要配建非机动车停车设施。既有轨道交通站点和建筑，要规范非机动车停放，充分挖掘停放潜能，可结合建筑前区、绿化带、人行道设施带、过街天桥、高架桥桥下空间等区域分散布设，不得侵占步行与自行车的通行空间。此外，非机动车停车设施还应适应外卖业态发展，并与风貌环境相互协调。

对立交、地道出入口，桥下空间和畸形交叉口等市民反映过街不便

第六章 高品质的慢行交通

非机动车后绕公交站台
图片来源：上海市交通发展研究中心

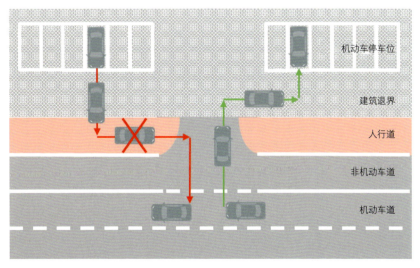

建筑退界空间内的停车和进出不得占用人行道空间、不应打断人行道的连续性
图片来源：《上海市慢行交通规划设计导则》

的点位，以及人行过街设施间距太大、绕行过远的问题，《导则》提出要缩小过街设施与周边重要公共设施出入口的间距，提高人行和非机动车过街的便捷性。人行过街横道遵循行人过街的最短路线布置，最典型的是南京西路与常德路交叉口、淮海中路与黄陂南路交叉口，这些交叉口周边商业林立，斜向过街需求大，因此设置了斜穿交叉口的人行过街横道。

随着社会老年化趋势的日渐凸显，"全年龄层"的慢行友好需求变得强烈，因此《导则》特设专篇指引慢行系统"人性化"设计。包括方便轮椅、婴儿车的公交站台无障碍设计，交叉口和地块出入口的平坡或缓坡设计，二次过街安全岛的设置等。这些精细设计均强调关注残障人士、老年人、儿童群体及一般人群的出行需求，打造全龄友好的慢行空间。

问题6：您刚刚提到相比新开发地区，城市更新地区设施配套基本成熟，那慢行交通基础条件肯定是不一样的。《导则》是如何考虑区域差异性的，又是如何应对的？

李彬：不同地区慢行交通的功能定位和基础条件不一样，对应慢行交通的发展目标也应不一样。以中心城和新城为例，它们在慢行网络和空间条件等方面存在很大差异，《导则》也相应地提出了不同的发展目标和对策。

中心城路网基底较完备，慢行交通受用地资源紧张影响，存在空间狭窄、拓宽困难、存在断点等问题。既有的红线范围内，禁非道路恢复非机动车道、人行道拓宽等对机动车交通影响较大，往往存在较大的阻力。此外，现状中心城尚有8%的人行道不满足《导则》中提出的宽度2米的最低要求，有限的道路资源难以完全保障高品质的慢行通行需求。

在有限的道路资源背景下，《导则》建议中心城有效利用片区（地块）更新等契机，盘活存量资源，提升片区慢行环境，如外滩第二立面、北外滩、曹杨地区等。具体可探索增加地块（建筑）内部公共通道开放与利用、商圈的立体连廊系统来提升慢行可达性；可统筹步行通行区、设施带与建筑前区空间，提升慢行出行空间和品质，激活街道活力；可通过增设与改造适老化设施、改善交通组织、提升路域环境等，优化周边环境品质；也可利用建交（交通、建管委）一体优势积极推进滨水岸线贯通，探索休闲绿道资源与市政道路的融合利用。

新城道路网基底相较中心城薄弱，呈现一"低"一"高"的矛盾。"低"是慢行网络偏低，一方面路网尚未到位，且存在一定规模的公路缺乏慢行系统；另一方面新城建设重干路、轻支路，公共通道规划与布局相对不足。"高"是慢行出行比例高，主要是由于郊区和新城轨道覆盖水平低，非机动车相比地面公交出行效率高、费用低，导致区内出行中慢行交通占比较高达 64%（步行 27%，非机动车 37%）。

对新城存在的问题，《导则》建议新城以"系统完整"为导向，从"串联成网、空间缝合、特色彰显"等入手，积极推进路网建设、公路断面改造、慢行专项改造等，优化街区结构，提升慢行网络连通度。此外，亦可从市政慢行设施、休闲慢行设施及两者间融合利用多方面发力，激发区域活力，改善区域慢行环境。

《上海市慢行交通规划设计导则》是起点，对标市民需求，对标全球骑行友好城市，我们还需继续努力，在急难愁盼问题的解决、品质提升、全龄友好上下足工夫，将慢行交通做到人民心坎里。

# 上海市街道设计导则

2016年,上海在全国率先研究制定了《上海市街道设计导则》(简称《街道导则》),明确街道的概念和基本设计要求,提出必须对既有的规划、设计、建设模式进行转型与创新,实现从道路到街道的转变。该导则的发布对推动街道的"人性化"转型与回归具有突出意义,受到社会各界认可。

《街道导则》分"城市与街道""目标与导引""设计与实施"三大部分。"城市与街道"从"城市肌理与街道、街道分类、从道路到街道"三个方面阐述街道发展与变化,侧重街道分类和空间功能的理念导向。

《上海市街道设计导则》封面
图片来源:《上海市街道设计导则》

"目标与导引"从"安全街道、绿色街道、活力街道、智慧街道"四个方面分别明确细化具体目标,侧重目标导向下的要素及设计指引。"设计与实施"从"街道与街区、街道设计、实施策略"三个方面阐述各类场景下的具体设计要求,侧重实施推动层面的应用。

访谈人:胡晓忠　上海市规划和自然资源局建筑工程管理处处长
　　　　蒋应红　上海市城市建设设计研究总院(集团)有限公司
　　　　　　　　董事长

问题1:作为《上海市街道设计导则》的主编单位,能否介绍一下其编制背景?

胡晓忠:街道是上海的城市特色之一。开埠180多年来,上海形成了多样的路网格局和街道空间。南京路、武康路、大学路等知名街道是展现上海城市形象的重要窗口,许多普通的街道尽管知名度不高,但也

中华第一街南京路
图片来源:《上海市街道设计导则》

因为舒适的空间体验和丰富的街道生活,为市民和游客所认同和喜爱。

在过去 30 多年的时间里,上海经历了高速的工业化、机动化和城镇化,城市建设取得巨大成就,但以车为本的传统道路建设模式的弊端也逐渐显现,这也使得街道在承载人文记忆、方便社区生活、促进地区活力和经济繁荣等方面的价值进一步显现。

为贯彻落实中央城市工作会议、《中共中央 国务院关于进一步加强城市规划建设管理工作的若干意见》、"上海 2035"总规相关要求,顺应中国城市建设向注重活力、社会和谐与可持续发展转型的趋势,传承与发扬城市街道传统与特色,上海市于 2016 年编制完成《上海市街道设计导则》。

问题 2:街道在城市建设转型中具有哪些作用?

胡晓忠:首先,街道是城市设计的首要切入点。街道及两侧界面所构成的 U 形空间内,涵盖了空间形态、公共功能、空间环境等城市设计中涉及公共利益的大部分关键要素,通过运用更整体视角的、更人性化的城市设计方法来进行街道设计,可以有效改善城市公共服务供给,激发城市活力,提升文化内涵和塑造城市精神。

其次,街道是街区更新的主要落脚点。通过街道改造提升空间环境

街道作为交通空间(淮海中路与黄陂南路交叉口)
图片来源:《上海市街道设计导则》

围绕街道空间开展街区规划设计(大学路)
图片来源:《上海市街道设计导则》

街道作为公共空间（马当路人行道、沿街商铺与外摆）
图片来源：上海市城市规划设计研究院

依托街道改造推动街区更新（圆明园路）
图片来源：上海市城市规划设计研究院

品质和街区形象，能够改善公共生活品质，促进绿色交通，增强街区对企业和人才的吸引力，促进产业发展和商业繁荣，实现社会经济可持续发展。

再者，街道还是城市双修的重要着力点。通过规整街道界面、完善配套设施、提升空间景观、活化首层功能等方式对街道空间进行精细化修补，能够以较小的代价达到改善公共服务质量、完善基础设施、保护历史文化、强化社会网络的作用。

问题3：《上海市街道设计导则》的实施情况如何？能否举例说明。

胡晓忠：街道涉及道路及两侧建筑和开放空间，《街道导则》的实施

依托街道改造提升滨水体验（北苏州路）
图片来源：上海市城市规划设计研究院

街道作为历史人文载体（兴业路梧桐街道）
图片来源：上海市城市规划设计研究院

也需要相关主体紧密配合。《街道导则》发布以来，有效推动了公共和市场建设主体、相关行业主管部门、设计机构、专家学者及广大市民建立共识，促进各方通力合作，并在规划、建设和治理全过程产生影响，将街道设计理念全面融入街区规划和街道设计试点，显著提升城市人文环境、商务环境、交通环境和生活环境。

街区规划方面，长宁区开展慢行系统规划，依托街道改造完善区域慢行系统；外滩地区开展中观尺度城市空间研究，以街道为核心保护地区风貌格局，推动城市有机更新；杨浦滨江南段进行总体城市设计，根据街道定位确定道路宽度、沿街空间尺度和首层功能，组织地区活力网络。

街道设计试点注重因地制宜与特色创新。黄石路形成道路与沿街建筑一体化设计方案；海伦路优化车道宽度与转弯半径等技术标准；天潼路缩减车道补充步行空间；杨树浦路依托街道展示百年工业历史；政通路设置手拉车专用通道体现人性关怀。

此外，《街道导则》倡导的街道分时利用、社区道路宁静化设计、沿路杆件合杆等内容均已得到普遍应用，相关理念在建筑设计和社区更新等方面得以贯彻，具体技术内容纳入上海地方工程标准《街道设计标准》，为道路工程、沿街建筑和景观设计提供技术指引与支撑。

问题4：作为设计单位，您认为《上海市街道设计导则》中的"街道设计"与传统的"道路设计"有什么区别，创新在哪里？

蒋应红："道路"作为城市交通基础设施，其设计强调各类交通的通行效率和快慢交通分离；"街道"作为城市中承担交通、活动、生态等多重功能的重要公共空间，其设计目标不仅是满足交通需求，还要提升空间品质，促进人们的交往与互动，增强城市魅力和活力。"街道设计"突破了道路红线、管理的限制，将建筑前区与慢行空间统筹考虑，在U形空间内平衡路权、功能和设施。

"道路设计"主要关注道路的结构和参数，其设计要素包括路基、路面、路肩、边沟、桥涵、隧道等，遵循一种规范性和技术性的方法，需

第六章 高品质的慢行交通

注重人的交流和生活相关设施示意图
图片来源：上海市城市建设设计研究总院（集团）有限公司

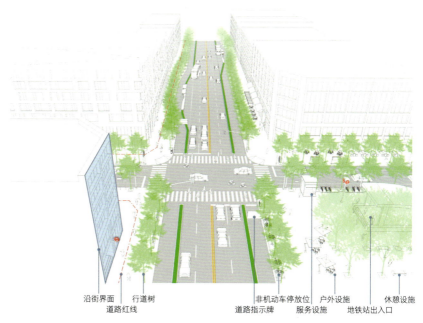

街道空间全要素管控示意图
图片来源：上海市城市建设设计研究总院（集团）有限公司

349

要进行科学的计算和分析;"街道设计"考虑的是街道的整体环境和多元利益主体,其设计要素包括建筑立面、店招店牌、照明路灯、城市家具、绿化景观、行人步道、自行车道、机动车道等,采用的是一种综合性和创新性的方法,其设计过程需要系统思考、要素细化、递进引导,以及多方共治、社会参与、智能化管理等。

"街道设计"的创新在于它将"道路"向"街道"转变,是"车本位"思想向"人本位"思想的转变,从"主要重视机动车通行"向"全面关注人的交流和生活方式"转变,从"道路红线管控"向"街道空间管控"转变,从"工程性设计"向"整体空间环境设计"转变,从"强调交通效能"向"促进街道与街区融合发展"转变,从单向的政府管理向多元的社会共治转变。这样的创新有利于提升城市公共空间的品质和宜居性,也有利于实现城市可持续发展的目标。

问题5:上海市在街道设计实践的过程中,面临哪些主要挑战?未来城市街道空间又将往何处发展?

蒋应红:我认为,面临的主要挑战有以下三个方面:如何转变传统"以车为本"的道路设计观念,关注慢行人群的出行体验,强调街道的公共空间属性和多元功能,体现人民街道的理念;如何因地制宜地进行街道设计,兼顾交通效率、空间品质、历史文化、社区活力等多方面的需求;如何协调各方利益,形成广泛的共识和参与,推动街道设计的实施和管理。

为了应对这些挑战,上海市在全国率先编制并发布了《上海市街道设计导则》《街道设计标准》《上海市城市道路精细化管理导则(试行)》以及《上海市慢行交通规划设计导则》等,提出了街道设计的理念、方法和技术,引导街道设计向人性化、集约化、品质化发展。

未来,城市街道空间将向着更加人性化、多元化、智慧化的趋势发展。随着智能驾驶技术的逐渐成熟和应用,未来城市空间布局和街道空间设计也将产生巨大变化。智能驾驶的实现将极大地提高道路资源的使用效率,进而减少车辆对道路资源的占用,释放出更多的空间给予街道本身。释放的街道空间将在智慧城市建设的过程中发挥重要作用，而街道设计就需要紧跟新科学技术的发展，以促进街道转型，建设更适宜人居的街道。

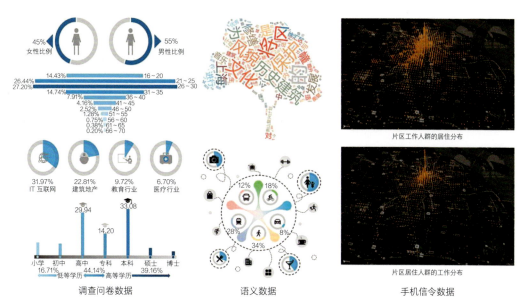

多源大数据的利用

图片来源：上海市城市建设设计研究总院（集团）有限公司

第二节
Part 2

# 全域畅通的慢行系统
**A Fully Connected Slow Traffic System**

# 构建连续完整的慢行网络

连续完整的慢行网络是提升慢行体验最基本的前提。步行交通网络包括市政道路范围内的人行道、步行街、公共通道、过街天桥和地道、空中步行连廊、公共绿地内的步行空间等。非机动车交通网络包括市政道路范围内的非机动车道、自行车专用路、公共通道、公共绿地内的骑行空间等。

访谈人：何　莉　上海市交通委员会综合规划处处长
　　　　朱华勇　上海市道路运输事业发展中心主任
　　　　陈　祥　上海市公安局交通警察总队路政设施处民警

问题1：作为交通系统慢行工作的主要推动者之一，在构建连续完整的慢行交通网络方面，上海采取了哪些举措？

朱华勇：近年来，上海主要从三个方面构建连续完整的慢行交通网络。

一是网络规划层面，构建"骨干+支网"式慢行网络。包括连通主要功能片区、公共活动中心的骨干慢行通道；向各片区内部和公共交通站点延伸的支网；公共通道和非机动车专用路等拓展的慢行网络。在网络规划基础上，我们逐步推动慢行网络完善。比如，建设了光复路（南北高架-西藏北路桥）滨河非机动车专用路；新建曲靖路（蝶山路-武宣路），减少了市民进出轨道交通站点绕行距离。全域慢行网络更加连续完整，与公共交通连接更加紧密。

二是提升慢行系统可达性，包括增强跨水系、铁路、高（快）速路等的慢行连接，禁非道路的弹性恢复，商圈、枢纽、轨道站点周边的立体慢行系统等。比如，2022年开放的安远路跨苏州河桥，桥梁为人行桥梁，兼顾了非机动车推行，增加了苏州河两岸的慢行联系通道；长寿路桥下人行通道贯通使市民过街更加便捷；北外滩核心区空中连廊、虹桥核心区空中走廊等一批TOD引领的立体慢行连廊在提高区域步行便捷性的同时，也进一步激发了地区活力。

曲靖路（蝶山路-武宣路）新建道路实景图
图片来源：上海市普陀区建设和管理委员会

安远路跨苏州河桥
图片来源：上海市道路运输管理局

长寿路桥下通道贯通实施前（左）、实施后（右）
图片来源：静安区建设和管理委员会

北外滩89街坊与92街坊连廊实施后实景图
图片来源：虹口区建设和管理委员会

三是增强蓝绿网络与市政慢行网络的衔接融合，打造"看得见、进得去"的蓝绿慢行走廊。慢行交通不仅仅是交通本身，还有公园广场内、滨水空间旁、城市绿带内的漫步道、跑步道、骑行道等，可以说是交通和城市的一种连接。故慢行网络构建中一项重要的工作就是要加强市政道路与其他慢行设施的衔接，一方面加密慢行网络，另一方面也能为市民提供更优质的出行体验。比如，徐汇区体育公园周边人行道与跑步道融合，起到了市政慢行网络与蓝绿网络融合的引领示范作用。

徐汇区体育公园周边人行道与跑步道融合
图片来源：上海市道路运输管理局

问题2：上海特别是中心城地区，骑行者会碰到骑着骑着非机动车道消失的情况，目前我市非机动车网络断点情况如何？今后将采取哪些措施打通？

朱华勇：至2022年底，上海市中心城区全路网密度达7.4公里/平方公里，除快速路和99公里103条禁非道路外均可骑行，骑行路网密度达6.9公里/平方公里。禁非道路中，浦西中环段尚存在19公里非机动车道未贯通。跨河、跨铁通道一直是骑行交通出行的"老大难"问题。目前跨黄浦江的桥隧，除昆阳路桥、松浦大桥、松浦三桥外，越江隧道、桥梁均不允许非机动车行驶。中心城区跨苏州河（外滩—S20）现状通道36座（35桥1隧），其中非机动车通道23处，平均通道间距895米。

对网络断点打通，我们的工作重点放在禁非恢复和跨阻隔断点打通两方面。禁非恢复方面，市交通委和市交警总队、相关区正进一步研究禁非恢复的可能性，能恢复的尽量恢复，不能恢复的待城市更新或道路改造，适时恢复。跨阻隔断点打通方面，我们正研究推进昆阳路慢行越江设施的优化，以及白玉路桥、泾阳路桥、百合桥等跨苏州河慢行桥建设，为市民提供更完善的跨河越江骑行设施。我们也一直在与铁路、水务等部门积极对接协调。以三门路跨铁路南何支线和南泗塘这个断点为例，在市、区相关部门大力推动下，计划新建三门路跨铁路南何支线和南泗塘河道的人行和非机动车通行的钢便桥，建成投用后，南何支线、南泗塘东侧市民前往第四人民医院就不需要再绕行2公里了。

问题3：作为当年建国路和复兴路禁非恢复的见证者，可否介绍下当年第一条禁非恢复道路的改造过程？

何莉：2016—2017年，随着共享单车的兴起，非机动车出行需求越发强烈。为此，市领导亲自考察体验，对中心城局部禁非道路作出工作指示，市交通和交警部门通力合作，联合开展禁非恢复研究。

第一条禁非恢复道路的选取，重点从禁非道路设置与运行情况开展评估，综合考虑机动车交通状况。当时首先考虑的是两组平行的单行道，复兴路和建国路、瑞金路和陕西南路。这两组路机动车和非机动车均是单行，且均涉及风貌保护道路，恢复难度均较大。设施条件方面，瑞金路红线变化更为不定；交通运行方面，中心城南北向交通历来拥堵，特别是瑞金医院门口那段。综合考虑，建国路和复兴路禁非恢复难度稍小，故决定在建国路和复兴路先做试点。

  作为最早完成禁非恢复的两条道路，硬技术的难度不大，但对工作的精细化程度要求较高。一是因为原道路不仅窄，路幅宽度还千变万化，有8米多的、有9米多的，很难采用统一的断面布置形式。二是因为复兴路作为风貌保护道路，侧石线是不能动的，造成恢复方式有限。三是因为恢复一条非机动车道，相关交叉口及上下游道路的信号灯、交通指引等均需同步调整，可谓是牵一发而动全身。对此，我们跟交警部门齐心协力，每一段路均通过现场踏勘查看，落实具体节点方案和路段方案。对非机动车道由单行改双行造成的交叉口红绿灯相位增加和通行时间损失，我们审慎研究信号调整方案和上下游交通指引变更方案，详细分析车道匹配度及对上下游交叉口、平行道路交叉口的影响，在此基础上，通过对比和试运行，最终才把方案落地。

  建国路和复兴路非机动车恢复双向通行后，虽然非机动车道很窄，只有1.5米，但是解决了原单向平行交通组织下绕行1—2公里的问题，大大缩短了非机动车出行的时间，市民反响热烈。

问题4：当年建国路和复兴路非机动车恢复双向通行后，除硬件设施配套跟上，对后期交通运营组织还有哪些影响？对此我们交警部门采取了哪些应对措施？

  陈祥：建国路和复兴路非机动车恢复双向通行后，机动车道数量虽然没有减少，但机动车道宽度变窄，使得行车速度受到影响。综合比较来看，原先没有非机动车道时，常会有非机动车进入两条道路，对机动车通行产生阻碍。增加了非机动车道后，交通秩序得到了改善，拥堵情况也没有因为车道变窄而变得更严重，相反，车道变窄后，一定程度上迫使驾驶员降低车速，减少了事故发生率。

  非机动车刚恢复双向通行时，出行者势必不习惯，所以我们当时特地加强警力进行疏导，主要针对非机动车流量较高时，借用机动车道超车对机动车通行产生阻碍的情况，进行现场秩序管理。此外，我们还同步调整了周边道路的交通管理措施,包括采取路口禁左、禁右等,保障直行车辆的通行效率。

总体而言,建国路和复兴路非机动车恢复双向通行后,机动车通行效率可能会下降,但考虑到两条道路的非机动车通行需求较高,因此,此时保障机动车和非机动车之间安全、有序通行更为重要。

问题5:非机动车跨越黄浦江现状主要是轮渡形式,但轮渡有运营时间限制,特别是雨雾天轮渡停航,此时非机动车越江的需求是如何保障的?

陈祥:为解决雨雾天轮渡停航时非机动车越江问题,交警部门准备了非机动车过江应急预案。当遇到轮渡停航时,开放大连路隧道东线(浦东往浦西)、大连路隧道西线(浦西往浦东)、复兴路隧道南线上层(浦西往浦东)供非机动车过江,同时,交警部门会采用警车压送、"蚂蚁搬家"的形式为非机动车雨雾天过江保驾护航。

过江隧道口会增派交警维护秩序,指挥非机动车辆有序进入隧道。

雨天交警为非机动车过江保驾护航
图片来源:上海市公安局交通警察总队

以复兴路隧道浦西往浦东方向为例，现场采取非机动车与机动车交替放行的方式，从浦东到浦西的非机动车走 U 形进入浦西非机动车车道，等一波走完后，浦西一侧的非机动车走 V 形进入隧道往浦东，随后再放行一侧的机动车。通过交警不断提醒安全驾驶以及有序地引导，确保现场非机动车有序排队等待、高效井然地通行。

问题 6：结合以往经验，针对连续完整的慢行网络，您认为还有何需要重点注意的？

陈祥：连续完整的慢行网络始终是我们坚持的原则。2016 年修订的《上海市道路交通管理条例》明确提出，"本市倡导慢行优先，改善慢行交通环境，保障慢行交通通行空间。完善非机动车和行人的过街通道，优化交叉路口设计；完善系统、连续的非机动车道网络，优化非机动车标志、标线配置；加强轨道交通站点周边非机动车道、步行通道的建设和管理"。2021 年施行的《上海市非机动车安全管理条例》也提出了同样要求。

在禁非恢复的过程中，对恢复条件较好的道路已尽数恢复，剩余禁非路段的恢复面临一些困难，主要受路幅宽度、机动车道通行压力、路内绿化移除、行道树搬迁、地块围墙拆除、地下管线、用地权属等问题限制，有限的道路资源难以完全保障各交通主体和其他附属设施的需求。对此，一方面，我们认为有限资源要斤斤计较，把工作做得像绣花一样细致；另一方面，禁非恢复的论证也要充分考虑道路功能定位，从区域角度论证禁非恢复对机动车交通运行的影响、对路段和交叉口通行能力的影响、是否会吸引更多非机动车、车道的宽度是否足够、是否有公交车经过影响安全，等等。通过全面地深思熟虑，达到各方需求的平衡和系统的最优。

设施完善的同时，安全舒适的通行环境也是慢行出行的必要条件。这方面，我们会始终将综合治理理念贯穿非机动车整治工作，通过路面执法、源头监管等方式，着力改善非机动车通行秩序，提升遵纪守法意识。在完善连续完整的非机动车通行网络的基础上，营造更加秩序井然的出行环境。

总之，网络贯通是一方面，保障连续的骑行环境也是不可或缺的重要一环。在慢行被更加重视的今天，我们将坚持"以人为本、路尽其用"的原则，促进交通更好地服务城市生活。在出行观念逐渐改变的未来，绿色出行方式逐渐深入人心，道路设施将与需求同步改变。

# 上天入地的立体慢行系统

上海的人行天桥集中建成于 20 世纪 80 年代，主要用于解决人车矛盾、行人过街难等问题。曾有专家估计，上海先后有过近百座人行天桥，但被拆除的天桥不超过总量的 10%。拆除原因主要包括轨道交通站点建设、地下空间功能替代、优化商圈环境等。随着城市发展在各个阶段的需求变化，人行天桥系统从功能到规模会有不同的体现。如今，徐家汇空中连廊、陆家嘴世纪连廊、莲花路空中连廊等上海较典型的空中连廊，已不再仅承担过街功能，而是集观光休闲、整合商圈业态于一体的公共空间。无独有偶，天桥的发展过程中，上海也在城市地下空间做文章，出现了一批标志性的地下通道。核心商圈往往具有地下、地面、连廊三层步行系统。

访谈人：牟　娟　上海市杨浦区规划和自然资源局局长
　　　　镇雪锋　上海市徐汇区建设和管理委员会副主任

问题 1：徐家汇空中连廊作为上海最具代表性的连廊之一，地处上海核心商圈，且大部分是在商圈形成后建设的，建设难度一定很大，当初为何坚持打造徐家汇空中连廊？

镇雪锋：徐家汇商圈是上海市的核心商圈之一，以肇嘉浜路、漕溪北路、虹桥路、华山路和衡山路五岔口为核心，围绕分布着港汇恒隆、美罗城、东方商厦等九座商业体。五条路交会于此，带来大量人流的同时，却也在空间上造成了各商业体的隔离。

2013 年 8 月 31 日，11 号线徐家汇站通车，徐家汇成为拥有轨道交通 1 号线、9 号线和 11 号线三线的大型换乘枢纽，每天仅乘坐轨道交通经过徐家汇的客流超过 35 万人次。拥有 19 个轨道交通出口的徐家汇，仅凭地下通行，很难满足所有人的需求。尤其对初来乍到的游客，从美罗城走向近在咫尺的东方商厦，必须经过地下的"九曲十八弯"，要走 300 多米的地铁通道；若地铁关闭，只能绕行肇嘉浜路天桥，再过 2 个红绿灯路口,整段路程耗时约 20 分钟。分散的商业各自为战,难以形成聚合效应,徐家汇空中连廊项目因此诞生。

**问题 2:徐家汇空中连廊的规划理念是什么?大体布局是怎样的?**

镇雪锋:徐家汇空中连廊旨在促进徐家汇商圈各商业体的融合,为商圈各商业体的经营和发展带来共赢;进一步改善地区交通,真正实现商圈的人车分流,提高道路的通行能力,提供安全、便利、舒适、宜人的人行空间;通过连廊平台建设,创造绿色生态的、有文化趣味的、有景观标志性的城市新形象。

徐家汇商圈天桥连廊体系主要由环肇嘉浜路、漕溪北路、虹桥路、华山路"一环"和串联徐家汇中心各地块的"一线"组成。根据规划,徐家汇商圈连廊体系的一线包括跨华山路的连廊三期、跨恭城路和昭平路的连廊四期,以及跨宜山路连廊五期组成,与"一环"共同组成徐家汇商圈空中步道系统。

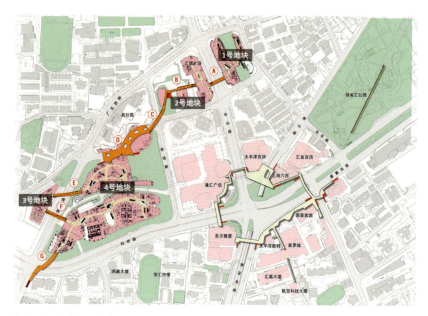

徐家汇空中连廊系统布局

图片来源:上海市徐汇区建设和管理委员会

徐家汇空中连廊二期
图片来源：上海市徐汇区建设和管理委员会

问题3：徐家汇空中连廊工程建设过程中遇到了哪些困难和挑战，我们是如何克服的？

镇雪锋：徐家汇空中连廊工程在建设中也存在着不少难点。比如，地下情况复杂，桩基施工犹如"见缝插针"。徐家汇空中连廊二期位于徐家汇商圈，近虹桥路和漕溪北路交叉路口，是徐家汇地区的中心地带，场地周边地下结构和管线分布十分复杂。地下为轨道交通1号线、9号线的换乘大厅，虹桥路和漕溪北路区域地下埋设有电力、电信、给水、煤气、雨水、污水等多种管线。

最值得一提的是，虹桥路靠近恒隆港汇广场有桥墩，需进行桩基施工，钻孔灌注桩施工场地有一根300毫米管径的自来水管，进入港汇广场里面作为供水和消防用水，需要临时改迁，而且施工位置是港汇广场的主要车库进口。天桥吊装时间是锁定不变的，留给桩基施工时间非常短。如按起初逐级请示的沟通机制，在时间上无法保障工程的顺利进行，通过建委多方协调，港汇广场同意封闭地库进口来保障施工正常有序推进。同时,自来水公司也积极配合进行临时改迁,原计划半个月的施工时间,最终在多方协同努力下,短短10天就完工了,为后续的工程进度打下了良好的基础。

又如,超大结构拼装,吊装过程既考验胆量也需要智慧。跨虹桥路天桥留给现场吊装的窗口期只有两个小时,这是天桥吊装最重要的一环,也是决定成败的一战。若当天无法吊装成功,整个徐家汇中心道路通行将会产生大范围交通阻塞。于是,我们主要采取了三方面的措施。一是创新制作工艺。我们研发出天桥结构、幕墙、给水排水及机电一体化加工制作技术,在南通工厂进行集成化预拼装,减少现场的拼装焊接时间。二是精心设计运输线路。为了把这个"庞然大物"从南通工厂运到现场,充分考虑限高、限重、转弯半径等因素,多次踏勘路线,最终采取"水运+陆运"的方式,比原计划提前了两天抵达八万人体育场临时停放场地,为保证连廊箱梁及时、精准地运输至吊装现场预留了充足的准备时间。三是反复打磨施工方案。经过反复推演,最终采用了1台600吨级的吊机,起吊后通过牵引绳调整结构方向,使其在空中完成90度的"华丽转身",然后精准对接上承台上预留好的焊接点。当晚,虽然下着绵绵

跨虹桥路连接东方商厦与港汇恒隆的天桥完成合拢
图片来源:上海市徐汇区建设和管理委员会

施工时间安排在非工作日的夜间,对施工路口进行流量管制
图片来源:上海市徐汇区建设和管理委员会

细雨,但依然完美完成了 110 吨的钢结构平稳吊装,整个过程就像是一台外科手术,既考验胆量,也需要智慧。

再比如,交通组织难,尽力减少施工对交通的影响。徐家汇商圈交通繁忙,承载着内环高架及延安高架的过境车流,特别是几个主干道,即使是到了半夜 12 点以后也还是川流不息。对此,天桥连廊的吊装需对各主干道进行临时交通管制。我们协同交警部门,讨论确定交通组织方案,将施工对交通的影响降到最低。占路施工时间安排在非工作日的夜间,对施工路口进行流量管制,保留一条通行车道;非施工路口进行流量管制,减少进入施工范围的车辆;各路口布置交通疏导人员配合交警维护交通,保证占路施工时道路交通通畅。对于受到影响的夜间公交班线,暂时外移停靠站点,同时安排人员在站牌处进行人员疏导。多措并举,尽力减少施工对市民的打扰和影响。

问题 4:五角场淞沪路地下通道作为上海最成功的地下通道之一,建成后效果如何?

牟娟:淞沪路地下通道从政学路开始,一路延伸到五角场环岛,全长近 500 米,并于 2017 年的国庆、中秋节前夕,向社会全面开放。地下

大学路下壹站

图片来源：微信公众号"上海杨浦"

地下商业街

图片来源：微信公众号"上海杨浦"

通道商业建筑面积达 8000 平方米，增加了城市空间供给，实现了地上、地下部分的平衡。地下通道串联了五角场、大学路两大商圈，五角场区域的重要商业办公楼宇、公共休闲活动区、交通枢纽等设施借由淞沪路地下通道以及内设的13个出入口连成一体。市民可以不用过街、不用等红绿灯，风雨无阻地在地下自由穿行，大大改善了五角场商圈的交通出行环境，尤其是提高了慢行交通的效率、安全和舒适性。

在地下通道建成之前，到五角场地区消费休闲，"停车难"问题一直困扰着不少市民。在节假日高峰时段，万达广场、百联又一城、合生汇停车场入口处时常大排长龙，甚至影响邯郸路等主线交通的运行。与此同时，创智天地却有大量泊位处于闲置状态，停车资源忙闲不均问题突出。现在，地下通道可以方便市民把车停到稍远的场库，以带动核心区外围停车场的周转使用，在一定程度上也缓解了局部地区停车供求紧张的矛盾。

问题5：地下通道活力保持一直是城市建设的难点，从交通角度是如何助力五角场淞沪路地下通道长久保持沿线商业活力的？

牟娟：为保障五角场淞沪路地下通道商业活力，我们从设施角度开展了三方面的工作。

首先，依托枢纽，地铁公交发达的优势集聚人气。五角场商业中心区依托交通汇聚点形成，"一环五射"道路系统叠加便捷可靠的轨道交通、四通八达的公共交通，人流量稳居前列。五角场作为商区、学区、社区、科技园区"四区一体"的城市副中心，结合高校及企业集聚的禀赋，有利于沿线商业发掘优质特色品牌，开拓客群。

其次，我们贯彻"以人为本"理念，构建了立体慢行交通系统。通过建设"微枢纽"并改造传统公交枢纽，加强地面公交与轨道交通、出租、慢行交通等其他交通模式的换乘衔接。优化五角场下沉广场和淞沪路地下通道的布局，合理设立梯道和扶梯，增加直达地面的出入口，保证慢行系统立体畅通。从行人流线设计、步行引导、商业广告设置、照明和通风设施、休憩空间设计等方面入手，形成舒适便捷的慢行环境，打造可漫步、宜休憩的城市客厅。

最后，为提升地下通道商业活力，我们还加强了地下、地上交通诱导系统联动，保障步行体验。通过分级、分类、分区、分色等多种手段，建设地上地下空间行人动静态诱导系统,连通五角场下沉广场和中央社区两大区域,增强地下通行的方向感和安全感。通过梳理地上、地下步行流线,汇聚消费娱乐、通勤、换乘、步行过境人群,实现站点区域间协同及综合体区域内联动,达到商业客流共享的效果。

# "一江一河"滨水慢行空间

2017年黄浦江两岸45公里公共空间实现贯通开放，2020年苏州河两岸42公里实现基本贯通开放。如今的"一江一河"滨水空间，是"人民城市"理念的重要实践，是新时期城市更新建设的引领区，是超大城市精细化管理的示范区。"一江一河"滨水空间的慢行系统已是上海的城市名片和市民慢生活的理想去处，在感悟历史变迁、江南婉约、现代艺术的同时，你可以看到跑道上三五成群的跑步爱好者、步道上悠然自得散步的老人、骑行道上孩子在前父母殿后的家庭自行车小分队。

访谈人：黄则伟　上海市虹口区建设和管理委员会（虹口区交通委员会）副主任

王　娴　上海市城市建设设计研究总院（集团）有限公司建筑园林院副总工程师

问题1：在滨江贯通之前，慢行系统一般仅与道路交通工程相关，是什么原因选择了滨江绿地这样一个界面去实现慢行系统的贯通呢？

王娴：黄浦江是上海城市公共生活的核心场所，黄浦江两岸是城市重要的公共文化服务带，两岸公共环境的塑造和文化脉络的串联是上海市总体规划的重要内容之一。

黄浦江滨水空间在"十二五"之前已经经历过一轮升级。这一时期的景观改造通常由越江隧桥、防汛墙达标、轮渡站改造等基础设施升级带动。由于当时未有统一的规划，开发主体比较分散，滨江公共空间存在服务能级较低、碎片化、可达性与连续性不足等问题。随着市民对滨江岸线诉求从单纯观赏到注重体验的转变，滨水空间已从土地要素开发转为公共空间共享，从滨江绿地转为腹地与滨江的连通，从空间打造转为场所重构。

以黄浦江东岸滨水空间贯通为例。2015年浦东新区政府编制了《黄浦江东岸慢行步道贯通三年行动计划（2016—2018）》，提出至2017年底杨

上海的滨水慢行系统
图片来源：上海市城市建设设计研究总院（集团）有限公司

浦大桥至徐浦大桥浦东滨江段21公里内慢行道、滨水休憩步道全面贯通，沿江绿地基本建成；2018年底特色主题演绎及文化项目建设，初步形成亮点凸显、功能各异的七个区段，提升人民生活品质，成为浦东人民的后花园。三年行动计划作为浦东滨水空间再度开发的契机，将滨江绿地作为城市共享资源，将公共绿地、慢行系统、市政设施、服务建筑统筹考虑，建立了共识和可执行的措施，是此轮滨水空间复兴的关键所在。

问题2：黄浦江东岸滨水空间贯通过程中是如何考虑滨江慢行系统的？

王娴：黄浦江东岸开放空间贯通工程在上述要求的基础上，聚焦"绿色、活力、人文"三大主题，以滨江慢行网络系统建设为核心，形成沿江自行车交通体系、滨江步行及跑步健身慢行网络体系，合理布局各类休憩广场、市民活动空间，并与轨道交通、交通枢纽站实现无缝对接，鼓励市民慢行出行，实现黄浦江沿江便捷人性化的出行环境。此外，贯通设计还关注滨水与腹地的公共开放空间体系塑造、公共服务设施配置，将腹地功能、沿线设施与交通状况、景观布局综合考虑，把户外活动从腹地引向滨江。

黄浦江东岸贯通总图
图片来源：上海市城市建设设计研究总院（集团）有限公司

问题3：贯通工程中我们慢行道建设的标准是如何制定的？它和一般的慢行系统相比，有哪些特点？

王娴：黄浦江贯通工程的慢行道意在创造一个连通、可达、安全、舒适的滨江慢行环境，以满足公众漫步、跑步、休闲骑行等多种慢行活动需求。和传统慢行系统以交通出行为目的不同，滨江的慢行系统更注重休闲和体验性，使这些城市公共活动不再远离水。

2017年，黄浦江两岸综合开发浦东新区领导小组办公室发布了滨江公共空间慢行道建设导则，以协助设计与建设管理单位在开展慢行道规划、设计、建设时，准确理解规划理念和原则，重点解决设计要点、成本控制、工程施工、后期养护环节的关键问题。

以黄浦江东岸滨水空间贯通为例。东岸的慢行系统设计通过对行为与速度的重新组织，来统一全线的多重滨江体验。设计提出以人的速度来组织空间布局。沿江人的活动丰富多样，速度较低，靠近市政道路一侧的活动更有目的性。所以，从亲水滨江到市政道路，依次布置漫步道、跑步道和骑行道。

导则还规定了不同慢行道交叉时的优先等级，对于每一条慢行道的宽度、颜色、材质等提出了建设要求，并规定了与慢行道相关的绿化种植、夜景照明、配套设施等内容，甚至对慢行道建设的环境和视觉相关要素也进行了统一规定和引导。

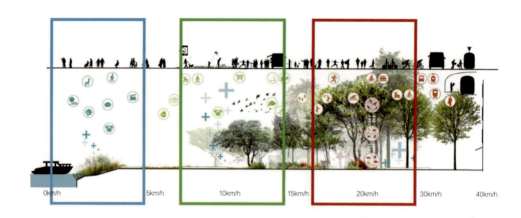

东岸的慢行系统设计

图片来源：上海市城市建设设计研究总院（集团）有限公司

建成后的漫步道、跑步道与骑行道

图片来源：上海市城市建设设计研究总院（集团）有限公司

问题4：虹口区北外滩是"一江一河"中的"一河"——苏州河沿岸最具代表性的界面之一，能否跟我们介绍下虹口区打造这一区域慢行系统的考虑？

黄则伟：虹口区北外滩苏州河滨河区区域，北至天潼路、南至苏州河、西至河南北路、东至大名路，是黄浦江贯通空间与环苏州河贯通空间的重要转换节点，同时有着陆家嘴天际线和外滩旖旎风光的独特视角，沿线优秀的历史保护建筑林立。我们将此区域作为慢行示范区，既能更好地发挥北外滩苏州河滨河区域人文自然禀赋，也能为游客和市民提供舒适、丰富的慢行体验，吸引人们"走过来""停下来"，舒适惬意地漫步河岸,坐享滨河风光和都市华美风貌。

北外滩滨河空间的规划设计,主要聚焦了"绿色、活力、人文"三大主题,目标是打造一个世界级高品质滨水空间,激发"一江一河"城市项链和"最上海记忆"的地标性城市滨水空间活力,创建慢行优先、安全友好、高品质、高标准的最美河畔慢行示范区。在这个过程中,我们注重慢行路权保障,关切实际出行体验,以慢行出行者的感受度、获得感为出发点、落脚点,从步行及休憩空间打造、绿化景观提升、标识指引等多角度全面提升区域慢行的出行环境。

**问题5:北外滩苏州河滨水空间贯通中主要有哪些亮点?**

黄则伟:值得一提的有三件事情。一是北苏州路(外白渡桥-河南北路段,包含河南北路部分支线马路)协调禁止机动车通行,打造出了独一无二的共享街道。北苏州路原先道路狭窄,主要供车辆通行,且沿河人行步道宽度普遍不足2米,通行及休憩条件局促。为打造舒适、休闲的"慢生活"滨河空间,虹口区积极协调交通管理部门和沿线单位实现了虹口北苏州路(吴淞路以西)全面禁止机动车通行。此后,沿河步廊拓展到3—5米,街道空间全线6—8米。原有狭窄的沿河栈道变得宽敞,道路空间进一步还给慢行交通,为打造共享街道和后续商业开发创造条件。

二是我们采用了许多细节上的设计,打造出了一条"步行化、休闲态、全时段的共享街道"。例如,北苏州路禁止机动车通行后,原柏油路面改为弹格石拼花路面,与北侧人行道和建筑立面自然衔接;铺装改造的同时,沿线架空线全部入地,清理沿线水泥杆11根,沿线各类箱体缩减至9个,实现了市政设施减量化、美观化。沿河栈道变成了宽敞、舒适、通达的滨河步廊,串联起整段900米岸线,滨河步廊与后方共享街道之间的街景绿化经过精心设计,打造成"有意境、易亲近、可停留的客厅花园",不仅让两侧高差完美衔接过渡,还让市民能够在苏州河畔体验花园式漫步,加深对这段街区的理解。

三是我们对黄浦路也实施了高标准的改建,北外滩的黄浦路所处的

北苏州路改造前
图片来源：上海市虹口区建设和管理委员会

北苏州路改造后
图片来源：上海市虹口区建设和管理委员会

位置历史建筑云集，道路紧邻世界会客厅、中国证券博物馆等重要建筑，西南侧为外白渡桥，沿途串联起诸多著名景点。由于部分路面出现了破损，影响了市民的出行和市容市貌。改造时，我们还取消车行和人行区域的高差，对绿化景观进行美化，全面提升道路"颜值"，使得黄浦路与周边历史建筑和谐融合，进一步提升了北外滩区域总体面貌。

问题6：北外滩苏州河滨河沿线有哪些特色观赏点供慢行交通驻足欣赏？

黄则伟：在北外滩苏州河畔漫步处处是景，我介绍几个比较有代表性的点，即我们北外滩苏州河的"一岸四段"。

"上海大厦活力花园段"依托上海大厦和外白渡桥，打造多层次、全视角观景平台，不仅增强了亲水通透性和空间活力，还可以以最佳视角"坐北朝南"，欣赏陆家嘴与外白渡桥观景。

"宝丽嘉酒店休憩观景段"以酒店、驿站等休闲服务功能为特色，将城市生活与旅游服务相互结合，供大众轻松体验优质环境并坐享极致风光。

"邮政大楼风貌展示段"以国宝级历史建筑为背景，滨水景观、步道、建筑相互勾连，形成宜人的滨水游憩景观步道。

"河滨大楼特色风情段"则以历史民居建筑为基底，通过修缮建筑立面、优化底层功能、提升滨水绿化，打造高品质的滨水生活氛围。

四大风貌特色路段集中体现了传统文化与现代城市生活的交融，合力营造有温度的人文生态滨河空间，让市民可以漫步于此、安坐于此、闲谈于此、享受于此。

第三节
Part 3

# 慢行交通品质提升
## Elevating the Quality of Slow Traffic

# 步行设施提质提优

我们每个人一出门首先使用的就是慢行交通设施，尤其是人行交通设施，步行设施品质提升显得意义重大。从精品道路，到人行天桥加装电梯，再到人行道品质提升，步行设施地位越来越突出，步行设施品质提升也越来越精细。

访谈人：周晓青　上海市道路运输管理局设施养护监督管理处处长

问题1：上海的人行道设施原本已在全国领先，能否请您谈一谈为什么还要进行人行道设施品质提升？我们具体做了哪些工作？

人行道相关问题每年都是两会提案、社会投诉的焦点。加之老年人是步行最主要的出行群体，在老龄化趋势日益凸显的今天，人行道无障碍需求日益增多。再者，随着城市高质量发展，人行道的功能定位从单一的人行为主向步行通勤、休闲漫步、健身慢跑等多功能定位转变，客观应用场景多样性对人行道承载力、景观环境、空间统筹等提出更高要求。故我们把人行道品质提升作为道路交通设施精细化管理工作的重要内容持续推进。

自2018年起，每年的精品道路创建工作中，我们就注重人行道平整度和舒适度提升，对慢行交通环境提升起到了一定的推动作用。2023年，为进一步提升人行道通行环境和人行道质量，我们编制了《人行道品质提升技术指南》，为步行通行环境提升提供指引。同年，我们要求各区人行道设施管理部门形成2023—2025年三年行动计划，每年都要结合改建项目、精细化管理、养护维修等工作，开展人行道单项或专项整治。

问题2：您刚刚提到精品道路和人行道品质提升，这两项工作是否有联系？对人行道品质提升我们的工作思路经历了哪些变化，采取了哪些措施？

精品道路是从一条路的整体环境和品质考虑，进行全要素提升、全方位整治，范围涵盖了车行道、非机动车道、人行道、盲道和一些路上附属设施。人行道品质提升是精品道路建设的一部分，之所以被作为专项拿出，一方面与近几年对慢行交通的重视程度进一步提高相关。另一方面，根据相关数据，中心城42%的慢行出行中步行占比超过24%，全市52%的慢行出行中步行占比超过26%，步行出行比例可以说是非常高的。专项推动人行道品质提升能在最大范围内让老百姓得到实质体验，在慢行交通品质提升工作中其工作量也相对较大。综合考虑后，2023年我们提出要开展人行道品质提升专项行动。

人行道品质提升思路的变化，最明显的是关于铺装板砖尺寸要求的改变。世博会前，对人行道统一推荐使用面包砖，有的还是彩色。之

普陀区花溪路人行道大板砖铺装

图片来源：上海市道路运输管理局

所以如此要求，是因为道路走向大多是管线走廊的走向，管线在人行道下面，考虑到管线翻挖频繁，采用面包砖形式易于翻修。从使用者角度来看，面包砖实际上是牺牲了舒适度的，脚踩上去会有几条缝，特别是高跟鞋容易被卡住；另外面包砖局部容易碎裂松动，雨天易溅泥。从2019年《上海市城市道路精细化管理导则》发布起，我们就开始推广大板砖形式，特别是在精品道路、精细化管理等工作中进行了大力推广，尺寸还进行了推荐，主推30—50毫米的规格。现在铺设的砖块变厚了，面积也变大了，强度更高，稳定性也更强，走起路来感觉更平坦。

除铺装砖块尺寸的变化，人行道品质提升还对通行空间、附属设施、施工工艺、掘路修复、运维管理提出了新要求。如，以前人行道与建筑前区、路侧绿化泾渭分明，现在更强调人行道与其他设施的衔接融合。又如，长宁区黄金城道人行道与分隔带、路侧绿化无高差，铺装色块组合与树荫下的斑驳光影协调，步行体验大大提升。再比如，为提高混凝土面砖质量，从原来的干铺变成提倡湿铺，以强化找平层施工工艺及强度。这些细节的转变可能会增加施工工序或成本，但人行道使用的舒适度会大大提高。

为进一步指导人行道品质提升，2023年我们还编制了《人行道品质提升技术指南》。各区结合自身情况也有很多创新。如黄浦区在重庆南路、徐家汇路、制造局路、中华路等多处相邻天桥、医院及学校的周边道路增设了全龄友好步道，并设置了轮椅车和婴儿车标志，无论在实际功能使用，还是在道路质量、美观度上都达到了预期效果，为残障人士、老年人、孕妇儿童、伤病者以及需要的人群提供了安全的出行环境。再比如，普陀区枣阳路别出心裁地设计了人行道枫叶标识，将脚踩落叶的浪漫永久地定格在路面上，人行道通行环境被进一步美化。

长宁区黄金城道人行道与环境协调融合

图片来源：上海市道路运输管理局

黄浦区全龄友好步道
图片来源：上海市黄浦区建设和管理委员会

普陀区枣阳路人行道枫叶标识
图片来源：上海市道路运输管理局

问题3：除人行道品质提升外，在步行设施提质提优方面，我们还做了哪些工作，取得了哪些效果？

除人行道本身品质提升外，基于本市人口老龄化趋势不断加深，我们还开展了人行天桥加装电梯工作。人行天桥加装电梯也是响应市民需求的一项实事工作。2021年多位市人大代表和政协委员提出建议，聚焦残障人士、老年人过天桥这一急难愁盼问题。对此，时任市人大常委会主任、党组书记蒋卓庆同志高度重视，将道路人行天桥加装电梯确定为亲自联系的党史学习教育项目，并交由市人大城建环保委推进。市交通委、市道路运输管理局积极响应，立即行动，牵头推进了该项工作落地实施。2022年，"既有人行天桥加装升降电梯项目"被列入市政府实事项目。2022年12月3日（国际助残日），所有38座天桥加梯项目顺利完成，建成开通。

成都路天桥东南象限电梯
图片来源：上海市道路运输管理局

问题 4：为提升人行天桥加装电梯市民感受度，我们做了哪些工作保障加装电梯呼应市民需求？

为保证人行天桥加装效果，我们做了充分的准备工作。一是摸清底数。2021 年 3 月，我局召集各区交通主管部门及申通集团，对本市范围内，所有跨越道路的人行天桥进行了彻底的排摸，并采集了天桥静态信息、周边步行出行需求及设施现状情况，为下一步决策和项目推进积累了第一手的详尽资料。二是编制导则。2021 年 7 月，市交通委员会和市道路运输管理局联合发布了《道路人行天桥加装电梯导则》。导则中包括加装电梯的总体要求、加装原则、筛选标准、技术要求、日常运维及监管要求等，涵盖了道路人行天桥电梯从设计、建造到运维全周期管理的技术要求。

为切实呼应人民心声，我们秉承"开门办实事"的宗旨，倾听民意，

"政府开放月"系列活动，以"人行天桥加装电梯实事项目现场观摩座谈"为主题，邀请人大代表、政协委员、市民代表、媒体代表，了解工作进展，现场观摩讨论，开展座谈交流
图片来源：上海市道路运输管理局

扩大项目影响。2022年8月，我局在延安路福建路天桥加梯现场成功举行了"人行天桥加装电梯实事项目现场观摩座谈政府开放月"活动，邀请了市人大、市残联、市民、新闻媒体等代表一起参加，大家现场观摩，热烈讨论，为实事项目的推进出谋划策，汇集的好建议都在实事项目中予以落实。2022年9月初，通过微信公众号"上海交通"发布并经"上海发布"转载，我们又进行了一次大规模的网上问卷调查，对人行天桥管理现状、加梯期望、管理需求等广泛征求了意见。调查共收到1445份有效问卷，产生了较大的正面社会影响，扩大了实事项目的溢出效应。我们对市民的呼声进行了细致汇总，在实事项目实施及今后天桥及电梯的管养中予以响应。

# 共享单车从"野蛮生长"到"有序管制"

共享单车自 2016 年井喷式发展以来,在给我们生活带来便利的同时,也对城市面貌产生了一定的负面影响。经政府引导、市场洗牌,共享单车从"野蛮生长"逐步进入"有序管制"。

访谈人:梁华军　上海市道路运输管理局设施运行监督管理处副处长

问题 1:请问共享单车管理最困难的是什么时候?当时有何针对性的措施?

2016—2017 年,互联网租赁自行车相关运营企业快速发展。一方面有效地满足了公众短距离出行需求,缓解了城市交通拥堵,但同时也出现了车辆乱停乱放、车辆运营维护不到位、企业竞争无序、企业主体责任不落实、用户资金和信息安全风险等亟待规范的问题。

为此,2017 年,交通运输部等十部委联合出台《关于鼓励和规范互联网租赁自行车发展的指导意见》,同年,市政府办公厅印发《上海市鼓励和规范互联网租赁自行车发展指导意见(试行)》,以交通供给侧结构性改革为引领,以优先满足短距离出行和对接公共交通需求为导向,根据积极引导、注重有序、强化安全、加强协同的基本原则,鼓励支持互联网租赁自行车发展。

问题 2:对共享单车行业目前有哪些管理措施?还存在哪些困难瓶颈?

2021 年 5 月,《上海市非机动车安全管理条例》(简称《条例》)正式施行后,市交通、市道路运输管理部门会同公安、城管执法等部门认真贯彻落实《条例》有关规定,针对互联网租赁自行车行业管理确立了"积极引导、注重有序、强化安全、加强协同"的基本原则和"总量控制、动态调整"的总体思路,共同指导、监督互联网租赁自行车运营企业规范开展运营服务,本市互联网租赁自行车行业发展逐渐趋于平稳有序。但车辆无序停放、轨道站点周边潮汐式淤积等问题仍时有发生。

问题3：政府和共享单车企业是如何合作的，如何发挥企业共治功能？

为了发挥企业共治的功能，政府和共享单车企业通力合作，动态监管。印发配套文件，对车辆备案登记、投放运营、清运回收、运维调度、协同保障等方面明确了具体要求。开展服务质量评价，每半年组织一次实施服务质量评价，对运营企业的车辆备案、运营维护、社会责任、技术管理创新、协同保障情况等进行评价打分，并公布评价结果。实施动态调整，根据相关服务质量评价结果，按照"奖优惩劣、增减结合"的原则，动态调整运营企业的车辆投放数量。建立实施巡查处置机制，对运营企业在本区的车辆备案、投放运营、停放调度、回收清理情况进行现场核实和及时处置，督促执法部门依法对有关违规投放、停放行为进行处罚。

上海西站单车有序停放
图片来源：微信公众号"上海普陀"

街道城运中心依托"一网统管"平台，加强共享单车停放视频巡查
图片来源：微信公众号"上海普陀"

# "人文名片 + 慢行",南京东路步行街东拓

南京东路步行街东拓工程西起河南中路,东至中山东一路,全长约500米,自2019年12月6日起开始施工改造,2020年9月12日正式建成开放。东拓工程坚持高站位谋划、高起点设计、高标准施工,致力将步行街打造成为全球卓越的摩登漫步区。

访谈人:高浩中　上海市黄浦区建设和管理委员会(黄浦区交通委员会)主任

问题1:南京东路步行街东拓一路通向外滩,使得城市地标再焕新颜,成为游客新的"打卡圣地"。请您介绍下当初规划设计的主要宗旨及总体考虑?

南京东路步行街东拓整体设计以打造展现上海全球卓越城市魅力的新窗口为目标,在体现上海国际都市气度与风范的同时,对过往的经典历史文化元素进行记忆与传承。通过海派韵味浓郁的地面铺装、安全舒适的步行环境、层次丰富的街道空间及颇具魅力的景观节点,打造国际化游览交流的城市客厅。

整个南京东路步行街东拓段充分考虑空间尺度、周边建筑、现有和未来业态功能布局,因地制宜地打造了三大特色分区。西段(由河南中路至江西中路段),新世界大丸百货、华为全球旗舰店、艾迪逊酒店等知名商户作为"门面担当",打造以国际时尚购物为主的街区。中段(由江西中路至四川中路段),外滩·中央以及正在更新的慈安里、慈昌里等集聚在此,打造以摩登都市休闲为主的街区。东段(由四川中路至中山东一路段),和平饭店、斯沃琪艺术中心等建筑的路面将再次回归开阔,打造以海派风情漫步为主的街区。三大特色分区共同构筑了一个可放空休闲漫步、可驻足品味历史、可便捷时尚购物的国际步行街区。

问题2：南京东路步行街东拓是一个系统性、综合性的工程，在慢行方面有哪些精细化设计？

南京东路步行街整体就是一个完全慢行优先的空间，借助沿线独特的海派风格和文化风情，通过路面铺装、城市家具、综合灯杆等方面的细节巧思，营造出舒适的慢行空间。

东拓段路面铺装方面，通过面层的不同处理方式形成深浅不同的肌理变化，形成多样化组合，匹配各分区功能。比如，根据人流动线及周边建筑业态功能将铺装合理分区，形成漫步区、休闲区、特色休憩区三种类型。漫步区以横向铺装为主，纵向为辅，引导东西向人流；休闲区以横向铺装为主引导人流与两侧商业互动；特色休憩区结合城市家具、绿化、井盖等艺术细节打造舒适的行人停留空间。

东拓段城市家具以"可观、可憩、可行、可游"为空间理念，融入了江南园林的元素，体现了城市精细化建设。如，树下的景观座椅采用

景观铺装合理分区

图片来源：上海市黄浦区建设和管理委员会

了 3D 打印技术一体成型，造型取自于江南水乡的乌篷船，配合木质饰面，营造舒适的休憩微空间。又如，点缀于铺装间的艺术井盖以"韵味江南"为主题，以古铜色、拉丝工艺为底板，选用上海市花白玉兰以及江南园林常见、寓意高远的梅、竹图案作为装点，成为脚下的一道风景。

东拓段综合灯杆设计，在空间布局上充分考虑空间集约利用，将城市空间最大化让步于慢行体系。原来沿街两侧的灯杆功能，全部归并到位于步行街中间的综合灯杆内。综合灯杆被赋予通信信号塔、公安监控系统、广播系统等高科技功能，在步行街中央形成了一条新的"金带"，减少了道路设施对步行空间的侵占，使步行空间尺度、舒适性得到了极大提升。

乌篷船造型的景观座椅
图片来源：上海市黄浦区建设和管理委员会

"韵味江南"主题的艺术井盖
图片来源：上海市黄浦区建设和管理委员会

# "红色故事+慢行",红色露天博物馆

上海是中国共产党的诞生地,拥有极为丰富的红色革命资源和源远流长的红色文化基因。自 2016 年启动实施"上海·党的诞生地"宣传发掘工程,本市对红色资源的发掘保护力度进一步加大。

借建党 100 周年、中共二大召开和首部党章诞生 100 周年等契机,结合我市精品道路创建工作,我市在黄浦、静安、虹口陆续创建了多条红色经典步道,将大量散落在城市各处的红色景点和历史文化遗迹串珠连线、编织成网,形成上海完整的城市红色历史文化网络,以城市道路为载体讲述红色故事,打造城市道路与红色旅游相融合的上海路政特色品牌。

访谈人:应立仁  上海市静安区建设和管理委员会市政管理科科长

问题 1:作为上海第二条红色经典步道,静安段红色经典步道扩大了红色经典之旅的范围,请您介绍一下当初建设的初衷?

静安区中共二大会址周边红色景点数量多,相互之间步行可达,容易形成一个小范围的游览整体。2022 年是中共二大召开和首部党章诞生 100 周年。为了能更好地服务地区红色旅游,更加深入地诠释党史和城市发展史的红色荣光,加强市政道路的文化承载力和传播力,传承红色文化,市道路运输管理局、市道路运输事业发展中心与静安区合作,汇集静安交通、宣传、文旅、党史、绿化等多个专业力量,参考黄浦区红色经典步道,通过红色景点筛选、路径选择、设计元素选取,以中共二大会址周边 13 条市政道路、3 座人行天桥作为载体,串联起中共二大会址纪念馆、平民女校、八路军驻沪办等 17 处红色景点,化"零散展示"到"整体展览",打造"无边界博物馆",铸就交通红色品牌。

问题 2：静安区为了打造中共二大会址周边红色经典步道，开展了哪些建设工作？

静安区中共二大会址周边红色经典步道属于精品红色旅游步行道系统，主要是结合中共二大会址周边红色景点，在现有市政道路人行道上增设红色品牌标识，加强线路指引，串联红色景点。

线路上，红色经典步道静安段以中共二大会议纪念馆作为起点，按照两岸三线（两岸：苏州河两岸；三线：西线、北线、东线）构建了三条步道游线。核心线路是西线，包括六条市政道路和三座人行天桥。具体为：延安中路-茂名北路-铜仁路-安义路-常德路-愚园路，以及延安路-成都路天桥、延安路-石门一路天桥、延安路-陕西北路天桥。三座天桥的加入，使红色经典步道的连贯性得以延续，避免因人行天桥导致线路断点。

设施上，本次红色经典步道静安段涉及 13 条道路，路线长度约 8.1 公里，总体传承中共一大红色经典步道的基本元素，在人行道地面上布设一大七小的专用铜饼标识。另外，通过步道导览图、指示牌等设施，进一步加强步行指引。如，在市交通委员会、市道路运输管理局的支持

静安区红色经典步道铜饼标识
图片来源：上海市静安区建设和管理委员会

静安区红色经典步道导览图
图片来源：上海市静安区建设和管理委员会

下，我们在五个公交站、一个71路中运量公交车站、南京西路地铁站出入口处增设了导览图，使市民游客一目了然，了解红色经典步道全貌。此外，我们还通过栏杆更换、雨水口及连管改造、侧平石翻排、树穴盖板、检查井盖框、盲道和缘石坡道改造等，整治市政设施，整体提升区域步行品质。

问题3：静安区中共二大会址周边红色经典步道建成后有何效果，有哪些亮点？

静安区中共二大会址周边红色经典步道的建成，一方面，使静安内部形成了8.1公里的红色路政名片，区域营造了红色传承氛围。另一方面，延安路三座人行天桥铺面上均匀地布设了红色经典步道专用标识，所有标识指向中共二大会址方向，无缝衔接、串联起红色经典步道静安段、黄浦段，形成更大范围的红色步道系统。

为增强路线引导，提高漫步体验，静安区中共二大会址周边红色经典步道导览图上印制了二维码。游客除了能够直观地看到导览图中红色景点的行进路线外，还可以扫描导览图上的二维码，通过微信小程序的地图线路，轻松导航到想要参观的红色景点，并获得相应景点的图片和语音介绍，从而增强沉浸式的体验感。

为整体提升区域步行品质，静安区中共二大会址周边红色经典步道在桥下空间亮化上也下足工夫。步道打造过程中,延安中路经过中共二大会址附近,靠近 71 路中运量公交车站旁的桥下空间,我们通过拆除封闭栏杆、引入绿植、设置景观小品,将原先闲置的桥下灰色空间,变成吸引市民驻足欣赏、生机勃勃的靓丽空间,蓝色"地面"和景观"白云"巧妙地融合在一起,让市民眼前一亮。

静安区红色经典步道微信小程序路线引导
图片来源:上海市静安区建设和管理委员会

桥下空间亮化
图片来源:上海市静安区建设和管理委员会

# "城市更新＋慢行"，从街道向街区转变的成功样本

大学路位于杨浦区大创智（核心区）重点功能区创智天地核心区域，长约 700 米，起于智星路，止于锦建路，一头连着复旦大学、上海财经大学，另一头连着创智天地广场和江湾体育场，街区周边涵盖商、办、住复合功能业态。

近年来，随着周边业态迭代及城市更新提升公共环境品质，形成了垂直混合业态及开放的街区空间特色，成为"首批国家级夜间文旅消费集聚区"。特别值得一提的是，2023 年 5 月，启动设立大学路"限时步行街"，利用大学校区、科技园区、公共社区"三区联动"的独特优势，实现了线上线下融合的多元共创，打造复合型的城市公共空间和商业场景。

访谈人：刘绍旭　杨浦区建设和管理委员会副主任

问题 1：大学路有限的人行空间如何统筹利用，如何与沿线商户互动，提高片区活力？

大学路人行空间一体化设计与统筹利用，打造活力开放的消费场景。大学路两侧人行道与退界空间均为 4 米，两处空间得到了一体化设计与统筹利用，兼具商业属性和城市公共属性，空间被划分为 2 米的设施带、3 米的步行通行区及 3 米的建筑前区。

自 2012 年起，大学路创新实行"外摆位"经营模式。建筑前区主要以沿街餐饮的外摆区域，以及文创、互动装置展示来吸引行人驻留。设施带用于种植行道树和市政设施等，打造集通行、消费、休闲游憩于一体的步行空间，串联起两侧丰富的业态内容，满足到访人们的体验感。大学路的入口空间缤纷广场（大学路智星路路口），通过淞沪路地下通道直通新江湾体育场地铁站，承载了大量人流的到发出行，同时也是各类市集、表演的最佳承载体。

限时步行街进一步焕发了新的片区活力，为促进周边商业消费提供

大学路：通行、消费、休闲游憩于一体的步行空间
图片来源：上海市杨浦区建设和管理委员会

强大助力。2023年5月20日，大学路"限时步行街"正式开街，在每周六、周日全天及国定假日全天，大学路（锦创路-智星路）路段"变身"限时步行街，释放路中活动空间，根据不同的主题每月会组织一次大型活动、三次小活动，打造多种活动形式，如舞台表演、市集、互动游戏、

大学路限时步行街
图片来源：微信公众号"上海杨浦"

艺术空间、零售、直播、公益等，为市民带来创新的消费场景和体验。

开街以来，创智天地与抖音生活服务共同发起的"大学路咖啡生活节""我的大学时光路""合五角力 致未来居"已陆续上演。大学路充分发挥"三区联动"优势：联动高校，打造年轻、艺术的生活方式；联动创智天地周边企业，打造具有"科创＋文创"属性的线下体验；联动头部互联网平台，将线上内容向线下导流，形成商业闭环；联动社区居民充分表达诉求和想法，促进地居民的反馈顺利落地。

问题2：作为上海成功的活力街道之一，大学路近几年还做了哪些改造？

活力街区并非一天建成。近年来，市区多部门及五角场街道、园区运营企业瑞安新天地实施了各类改造更新，不断提升街区环境品质。

一是完善周边路网，加密区域微循环。陆续完成淞沪路（政通路-政民路）改造工程、政通路（国定路-淞沪路）改建工程、国通路（政学路-政立路）辟通工程，结合园区道路形成了便捷畅通的区域路网，满足活跃商业场景的日常到发的交通需求，更是为设立"限时步行街"的交通分流需求提供有力支撑。

二是完善公共交通和慢行设施，提升慢行出行体验。陆续建成淞沪路地下通道、淞沪路-三门路空中连廊等项目，构建地下、地面和地上多层复合的慢行系统，串联多个轨道交通站点和周边商业。周边商办楼宇设置多个出租车候客站点，提供"一键叫车"便捷出行服务。五角场街道、派出所及园区共治，实行大学路沿线非机动车沿街禁停，以释放空间，提升街区舒适度和安全性，同时，在与大学路相交的智星路等路段设置非机动车停放区域满足停放需求。

三是提升公共景观品质，打造公园城市。区绿化市容局对大学路、政民路及周边道路实施"美丽街区"建设，焕新路口花园、滨河绿地、三角绿地及沿路花坛，并增设休息座凳等便民设施，打造精致活力、舒适整洁的商业街道。实施大学路景观灯光改造，围绕商街吸引力、文化氛围、夜游经济三大目标导向下的不同需求，通过创意灵活的设计手法，将年轻、时尚的元素融入微空间，营造出梦幻江湾、灵感街角、时光诗画等灯景，进一步打造大学路区域商业慢行街和文艺潮流的夜游地。

四是激活睦邻空间，强化社区、街区融合。五角场街道通过探索"大总支、大睦邻、大联动"睦邻党建工作机制，引领社区多元主体参与、共治共建共享，建设睦邻生活共同体。利用大学路旁城市空隙地改造，建设以生态环保和都市农耕体验为主题的"创智农园"；国定一居民区和创智坊社区之间打通"睦邻门"，拉近双方居民到大学路街区或社区菜场等生活设施的距离，不用再绕行1—2公里。

大学路景观灯光打造
图片来源：上海市杨浦区建设和管理委员会

淞沪路-三门路空中连廊
图片来源：微信公众号"上海发布"

# "功能开发 + 慢行"，嘉定新城远香湖慢行示范区

远香湖会客厅整体品质提升项目，以"创造令人惊艳的嘉定新区门户形象，打造充满活力与动感的绿色城市会客厅"为目标。项目范围北起高台路，南至伊宁路，东至横沥河，西至裕民南路，以远香湖为核心，同时覆盖周边南侧主要水系河道。设计以"展示嘉定新城风貌的城市名片、汇聚人气的活力场所、新城核心的文化艺术新地标、自然与休闲的城市氧吧"四大设计理念整体提升远香湖区域景观风貌及公共设施，形成一个现代、互动、智慧、绿色的城市会客厅。

访谈人：刘　翅　上海嘉定新城发展有限公司副总建筑师，总师室主任，规划部主任

远香湖景观
图片来源：上海现代建筑装饰环境设计研究院有限公司

**问题1：嘉定远香湖慢行示范区在慢行方面做了哪些工作？**

慢行方面，当时我们碰到的最主要的问题有三点：一是湖泊滨水步道尚未全部贯通，部分区域难以到达；二是夜间灯光亮度较低、密度稀疏，群众夜间散步、锻炼时看不清楚周边环境；三是湖泊滨水区域的布置以常规的步道、绿化、座椅为主，相对较为单调。对此，我们开展了如下工作。

首先，对慢行系统进行更新，致力于打造全新立体的慢行系统。比如，翻新原有陈旧的跑步道路，对原场地不畅通道路、路宽不符合交通需求的部分区域进行统一疏导贯通。结合环湖步道、活力跑道、城市骑行道，形成智慧通达的交通体系。其中，立体慢行交通空间包括：亲水栈桥，位于保利剧院外，拓宽原有的道路体系，形成亲水的特色步道；空中步道，将荷花池旁边的道路和建筑屋顶通过空中步道联系起来，打造出一处绝好的观景平台；步行景观桥，位于湖区南侧，打通南侧水系和步道，形成南侧生态休闲游径，连通了远香湖及周边水系景观。

其次，场地活动设施设置及功能提升。在原有场地的基础上，增加新的活动功能。公园增加可以休憩、搭帐篷的大草坪空间，打造可以互动参与的投影游戏广场，场地内还增加了一处可以供儿童活动的互动水景广场，提供更多可以漫步休憩的花园空间。

亲水栈桥
图片来源：上海现代建筑装饰环境设计研究院有限公司

空中步道
图片来源：上海现代建筑装饰环境设计研究院有限公司

再次，夜景灯光效果提升。为解决公园内夜间照度不足的问题，通过灯光打造增加了投影广场、文化投影墙、星光岛等多个特色夜景亮点。除平日提供夜景照明外，还为节假日提供灯光秀和特色灯光展演的功能，可配合保利剧院举行展演活动，形成新城新的夜景亮点。

最后，增加智慧参与互动体验。增加了智慧参与和智慧互动设施，包括智慧导览、智慧跑道等。智慧跑道是在已有环湖跑道基础上增加的系统，通过人脸识别技术，可对跑步人进行识别计量。进入跑步信息界面后，跑步人可以看到自己的公里数并形成排名，为周边健身人群提供新的跑步体验。

问题2：远香湖慢行示范区目前建设的效果如何？

本次提升工程在环湖区域打造投影游戏广场、互动儿童天地、空中步道、星光岛、水杉雾森、浪漫花海、光影银杏大道、亲水栈道和文化投影长廊等八大特色景点，形成一个文化艺术结合市民参与的综合性生态公园，为市民提供更多更优质的活动空间和场所。远香湖被打造成现代、互动、智慧、绿色的新城之心、新城绿核、新城文化高地，成为展现嘉定新城风貌的"城市名片"，塑造了令人惊艳的嘉定新区门户形象。

第六章 高品质的慢行交通

空中步道改造完成夜景
图片来源：上海现代建筑装饰环境设计研究院有限公司

智慧导览
图片来源：深圳力强数智科技有限公司

智慧跑道
图片来源：深圳力强数智科技有限公司

第七章
Chapter 7

# 功能复合、层次分明的公共交通枢纽

Multi-Function and Well-Structured Public Transportation Hubs

随着长三角区域一体化发展、出行方式更加多样化，一体化综合交通的空间、内涵都将进一步拓展与深化，为了实现各种交通方式之间的良好衔接，发挥各种方式的比较优势，综合交通枢纽将在"公交都市"建设中发挥更加重要的作用。

——刘涛

虹桥综合交通枢纽是国内首个现代化超大型综合交通枢纽，以建设规模、交通功能及客流规模问鼎世界之"最"。

——黄岩

宝山站对宝山未来的发展是一个非常重大的机遇。宝山站建设必将推动宝山成为上海乃至长三角区域一体化的科创主阵地以及战略性功能区。

——雷宏

处于城市核心区的对外交通枢纽，兼具城市对外交通、城市内部公交换乘的双重功能于一身，功能复杂但用地非常局促，"螺蛳壳里做道场"——集约、高效、立体化综合布局是必由之路。

——王卓瑛

TODTOWN 天荟项目通过城市综合体的建设，让一块原本被铁路和各项轨道设施占据得支离破碎的土地焕发新生，让周边区域的居民生活水准大幅提升，为基本定型的区域带来新机能，并重塑了这里城市边缘区的形象。

——王伟强

困扰了工程师们八年之久的徐家汇枢纽建设方案的成功实践，为如何减少施工期间对既有交通设施和市民生活的影响，提供了宝贵的经验借鉴。

——徐正良

通过集中化的职能设置、一体化的社会共治、协同化的应急处置及区域化的资源调配，我们实现了上海市轨道交通枢纽的精细化管理。

——张凌翔

我们计划2025年底前启动公交站点品质提升项目100个，相信经过未来三年的持续改造升级，我市地面公交的运行效率将稳步提高，市民的公交出行体验将进一步提升，城市公交优先发展成果将愈加巩固。

——殷波

微枢纽的出现，提高了各个设施的利用率，减少了乘客换乘时间，实现了"1+1>2"的效果，为公交、慢行和绿色优先发展迈出坚实一步。

——张晓英

安亭枢纽以站城融合与产城融合为基础，以智慧化建设为契机，对标上海西枢纽功能定位，协同嘉定北枢纽和嘉定东枢纽，打造"一主两辅"的交通枢纽体系。

——陆凤

松江综合交通枢纽通过将区域内的高铁网、轨道交通网、有轨电车网和常规公交网"四网"融合起来，在进一步便利市民出行之余，还将有效带动和激活松江新城南部区域功能提升。

——姜立

当前，超大城市普遍存在交通拥堵问题，倡导公交出行、绿色出行已经成为共识。在"全面推进城市数字化转型"的大背景下，我们交通行业的数字化转型也急需加快。而推广"出行即服务"的理念是进一步落实公交优先战略，引导绿色和集约出行，提升出行品质工作的重要抓手。

——李哲梁

通过不断技术创新，目前 MaaS 平台可以实现"一码通行"、智慧停车、"一键叫车"、绿色积分等特色功能，未来我们还将持续拓展 MaaS 的服务功能，不断丰富各类出行应用场景。

——唐韶

With the integrated development in the Yangtze River Delta region and the diversification of mobility options, the scope and significance of comprehensive transportation will reach new heights. To ensure smooth connections between various mobility options and fully utilize their unique advantages, comprehensive transportation hubs will play a pivotal role in the creation of a "Transit Metropolis".

—Liu Tao

Hongqiao Hub stands as China's first modern and exceptionally expansive comprehensive transportation hub, ranking among the world's finest in terms of construction magnitude, transportation capabilities, and passenger throughput.

—Huang Yan

The construction of the Shanghai Baoshan Railway Station will strengthen the role of Baoshan as a main sci-tech innovation engine and strategic functional area in serving the development of Shanghai and the integrated development of the Yangtze River Delta.

—Lei Hong

Situated in the heart of the city, the outbound passenger transportation hub seamlessly integrates urban outbound transportation and internal public transit transfers. Despite the complexity of its functions, the available land is severely limited. Therefore, adopting an intensive, efficient, and three-dimensional comprehensive layout for the transportation hub is the most viable approach.

—Wang Zhuoying

The TODTOWN project breathes new life into a previously disjointed land, divided by railways and various rail facilities. Through the construction of an urban complex, it brings substantial improvements to the living standards of residents in the surrounding area and introduces new functions to an already established area, reshaping its image as an urban fringe.

—Wang Weiqiang

The successful execution of the Xujiahui Hub construction plan, which posed challenges to engineers for eight years, offers valuable insights and serves as a reference on minimizing the impact on existing transportation infrastructure and the daily lives of citizens during the construction phase.

—Xu Zhengliang

By implementing centralized functional arrangements, integrated social governance, collaborative emergency response, and regional resource allocation, we have accomplished delicacy management of Shanghai's rail transit hubs.

—Zhang Lingxiang

Our plan entails initiating 100 bus stop quality improvement projects by the end of 2025. We are confident that through ongoing transformation and upgrading over the next three years, the operational efficiency of our city's ground bus system will steadily enhance, resulting in an improved public transportation experience. Furthermore, we anticipate significant accomplishments in the prioritized development of urban buses.

—Yin Bo

The introduction of micro bus transit hubs has improved the utilization of various facilities and reduced passenger transfer time, achieving the desired effect of "1+1>2". This marks a significant step in the prioritized development of bus transit, slow traffic and green initiative.

—Zhang Xiaoying

The construction of the Anting Hub is based on the principles of station-city integration and industry-city integration. Taking advantage of the city's smart initiatives, the Anting Hub aims to position itself as Shanghai's Western Hub, which together with the Jiading North Hub and Jiading East Hub, will form the "One Main and Two Auxiliary" transportation hub system.

—Lu Feng

The Songjiang Comprehensive Transportation Hub is designed to integrate various modes of transportation, including the high-speed rail network, rail transit network, tram network, and conventional bus network. This integration effectively drives and activates the functional improvement of the southern area of Songjiang New Town, in addition to enhancing the convenience of citizens' travel.

—Jiang Li

In the current mega cities, traffic congestion has become a thorn in the side, and there is a growing consensus on the need to promote public transportation and green transportation. Against the backdrop of "comprehensively promoting urban digital transformation", it is crucial to accelerate the digital transformation of the transportation industry. Promoting the concept of "Mobility as a Service" (MaaS) plays a pivotal role in advancing the "Public Transportation First" strategy, fostering sustainable and efficient mobility practices, and enhancing the overall experience.

—Li Zheliang

Thanks to continuous technological innovation, the MaaS platform has made significant advancements. It now offers characteristic functions such as "one code pass, smart parking, one-click cab hailing, and green points accumulation". Moving forward, there are plans to expand the service functions of MaaS and further enrich various mobility application scenarios.

—Tang Shao

# 上海综合交通枢纽体系的建设历程

随着交通出行方式逐步多样化，市民对一体化交通出行的要求越来越高，上海也一直把一体化综合交通体系建设作为目标，2022版《上海市交通发展白皮书》更是把"构筑更高质量国际大都市一体化交通"作为未来的总体目标。交通枢纽作为整合各种交通方式、锚固各种交通网络的重要手段与节点，有效支撑了一体化综合交通体系的建设。未来，随着长三角区域一体化发展、出行方式更加多样化，一体化综合交通的空间、内涵都将进一步拓展与深化，为了实现各种交通方式之间的良好衔接，发挥各种方式的比较优势，综合交通枢纽将在公交都市建设中发挥更加重要的作用。

访谈人：刘　涛　原上海市交通委员会综合规划处处长

问题1：交通枢纽与城市的运转和市民的生活息息相关，请您谈一谈本市交通枢纽的规划建设历程是怎样的？

回顾上海综合交通枢纽体系的建设历程，伴随综合交通体系、城市空间体系的发展，按照时间顺序，大致可以划分2000—2010年、2010—2015年、2015—2020年及2020年至今四个阶段。

问题2：在2000—2010年阶段，交通枢纽规划的重点和主要内容是什么？

2000—2010年，这个阶段的重点是系统功能建设和客运多方式衔接。该阶段正处于对外交通和城市交通快速成长期，尤其是轨道交通网络从最初的不到100公里发展到410公里，出行方式逐步多元化，不同方式之间的换乘需求大幅增长，综合交通枢纽体系建设重点就是围绕提升系统功能建设和促进客运交通一体化展开。

为了更好地推进综合交通枢纽规划建设，2002年发布的《上海市交通发展白皮书》提出，要加强客运交通枢纽建设，以改善内外客运交通之间、公共交通各种方式之间，以及个体交通与公共交通之间的衔接与换乘条件，并对优化公交线网、引导客流走向、方便乘客换乘、提高运转效率起到积极的促进作用。这个文件的发布促进了各相关部门在枢纽建设上达成共识。后来，为了保障枢纽建设用地的落实，2006年市城市规划管理局、市城市交通管理局组织编制了《上海市综合客运交通枢纽布局规划》，以提升客运交通换乘组织一体化水平为主线，构建了四级枢纽体系：以大型对外交通枢纽为主、内外交通紧密衔接配套的A类综合性交通换乘枢纽；以市内轨道交通为主体、轨道交通三线或以上换乘、轨道交通与地面公交衔接换乘的B类综合交通枢纽；分布在外环线沿线或以外地区、强化轨道交通与机动车换乘的C类P+R枢纽；单纯常规地面公交换乘的D类枢纽。共计145个，其中，A类枢纽5个（包括虹桥综合交通枢纽、浦东机场、铁路上海站、铁路上海南站和铁路浦东客站）、B类枢纽88个、C类枢纽37个、D类枢纽15个。该规划重点明确各级枢纽的公交配套要求，并有效推动地面公交首末站等设施选址和落地。

截至"十一五"末（2010年底），上海已建成74个客运交通枢纽（含20个临时枢纽）。虹桥综合交通枢纽、中环共和新路、中环宜山路、静安寺、十六铺、航天博物馆等综合客运交通枢纽的建成并陆续投用，方便了对内对外交通、公共交通之间以及公共交通与个体交通方式之间的衔接换乘，改善了市民公共交通出行条件，也为世博会游客的出行提供了良好的换乘环境。

这一时期的交通枢纽以交通功能为主，比如上海火车站主要以满足乘客交通出行需求为主，各种交通方式设施基本呈平面布局，换乘空间以站前广场为主。后来建设上海南站综合交通枢纽时，尝试了车站综合开发，但车站和商业综合楼是相互独立的。

问题3：2010年之后，遇到了哪些新形势、新要求，在落实交通枢纽规划的思路上作了哪些调整？

2010—2015年，属于多方式换乘突破和综合开发探索阶段。该阶段综合交通体系已基本建成，综合交通枢纽体系建设进一步向更高能级的对外交通多式联乘及综合开发拓展。

首先，这里要重点提一下，2010年建成投运的上海虹桥综合交通枢纽，实现了民航、铁路、公路等多种交通方式一体化衔接，推动了虹桥商务区建设发展，成为国内综合交通枢纽建设的典范。

其次，我想说一下这一时期的交通枢纽布局与建设。随着郊区新城镇建设、大浦东战略推进、虹桥商务区开发、大型居住社区建设，以及铁路东站、迪士尼等重大基础设施项目的落地，上海交通设施建设重点随之发生了变化；同时，由于控规中尚未落实枢纽用地导致规划无法落实，或需与轨道交通主体线路同步施工，或需与综合开发建筑主体工程同步建设，或因项目前期动拆迁难度较大等原因，对原145个枢纽中尚未实施建设的枢纽进行定位和功能上的调整。"十二五"期间，共规划62个交通枢纽，其中，铁路配套枢纽5个，大基地配套枢纽19个，轨道交通配套枢纽33个，新城配套枢纽4个，迪士尼配套枢纽1个。截至2015年，全市共建成综合交通枢纽140个，其中，中心城综合交通枢纽50个。这些枢纽的建设为进一步完善"枢纽型、功能性、网络化"的综合交通体系发挥了积极作用，为促进郊区新城和大型居住社区建设、完善铁路和轨道交通公交配套、实施公交线网优化调整提供有力支撑，也有效促进了交通、土地资源的整合配置和综合利用。

另外，除了在大型综合交通枢纽上进行突破外，这一时期小型枢纽也在不断创新，比如在杨浦区五角场建设了"微枢纽"。作为一种小型枢纽，以不占用或少占用道路红线外土地资源为代价，整合轨道交通、地面公交、出租汽车、自行车等资源，实现多种交通方式便捷换乘，很受市民欢迎。

这一时期，客运交通枢纽的综合开发也取得了一些进展，比如静安寺交通枢纽、龙之梦公交枢纽等。当然，虹桥综合交通枢纽是交通用地实施综合开发的样板，实现了真正意义上的综合开发。

问题4：2015年之后，遇到了哪些新形势、新要求，在落实交通枢纽规划的思路上作了哪些调整，使得新的分类体系和理念得以形成？

进入"十三五"，上海按照"管为本、重体系、补短板"的指导思想，不断完善"枢纽型、功能性、网络化"的综合交通体系，继续加快推进综合交通枢纽建设。一方面，继续优化综合交通枢纽布局，在综合交通规划中提出建设约30个综合交通枢纽；另一方面，要求新建的综合交通枢纽各类设施统一规划、统一设计、同步建设、协同管理，对已有衔接效率不高、功能不完善的综合交通枢纽实施改造，完善功能。这一时期，重点推进了10号线动物园枢纽等交通枢纽，另外，涉及区里的枢纽主要由属地推进建设。

在此期间，长三角区域一体化、交通强国建设、运输结构调整等发展背景，对综合交通枢纽的功能布局提出了更高更新的要求。2017版城市总体规划基于区域一体化空间体系变革背景，突出交通枢纽对城市功能布局的优化作用，提出构建"国际级（含国家级）、区域级、城市级"三级对外综合交通枢纽体系的愿景，提升交通枢纽对城市的服务功能，加强对市域空间布局的优化，并引导枢纽地区功能集聚和复合开发，成为城市重要功能的承载区。另外，还明确了各级枢纽的功能定位、交通方式和代表性枢纽。其中：国际级（含国家级）枢纽包括浦东综合交通枢纽、虹桥综合交通枢纽，承担部分跨城市群的交通联系、长三角城市群主要城市间的中长距离城际交通与市内集散交通的衔接功能；区域级枢纽包括上海站、上海南站，承担城市群间中转、与市内集散交通的中转和集散衔接功能，服务上海乃至长三角区域、长江流域、沿海经济带等腹地；城市级枢纽包括上海西站、龙阳路、迪士尼、杨行、莘庄、三林南等主城区枢纽，以及安亭北站、松江南站、奉贤、青浦、南汇、惠南、金山滨海、城桥等城镇圈枢纽，承担主城区、城镇圈及长三角区域的城际交通与市内交通的衔接功能，辅助中长距离城际交通出行，作为城际线接入中心城的转换节点。

在这个新的枢纽分类理念指导下，作为国际级枢纽的浦东综合交通枢纽（即东方枢纽）作为一项重点工作得以大力推进，专项规划于2020

年 7 月通过市政府批复。该枢纽是辐射全球的亚太航空门户、国家沿海运输大通道的重要功能节点，也是服务长三角区域的核心门户枢纽和上海市域综合交通体系的重要节点。在民用航空方面，将进一步突出国际服务功能，形成品质领先的世界级航空枢纽。在国家铁路方面，将通过新建铁路上海东站，充分承接国家沿海通道重要节点功能。在城市功能方面，将充分依托本市"一张网、多模式、广覆盖、高集约"的轨道交通网络，构建区域高效便捷的城市客运体系，引导枢纽及周边地区集聚发展。

另外，支撑五个新城发展的"一城一枢纽"规划建设也提上了日程。以枢纽为核心的"站城一体、产城融合"等理念成为共识。

**问题 5：2020 年开始，综合交通枢纽的规划建设又进入什么样的阶段？**

综合交通枢纽的建设可以说是进入了多层级体系建设和网络化拓展阶段。2021 年，我市发布《上海市综合交通发展"十四五"规划》，对下一个五年本市枢纽的建设提出新的要求：重点是强化枢纽锚固，建设便捷高效的对外交通系统；完善铁路"四主多辅"的交通枢纽格局，推进上海东站、松江南站、宝山站等铁路客站建设；构筑区域辐射的综合交通枢纽，加快建设安亭枢纽、青浦新城枢纽、松江枢纽、奉贤新城枢纽，完善四团枢纽功能，实现新城内外交通的便捷高效换乘，发挥新城交通的辐射和吸引能力。加强轨道交通枢纽建设，践行公共交通引导发展理念，加快推动站城融合，同时完善既有轨道交通站点配套交通设施，推进新建轨道交通车站与配套交通设施统一规划、设计和建设；优化公交枢纽场站、首末站等规划布局，推动公交场站用地的综合开发利用，等等。

目前，已取得了一些建设成果：浦东综合交通枢纽开工建设，东方枢纽上海东站规划建设工作有序推进；加强五个新城综合枢纽规划建设，有序推进嘉定、松江、青浦、奉贤、南汇新城枢纽规划建设。

当前，正在推进的新一代综合交通枢纽，尤其是对外交通枢纽，将被打造为"站城一体"综合交通枢纽，统筹考虑交通、城市功能，强化用地统一规划和集约利用。

第一节
Part 1

# 顶天立地的大枢纽
## A Towering Transportation Hub

# 虹桥枢纽的世界之"最"

虹桥枢纽是国内首个现代化超大型综合交通枢纽，位于上海城市西部，上海城市对外交往的沪宁、沪杭两大交通主轴交会于此，是高速铁路、城际铁路、磁悬浮和城市轨道、高（快）速路、公共汽车、出租车及航空港紧密衔接的国际一流现代化大型综合交通枢纽，也是上海的功能性、网络化、枢纽型城市基础设施建设的标志性工程，是当今国内乃至世界上最大的综合交通枢纽之一。虹桥枢纽及其站前商务核心区是上海加快现代服务业发展新的集聚区——虹桥商务区的核心主体，更是上海服务长三角区域、服务长江流域、服务全国的重大工程。

访谈人：黄　岩　上海市政工程设计研究总院（集团）有限公司教授级高级工程师

问题1：作为全过程参与虹桥枢纽规划、设计、施工、验收全过程的专业人员，请您先介绍一下它的设计理念。

虹桥枢纽作为上海市迎世博的"零号工程"，由于涉及多项目、多业主，建设工期紧、工程综合性强，需要强有力的技术团队支持。上海市政总院凭借在工程设计咨询领域丰富的经验和多专业技术团队优势，成为虹桥枢纽的总体设计单位。我个人也非常有幸参与到这个独一无二的项目中，成为上海市政总院最早一批派驻虹桥枢纽工程建设指挥部现场、最晚撤离的总体设计院总体组工作人员。自2005年底到2011年6月底京沪高铁虹桥站建成并正式通车，我全程参与了虹桥枢纽从规划、设计到施工、验收接管工作。

虹桥枢纽是国内首个现代化超大型综合交通枢纽，我认为"虹桥之最"主要体现在以下"三个大"。

首先是建设规模大。虹桥枢纽集民用航空、高速铁路、城际铁路、高速公路、磁悬浮（规划）、地铁、地面公交、出租汽车等多种交通方式

第七章 功能复合、层次分明的公共交通枢纽

虹桥枢纽区域总图
图片来源：上海市政工程设计研究总院（集团）有限公司

于一体，可实现跨区域人流、物流的快速集散。整个枢纽区域规划占地面积 26.3 平方公里、枢纽核心区占地面积超过 130 万平方米（含虹桥机场新建 T2 航站楼），是国内乃至世界最大的综合交通枢纽之一。它不仅占地规模大，而且高度立体集约，自上而下分六层布局，总建筑面积超过 120 万平方米，其中地下部分超过 50 万平方米。从组成枢纽的交通设施来看，它拥有一座高铁车站（铁路特等站），其规模为 16 个站台、30 股道，候车大厅最多可容纳 1 万人同时候车；一座包含两个航站楼、两条近距离跑道、89 个机位的机场；一个磁悬浮车站，规模为 10 线 10

417

个站台；汇聚了城市轨道交通 2、10、17 号线等 3 条线路（规划 5 条）3 个地铁站；拥有东、西 2 个交通中心（含长途站、城市公交首末站和总计 8000 个车位的 4 个社会停车库）以及 4 处出租蓄车场、2 处公交停车场。枢纽区域规划新建的 13 平方公里内的市政交通基础设施则涵盖城市基建的全部内容。

其次是交通功能强大。虹桥枢纽涵盖航空港、高速铁路、城际铁路、磁悬浮、城市轨道交通、公交车和出租车等多种交通方式，是路、轨、空三位一体的超大型、世界级交通枢纽；枢纽将城市对外的机场、铁路和长途站集中布置，统一规划新建高效完善的城市轨道交通（三线三站）和快速路系统（一纵三横），为其服务、实现与上海城市轨道交通网和高（快）速路网的直联。其强大的交通功能体现为枢纽内可实现不同城市对外交通方式之间的换乘，如：机场-铁路磁悬浮-铁路、机场-磁悬浮，以及城市对外交通与城市内部各种交通方式之间共 64 种可能的连接和 56

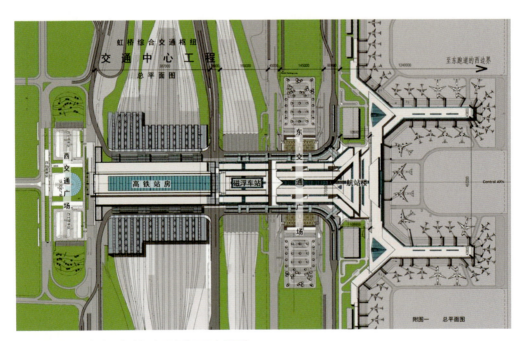

虹桥枢纽多交通方式汇集（初步设计总平面布置图）
图片来源：上海市政工程设计研究总院（集团）有限公司

旅客穿梭图景
图片来源：上海市政工程设计研究总院（集团）有限公司

种换乘模式；可为枢纽内旅客提供便捷、安全和舒适的换乘服务，旅客换乘步行距离可控制在 300 米之内。

最后是客流规模大。规划设计时，虹桥枢纽规划远景年的预测旅客换乘量是 110 万（2020 年）—140 万（2030 年）人次 / 日。枢纽建成投运后第五年，高峰日客流就已达到规划 110 万人次的客流，后来还在持续增长。以 2019 年为例，全年客流 4.2 亿人次，机场和铁路日均发送量均已超过原规划的 2020 年预测值，枢纽日均客流 115.6 万人次，已成为长三角地区的重要交通枢纽。其中虹桥机场日均到发客流占比 24%、共 12.4 万人，客流排名全国第八；虹桥火车站铁路日均到发客流占比 74%、共 37.6 万人、客流排名全国第二，在本市铁路到发量中占比 55.7%，已显著超过上海站、上海南站，客源三大目的地城市依次为杭州、南京、苏州，大都市圈已现雏形；城市内部交通中，轨道交通客流占比最高，达到 48%，日均到发 30.9 万人，其中轨道交通"虹桥火车站"已跃升为上海第二大繁忙的轨道交通站点（仅次于人民广场站），日均吞吐 23 万人次，地面公交占比 9%，虹桥枢纽始发 12 条公交线路，日均发送 1262

班次，日均客流 5.5 万人次，其中公交 4 路日均客流 2 万人次，是上海第三大公交客流线路。个体化客流方面，随着虹桥枢纽周边道路设施的完善，2016 年以后社会车辆到发增长明显，2019 年，出租车、社会车辆等个体出行日均到发约 28 万人次，占比总集散量的 43%。为虹桥火车站配套建设的 P9、P10 社会停车库（3000 个停车位）高峰日周转率均超过 9。虹桥枢纽整体客流规模已位居世界前列。

面对虹桥枢纽的"三个大"，我们首先在设计理念上下工夫，作为当时设计的指导思想。其实，虹桥枢纽总体设计理念在设计之初就已形成：第一，集约用地、立体分层、绿色出行、大容量公共交通优先，如枢纽核心区交通站场采用近大远小的布局原则，换乘量大、为旅客服务的轨道交通和公交站优先邻近机场和铁路站房布置，出租车蓄车场和公交停车场则放在外围；第二，以人为本，易识别的直线通道以换乘为主，如机场、磁悬浮和铁路站房自东向西一字排开，通过地上和地下大通道互通互联，并通过颜色、图形和文字等枢纽内部标识系统对这三大城市对外客运站作统一引导，确保旅客室内换乘不迷路；第三，通过设施引导枢纽管理一体化、信息共享服务枢纽运营管理一体化，在磁悬浮站八层集中设置虹桥枢纽交通信息管理中心（HOC），可实时获取枢纽内各站场人车运行资料，方便一体化管理。

因此，我们对虹桥枢纽内的人行换乘流线、枢纽建筑本体外的车行到发交通组织作了系统梳理，在此基础上，进一步深化了枢纽总体方案，进而指导了机场航站楼、交通中心、磁浮站、高铁站及地铁站等各类设施的布局优化及深化设计，同时，也指导了枢纽区域的竖向设计、枢纽内的消防性能化分析、车行导向标识系统、人行导向标识系统，以及各类道路、交通站场设施的设计，实现了虹桥枢纽人车之间的无缝衔接、高效换乘。

问题 2：虹桥枢纽被《探索》频道收录到"建筑奇观"这一系列纪录片中，那么虹桥综合交通枢纽的建设到底有哪些难点和突破？

虹桥枢纽工程规模大、综合性强、技术难度大、建设周期短，枢纽工程包括国内首座高铁始发终到的虹桥高铁站及沪杭两座磁悬浮站，当时无任何其他工程可作参考。总体可归纳为以下五点。

难点之一是综合性强、建设内容齐全。建设内容涵盖了城市建设中所有常规性项目，并且汇集了机场、高铁、磁悬浮、轨道交通等项目，体现了内容多、设施全的综合性特点，这在上海乃至全国城市建设史上也是很少见的，集上海交通系统建设的大成，综合体现上海城市建设水平。磁悬浮站紧邻高铁布置，从磁悬浮站内距离高铁站最远的进出站闸机到高铁站的步行距离不超过 200 米。

难点之二是立体性强、地下地上一体化。如果按照传统的方式设计，枢纽的主体建筑将延伸 6 公里长，走完全程要花费 1 个小时，因此设计师们给出了多层堆叠式的设计方案，将枢纽站的每个部分拆分开，再根据功能类型进行叠加，从地下到地上一共六层，这样就能将整个建筑缩短到 2 公里。因此枢纽核心区建筑呈现立体集约化的布局，地下有地铁站台和区间、地下旅客换乘通道、地下道路和铁路出租车上客区、地下社会停车库及半地下的长途客运站，还有地下能源中心与雨水泵站等市政设施；地上有轴心景观大道、高架道路、二层人行换乘系统等。形成了地下、地面、地上一体化多个空间层面构架，在对未来区域城市空间发展作很好注解的同时，也对虹桥综合交通枢纽的建设提出了更高要求。地下空间从机场 T2 航站楼地下一层出发向西可步行至磁悬浮、高铁、长途客站，并可通过西延伸步行至虹桥商务区核心区和老沪杭铁路西侧的国家会展中心。

难点之三是时间紧迫、建设期短。为确保在 2010 年上海世博会期间投入使用，虹桥综合交通枢纽基础设施核心区内项目必须在规定时间内全部建成，许多项目还要提前建成，以满足磁悬浮、地铁等项目安装调试运营的需要。因此，基础设施建设的时间周期非常有限，建设要求又高，在此前提下，需要统筹策划好总体建设计划，制定完善的建设管理措施，以保障基础设施建设按计划顺利地实施。在指挥部的统一指导下，我们配合同济大学开展枢纽 80 个主要节点的建设进度计划编制和推进工作，统筹枢纽各方建设进度，虹桥机场 T2 航站楼在 2010 年 3 月 16

日率先建成并投入使用，很多周一从虹桥机场T1航站楼出发的旅客周五返回时已由T2航站楼进入上海，都觉得不可思议。这创造了民航转场纪录。

难点之四是协调量大、各工种需协同推进。由于建设项目类型多、种类全，相互之间交叉影响大。既有平面之间的交叉，也有地上工程与地下工程的协同；既有不同建设主体之间的协调，也有全市性、内外一体化大型市政工程和虹桥枢纽内基础设施工程之间的相互关联；既有众多不同设计单位之间的设计协调，也有大量施工单位之间的搭接等。虹桥枢纽内基础设施建设明显体现了"集群作战、多方协同"的特征，在整个建设的过程中协调任务重，所有项目需要在计划、设计、施工、运行等各阶段做到精心策划、巧妙组织，保障工程建设的有序推进。通过在枢纽指挥部会议上动态发布"枢纽总图+设计界面和技术接口文件"，根据枢纽内机场、铁路、磁悬浮、轨道交通和市政工程等不同项目进度，牢牢把住"设计"这一龙头，组织设计工作专题协调会，通过会议纪要、交接单、图纸会签等多种方式，稳定设计界面，明确各方分工，提高工作效率，将问题解决尽量放在设计阶段，从而避免不必要的"扯皮"和返工。

难点五是科技含量高、技术难度大。虹桥综合交通枢纽工程无论在规划、设计还是施工等各方面，没有其他工程可作为参考。这就在设计和施工上都面临巨大的考验和挑战，要充分考虑到工程的复杂性、安全可靠性和工期短的特点，必须采用很多新技术、新工艺、新材料来保证工程的顺利实施，这也决定了工程的科技含量高、技术难度大的特点。比如虹桥枢纽作为堆叠建筑，要将很大的重量压在较小的范围上，这对地基造成了极大压力，雪上加霜的是建筑下面是古代河床，地面潮湿并且充满了淤泥。解决方法是建造一个巨大的基座，工人们将桩基打到了地下80米。但又发现了新的问题：土壤中水分会对桩基的稳定性产生较大影响，漂浮的建筑物会拉扯桩基，再加上列车进出站带来的水平拉力，会对整个建筑稳定性产生灾难性后果，于是工程师为每个桩基的柱子中间加入钢圈，钢圈中再加入钢条，最终克服了以上困难。

第七章 功能复合、层次分明的公共交通枢纽

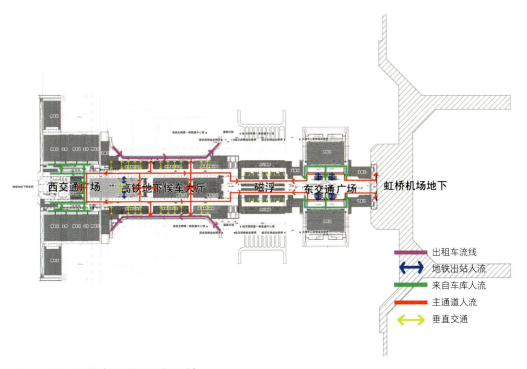

地下一层换乘疏散（交通中心初步设计）
图片来源：上海市政设计研究总院（集团）有限公司

# 打造上海交通北枢纽

"南北转型"是上海服务构建新发展格局的重大部署。"十四五"以来,新时代的宝山围绕"上海科创中心主阵地、国际大都市主城区、全市绿色低碳转型样板区"定位,全力打造新时代现代化转型的样本。高铁宝山站作为"北转型"的重要抓手,对于宝山打造北上海枢纽门户、融入长三角和长江经济带具有重大战略意义。

访谈人:雷　宏　上海市宝山区交通委员会主任

问题 1:高铁宝山站的建设将有利于长三角区域交通一体化发展,能否具体说说高铁宝山站在国铁干线规划布局及宝山未来发展中承担的重要作用?

宝山站是上海铁路枢纽规划的重要客站之一,是沪渝蓉高铁的始发站、沪通铁路的过境站,规划了 8 台 18 线,其建设将增强宝山对外联系、辐射的扇面。沪渝蓉高铁(北沿江高铁)是国家中长期铁路网规划"八纵八横"之沿江通道的骨干线路,承担着沿江通道主要路网、沿海及京沪通道部分直通上海的铁路客运客流;沪通铁路二期北起沪通铁路南通至安亭段的太仓站,南至浦东铁路四团站,目前已开工建设。

宝山站对宝山未来的发展是一个非常重大的机遇。高铁宝山站的枢纽建设之后,宝山就能更好地融入长三角区域一体化的发展进程。高铁宝山站的建设将为未来的宝山导入人流、客流、信息流,打开流量价值的阀门,吸引更多市场主体和各类高价值企业入驻。所以,宝山站建设必将推动宝山成为上海乃至长三角区域一体化的科创主阵地及战略性功能区。

问题 2:高铁宝山站的设计理念是什么?

"站城融合",也称"站城一体化",是综合交通枢纽沿线一体化发展模式,也是高铁站宝山站开发设计的主导理念。"站城融合"是在契合上

宝山站站城融合开发范围
图片来源：上海市宝山区交通委员会

位规划要求，充分考虑土地价值、理性分析开发潜力的基础上，对站城的融合度进行准确定位，加深站城双方在交通、空间、功能、环境、管理等各方面的协同关系，促进站与城健康可持续发展的过程。

为落实"站城融合"，我们学习并借鉴了国内外众多成功案例。按照"站城融合"核心区范围24公顷、协调区范围83公顷，将宝山站打造为现代化、多层级、一体化的综合交通枢纽，将站前核心区打造为交通功能与城市各类业态功能高度复合的地区发展新地标。北侧与3号线车辆基地联动，提升区域公共服务配套水平和城市环境生态品质；南侧与吴淞创新城联动，提升创新资源集聚能力和多元体验空间活力；东侧与吴淞口国际邮轮码头联动，提升综合交通连接优势和城市窗口示范效应。

问题3：高铁宝山站项目特色或亮点有哪些？

一是上盖开发。宝山站考虑在宝山站站房国铁车场上空进行上盖开发，总面积约3万平方米，依托沪渝蓉高铁与沪通二期铁路带来的人流、物流、信息流，将上盖空间打造为集科创展示、博览会展、商业论坛于一体的大型高端商务会展中心。

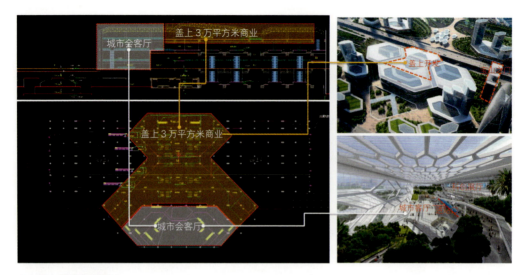

宝山站上盖开发范围

图片来源：上海市宝山区交通委员会

二是城市会客厅。方案在吸取大量国内外优秀经验后，在站台投影线外部设置了通高的"城市会客厅"，城市会客厅内设置便捷的换乘交通核与城市商业，可作集散广场，为旅客及行人提供公共休憩及交流空间，也加强高速铁路沪渝蓉、城际铁路沪通、市域铁路宝嘉线、轨道交通19号线之间的交通联系。

三是交通组织。宝山站主要强调了与城市高（快）速路的衔接。站房的进站匝道被设置在东西两侧，并将其与城市快速路连接，以构建城市范围的立体交通系统，同时分流进站车辆与城市过境车辆，从而减轻城市地面交通压力。

# 老车站变新枢纽

铁路上海站和上海西站的建成与使用历史已超过百年，作为上海的门户，它们见证了整个近代上海的百年风云、发展与变化。它们自身也通过一次次升级改造，开始成为适应现代城市发展、满足百姓出行需要的综合交通枢纽。

访谈人：王卓瑛　上海市城市建设设计研究总院（集团）有限公司规划交通院院长

问题 1：铁路上海站北广场、上海西站南广场于 2008 年启动综合交通枢纽工程的建设，请您谈谈有着怎样的时代背景？

2010 年世博会前夕，铁路上海站北广场、上海西站南广场综合交通枢纽这两个上海市重大工程项目启动。项目依托当时上海市主要的对外"一主四辅"铁路交通枢纽——"一主"上海站和"一辅"上海西站，是上海市综合交通网络的重要锚固点，类似于人体的关键穴位，牵一发动全身。

这两个枢纽的建设需求，首先都来源于对多种交通方式高效组织的要求，同时这两个交通枢纽均位于上海中心城核心城市区域，相关工程建设对中心城核心城市区域更新发展的"发动机"作用非常突出，所以两个交通枢纽在完善和提升交通功能的同时，结合区域更新发展的不同要求，不囿于交通功能，同步较早开展了"TOD交通引导发展"和"站城融合"的实践，为上海后续规划建设更大手笔的综合交通枢纽积累了一些经验；项目建设体现 2010 年上海世博会"城市让生活更美好"的主题，在综合交通枢纽的功能细节建设方面上，更加关注"以人为本"和"绿色低碳"措施的落地和示范。

铁路上海站素有"申城陆上大门"之称，在世博会前，该地区的发展受沪宁铁路分割的影响，上海站南北区域的发展并不均衡：上海站南广场及周边商务、商业设施较完善，人气和经济活动较活跃；上海站以

改造前的北广场

图片来源：上海市城市建设设计研究总院（集团）有限公司

北地区发展则相对薄弱，无论城市空间还是城市功能及景观都不尽如人意，周边尚存大量旧里、棚户区。

如何避免"南北冷热不均"？从城市主要交通系统方面激发铁路上海站北广场的空间及功能配置优势，发挥南北广场的联动综合效益；面向未来发展，为上海站北部区域注入更新发展的动力，都是我们需要考虑的问题。

上海西站位于上海西大门的真如地区，是上海市总体规划中四个市级副中心之一，也是启动建设较晚的城市副中心。上海西站南广场综合交通枢纽位于真如副中心核心区，是真如城市副中心开发建设的启动工程。如何实践"TOD-交通引导发展"的理念，破解传统铁路分割区域南北的难题，扩大枢纽服务辐射范围，形成真如副中心标志性的首发区域，都是摆在建设者面前的命题。

因此，这两个上海城市核心区的对外交通枢纽工程的建设，不仅肩负提升枢纽本身的对外交通功能、形成城市公共交通换乘枢纽的功能，更是为了通过枢纽建设，引领、带动枢纽周边城市核心区的区域更新、转型发展。

上海站北广场枢纽建设和中兴路两侧的旧城改造正式启动，枢纽开通前后，新理想大厦、中海万锦城、展望大厦、金融街融泰、融悦中心等陆续建成并投入使用，昔日的上海站北广场棚户区域一扫旧貌，处处彰显上海国际大都市的风采。

上海西站南广场枢纽的建设开启了真如城市副中心整体建设，枢纽建成八年后的今天，真如副中心已初具规模：红旗村、铜川路水产市场等一批城中村动拆迁完成；亚洲山姆店王的山姆会员店已盛大开业；高尚领域280米地标大楼竣工；中海环宇城MAX即将交付使用……一系列建设如火如荼，真如副中心区域正在实现城市更新的羽化蝶变。

铁路上海站北广场（左）、西站南广场（右）焕新颜
图片来源：上海市城市建设设计研究总院（集团）有限公司

问题 2：请您谈谈铁路上海站北广场、上海西站南广场综合交通枢纽工程的建设有什么特点和难点？

处于城市核心区的对外交通枢纽，兼具城市对外交通、城市内部公交换乘的双重功能于一身，功能复杂但用地非常局促，"螺蛳壳里做道场"——集约、高效、立体化综合布局是必由之路。上海站北广场因地制宜地构建"一核、两翼、三辐射、四联动"的综合枢纽，围绕"一核——立体城市客厅"空间多层布局人行集散、换乘的多种流线（如铁路出站、长途客运、轨道交通等）及"两翼"车行流线（如常规公交、出租车和社会车辆车等）诸多功能，立体分层汇聚于此，实现无缝换乘、全天候换乘。此外，辅以预留的地面广场高架走廊和区域地下慢行等立体化弹性布局构建，为城市更新的后续发展提供支撑。

传统铁路轨道大多采用地面敷设方式"线性分隔"城市，铁路交通枢纽则义不容辞地承担着"点状"缝合南北区域的使命。铁路上海西站枢纽建设，适时结合沪宁城际线整体提速改造的"窗口期"，创新性地在既有铁路轨道的地下空间建设宽 80 米的地下人行及轨道交通复合走廊沟通南北区域，扩大综合交通枢纽服务半径，促进真如副中心核心区南北空间形态实现有机融合，协调发展。

问题 3：铁路上海站北广场、上海西站南广场综合交通枢纽工程体现了"绿色低碳""以人为本"的设计理念，有哪些创新举措？

铁路上海西站南广场综合交通枢纽塑造了全国首个绿色低碳交通枢纽。按建设资源节约型、环境友好型地下空间的理念，在城市交通枢纽的全生命周期内最大限度地节约资源、保护环境和减少污染，实现碳排放强度较传统枢纽减少 30%。

以上海西站为例，该枢纽实现了多个"首次"实施。第一，引入光导照明系统 29 套，年节约用电 16200 度；引入光伏太阳能光伏发电系统，系统安装容量峰值功率为 20 千瓦。第二，在地下二层增加雨水调蓄池一处，在暴雨灾害条件下减少下沉广场雨水排放对城市管网的冲击，并设置雨水回收功能，雨水经混凝反应器、石英砂过滤器、消毒加药装置及回用泵组，最终接至室外广场地面实现冲洗用水二次利用。第三，打破常规设计，将风井与下沉广场相结合，通过在下沉广场侧墙开百叶的方式满足通风排烟要求。第四，大面积地面广场落实"海绵城市"理念，大量采用透水砖材料。第五，按照 20% 比例设置新能源汽车专用停车位、配建充电桩，采用 ETC 电子收费系统。

值得一提的是，"以人为本"精细化服务设施的设置，让人民群众感受到了上海的城市温度。2010 年世博会前，铁路上海站北广场枢纽就率先在公共空间内实现全流线无障碍设计，多点布局无障碍公共厕所和第三卫生间，并配备综合导厕指示及卫生设施使用状态显示设备；考虑到对外交通出行旅客行李较多这一特点，每处楼梯侧均设置自动扶梯和垂直电梯；在社会停车场内率先安装车位使用显示装置；多处预留自动售卖机机位；广场座椅与垃圾箱组合设置；广场休息区信息大屏与车站内部火车信息同步传送等。这些细致入微的小设计，让人民群众真正感受到了上海城市的温度。

未来铁路上海站和上海西站还将继续完善交通设施、提升服务质量、扩大覆盖面，助力城市建设和经济发展，成为更具现代化的综合性交通枢纽。

第二节
Part 2

# 充满生活气息的城市活力源
Bustling Hubs Pulsating with Urban Vitality

# 老广场焕新颜——TOD 革新莘庄南广场枢纽

作为上海第一个真正意义上的 TOD 项目，莘庄南广场枢纽（TODTOWN 天荟城市综合体）充分挖掘交通枢纽用地价值，建造出地上、地下共计 70 余万平方米，集出行、工作、文化、教育、居住、休闲等于一体的新一代城市综合体，为莘庄乃至上海西南片区带来绿色、舒适、时尚的国际生活新趋势。

访谈人：王伟强　上海市闵行区交通委员会交通运输科负责人

问题 1：莘庄南广场枢纽建设开发的背景是什么，有什么特殊的设计理念吗？

莘庄南广场枢纽位于 1 号线地铁莘庄站南侧，地铁 1 号线是上海最早开通的地铁线路，也是我国最早的轨道交通带动城郊片区发展的典范。在 1 号线开通后的十年间，闵行区的人口和经济发展逐步形成了一个足以支撑城市副中心的基础，沿线土地逐年增值、楼盘销售旺盛、人口迅速聚集，一片欣欣向荣。

然而，一些问题也随之出现，早期以居住功能为主导的规划定位和高强度开发，在一定程度上造成了轨道交通高峰期过度拥挤与"潮汐客流"的问题，同时大量居民集聚与商业、商务、休闲服务等设施缺乏的矛盾也日益严重。另外，莘庄南广场也是一个"日晒雨淋"的露天公共交通换乘广场。当时，闵行区急需一个"核"去驱动和引领该区在新时期的转型与升级发展，在可供应土地匮乏的情况下，我们选择了基于原有的轨道交通线，通过轨道上盖来建设 TODTOWN 天荟城市综合体。

TOD 理念的核心，就是在通过轨道交通提高可达性的同时，充分挖掘在集聚客流、物业增值、催化区域等各方面的积极效应，以此推动城市的更新升级，带来新的功能与经济活力，为市民提供更好的环境及服务，为公交系统吸引更充沛客流，改善财务状况。

对于这些在大都市中快速发展却土地紧缺的地区，借助上盖综合体

老新莘庄南广场（2014年）
图片来源：上海莘天置业有限公司

开发建设中的新莘庄南广场（2023年）
图片来源：上海莘天置业有限公司

第七章　功能复合、层次分明的公共交通枢纽

TODTOWN 天荟城市综合体（效果图）
图片来源：上海莘天置业有限公司

的建设，创造出全新而具有特色的功能空间，TODTOWN 天荟城市综合体正是对这一策略的演绎。整体 50 万平方米的建筑都建造于运营中的地铁站、城际轨道与国有铁路上盖，是一片曾被视为无法利用的基地，只有铁路轨道之间及周边零散的用地，加起来大约 11.7 公顷，无法建造任何建筑。而在这些破碎的用地上竖起立柱，支撑起一片平台以后，以"上盖大平台"的面貌创造出了约 19 公顷的一块平整用地。经过合理的规划、设计，将其变为包含住宅、酒店、商务办公、公寓式办公、大型商业等多样化功能的城市综合体。

问题 2：莘庄南广场枢纽的特色或亮点有哪些？

　　莘庄南广场枢纽是一座影响巨大的综合体，它营造了一个场所，一个能承载未来全新生活模式的理想"迷你城市"。

　　特色之一是"新意"。不同于传统的购物中心或综合体，天荟项目的

住宅、办公、酒店、商业都直接坐落于地铁、国铁上方。这种基于真正"零距离"的便捷与高效，带来的是崭新而独特的生活模式与体验。

特色之二是"迷你城市"。TODTOWN天荟被称为"迷你之城"，源于这座建在多条地铁、国路线之上的城市综合体清晰地展示了在未来生活中，职、居、游等不同行为如何深入地围绕轨道这一交通方式展开，并带来便捷性与丰富度上的巨大跃升。TODTOWN天荟项目规模浩大，室外广场、中央花园、室内中庭交错设置，内外结合，这些又串起了两条平行的内部商业街，并与轨道交通车站大堂相连接。

特色之三是打造了一座充满活力的"生活空间"。在铁路线之上所建造的多层次空间，连起南北两端，提供了丰富多彩的活动，成就了一个引人入胜的城市综合体。这里的综合体绝非密集的纯消费空间，而是分散布局于各处的庭院、花园、中庭、广场，为区域居民与乘客提供了促进社会交往和公共活动的场所。

开发者注重营造充满活力的生活空间，让这里成为居民的家园、社区的门厅、游憩和会客的好地方。精心设计的公共空间因人群活动而喧闹，让社区更健康、更欢乐、更人性化。市民可以方便地搭乘公共交通，步行穿过综合体进出地铁站的体验，充满趣味，市民可以体会到交通方式直达性所带来的便捷、舒适。当小区公共服务设施与公共交通站点无缝连接，上盖综合体也会从中得到无形益处，有效提升它作为区域中心的形象和地位，促进物业价值及服务能级的大幅提升。

问题3：莘庄南广场枢纽在规划及实践中如何引领区域的发展，如何带动起周边的活力？

轨道交通上盖不同于一般房产开发项目的最大特点在于，借助合理的开发规划不仅能为开发商带来开发收益，更可大大优化城市、区域、市民的公共福祉，推动老城区更新与公共环境的优化。

莘庄南广场枢纽项目中，开发者与地方政府深入沟通，研究区域的诉求、挑战、机遇，并作出积极回应。在进行综合体开发的同时，一并考虑"如何解决目前过度拥挤的地铁使用环境""如何摆脱铁路设施对区域南北的严重割裂""如何植入催化未来发展的功能"等一系列公共问题。在综合体设计建设中予以通盘优化，真正体现出TOD发展理念下开发者、地方政府、轨道公司、市民多方协作共赢的良性互动。

具体而言，莘庄南广场枢纽项目通过城市综合体的建设，首先，让一块原本被铁路和各项轨道设施分割得支离破碎的土地焕发新生，同时还连通了原本被割裂的南北城区脉络，充分挖掘出存量土地的价值。其次，对于周边区域的居民来说，无论是交通换乘、商业配套、就业机会，还是公共服务，都得到改善，生活水准大幅提升。再次，综合体为基本定型的区域带来的新机能如商业、酒店、办公、休闲娱乐等，对莘庄核心区来说是强劲的发展引擎，是促进多方共赢的发展触媒。最后，一个形象鲜明的建筑群、管理有序的交通枢纽及立体的绿化庭院与广场，将重塑这里城市边缘区的形象，成为新一代的近郊城市中心，延伸国际化大都市的摩登景象。

问题4：莘庄南广场枢纽设计建设过程中有哪些难点？

轨道上盖综合开发还存在落地实施的诸多困难，主要来源于它对业务领域匹配、跨公私部门协同、专项复杂技术等方面的较高要求，各城市在政策体制、法规流程及技术标准方面的情况也会有诸多的复杂变数。

难点之一，莘庄南广场枢纽是一个边运营、边改造的地铁上盖开发工程，属全国首例，涉及多个单位、部门的协作，工程难度巨大。既要解决好施工期间各系统间的关系，又要保证施工期间对运行的铁路设施、地铁设施、地铁乘客的保护措施，确保万无一失。这既需要设计师的精心设计，又需要施工单位的精密施工，两者互相配合，多方论证，方能保证工程的顺利实施。

难点之二，项目与铁路部门的协调难度较大。铁路单位区别于地方轨道交通公司，铁路管理部门既要负责铁路运输安全，又要负责铁路投资建设与发展规划，尤其是城市区域性的铁路线位发展规划，从空间及时间方面都极大影响到TODTOWN天荟城市综合体项目的建设。因此，上盖项目如何做到与铁路线位及站房的高度协同建设是TOD项目开发中的重点，政府积极帮助项目公司，参与组织与协调。

难点之三，不同于普通的建设项目，上盖综合开发需要强大的技术支持，以解决一系列非常规难题。这些难题主要在于物业开发与轨道工程建设的衔接方面，要解决诸如大跨度结构、隔绝铁路噪声振动、大平台安全疏散等少有先例的问题，需要依赖一系列的专题性研究。项目在前期策划与设计阶段，就遭遇了相应规范与技术标准欠缺的状况。项目组聘请了十几个国际团队解决专项问题，与政府职能部门深入沟通，探讨技术方案的可操作性；同时，通过实测、模拟、试验校核等途径切实保证落地的可行性。例如，在结构部件耐火极限、抗震、减振抗噪等方面都援引了国外的成熟标准，并做现场实验测试以报请专项审批。

莘庄南广场枢纽建成后，将为市民提供一个全新的宜居环境，不论是交通换乘、商业配套、就业机会还是公共服务，都会因此得到改善。

# 体现破解世界级工程难题的神之一笔——徐家汇枢纽

徐家汇地区位于上海中心城区的西南部，具有市级商业、商务、公共活动中心的功能，在这里汇集了由港汇广场、东方商厦、美罗城、太平洋百货、汇金广场等多家大型商场构成的重要商业、商务活动中心。同时，该区域又是处于上海西南门户的重要交通枢纽，是本市三纵三横主干道中的"西纵""南横"交会点，中心广场下还设有漕溪路-衡山路下立交，五岔路口交通流量巨大，道路交通流基本不存在明显的高峰与平峰差别。连绵不断的车流、络绎不绝的行人、鳞次栉比的商厦，是徐家汇显而易见的地面外观。而在地下，分别是交会于此的1号线、9号线和11号线。其中1号线最先投入运营，而在规划建设9号线和11号线时，遇到了一个世界级工程难题……

访谈人：徐正良　上海市城市建设设计研究总院（集团）有限公司总工程师

问题1：听说徐家汇枢纽的建设方案曾经困扰设计师们长达八年之久，究竟遇到了怎样的难题，您当时带领的团队又是如何解决这一难题的呢？

当时，根据城市轨道交通规划，将有三条线路在徐家汇枢纽交会，分别是已运营的1号线和待建的9号线、11号线。为实现"零换乘"这一概念，原计划11号线徐家汇地铁站建在华山路下面，9号线建在虹桥路下面，那么施工期间作为重要交通枢纽的两条主干道路将封闭3—5年时间，原有的成熟地面交通枢纽功能顿时丧失，不仅导致商业中心名存实亡，整个上海的交通都会受到影响。由于该项工程的重要性和高难度，吸引了国内外众多的研究单位和专家学者的关注和探索。期间，来自国内外的十几家单位、众多专家学者经过大量反复的论证和思考，先后提出了20多个设计方案，始终没有一个满意的方案。因此，徐家汇枢纽的建设也就成了曾经困扰设计师们八年之久的难题。

由于服务世博会的需要，遗留了八年的难题急需解决。当时我带领设计团队的工程师们沿着徐家汇来来回回走了很多遍，开展了多轮方案研究，但并没有获得建设性进展。直到一个十分平常的下午，我陪女儿在徐家汇的肯德基吃东西，抬头看见马路对面港汇广场的西侧有一条小马路叫恭城路，灵光乍现地想到，把11号线由原计划的华山路下面西移到恭城路，就能避免11号线施工对主干路的开挖，由此，11号线的问题解决了。但还剩下9号线的站址问题。在传统地铁建设的思维里，会习惯性地把地铁站建在市政道路下面，正是这种惯性思维，让之前所有的方案都提出要封闭交通进行大开挖施工。一天晚上，我冒出一个奇怪也够大胆的想法，徐家汇的港汇广场地下车库能否改造成地铁站？尽管已经很晚了，但我按捺不住强烈的求证欲望，还是带上设计师赶到港汇广场地下车库进行了实地测量。

经过测量我们惊奇地发现，这个地下车库的长度，正好和一个地铁站相仿，宽度也能满足一个岛式车站的要求。当晚，设计团队就回到办公室通宵做方案，天快亮的时候，新的方案草图基本就出来了。至此，"徐家汇难题"的解答终于有了眉目。经过精密地研究和论证，"环港汇"设计方案被正式提出，将常规在道路下建造车站的管线搬迁、交通改道、深基坑施工等一系列问题巧妙地转化为既有地下室改造的简单问题。通过港汇广场地下车库的局部改造，建成了9号线车站，通过将紧邻1号线车站的既有地铁商场向下加层，建成了地铁换乘大厅。

当时世界上从未有过将地下室改造成地铁站的先例，遇到的不仅是技术难题，更大的阻力在于对惯性认知的颠覆，我们成了"第一个吃螃蟹的人"。

问题2：轨道交通徐家汇枢纽的建成有哪些重要意义？

建设方案改明挖为暗挖，避免施工期间对徐家汇商圈商业、交通和环境的影响，是我们轨道交通规划建设理念和实施技术的一次重大的创新性突破。

其中，9号线徐家汇站，是国际上首次实现利用既有地下空间改造建设的地铁车站，形成了结构体系的转换与协调、改造施工的切割与加固、整体建筑的抗震与降噪等关键技术，为大面积利用既有地下空间建设地铁车站所涉及的系列问题提出了完整的解决方案，相关成果已荣获国家科技进步奖，并被吸纳在上海市工程建设规范《既有地下建筑改扩建技术规范》中，丰富了地下工程的建设手段，有力推动了行业技术进步，经济、社会效益显著。

徐家汇地铁换乘大厅，通过对既有地铁商场向下加层形成，避免了对地面交通的影响，工程实施期间地铁1号线运营正常，虹桥路、华山路地面沉降及管线变形均在允许范围内，相关技术今后可为历史建筑增设地下车库、解决住宅小区车位不足、改善轨道交通车站规模和换乘调整等方面提供新的解决方案。

未来，上海仍处于轨道交通建设发展时期，徐家汇枢纽的成功实践经验将为如何减少施工期间对既有交通设施和市民生活的影响提供宝贵的借鉴。

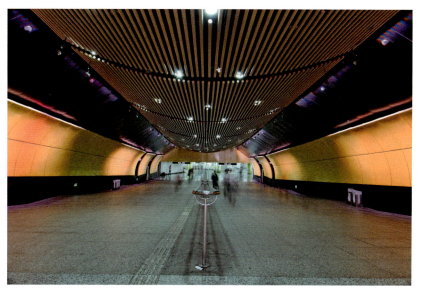

有"时空隧道"之称的徐家汇站16米超大换乘通道
图片来源：上海市城市建设设计研究总院（集团）有限公司

# 繁忙的轨道交通枢纽

上海拥有发达的轨道交通网络，在网络多线交会的节点处，形成了众多的轨道交通枢纽。作为中国最繁忙的大都市，轨道交通承担了全市近 76% 的公共交通客流，而这些枢纽成为应对大客流中最重要也是最脆弱一环。因此，如何建设并管理好这些轨道交通枢纽，是保证整个轨道交通网络顺利运行的关键。

访谈人：张凌翔　上海申通地铁集团有限公司副总裁

问题 1：目前本市的轨道交通枢纽有哪些？它们有哪些异同点？

目前本市的轨道交通枢纽主要以三线及三线以上轨道交通换乘站为主体，包括汉中路、静安寺、人民广场、世纪大道、徐家汇等。相同点都为以三线及三线以上轨道交通换乘站为主体的大型枢纽，有大量乘客集散和换乘，站内需要为乘客提供各种行车信息，在明显位置设置清晰的导向标识，并配备自动扶梯等设施。除了售票、检票设施以外，一般还设有餐饮服务，甚至各种商铺。轨道交通枢纽通常也是轨道交通线路与公共汽车线路的换乘点。

不同点主要体现在：一方面各枢纽区位不同，有些主要服务于商圈，有些服务于居住、工作、游憩等；另一方面客流具体流向不同，有些枢纽站主要以进出站客流为主，乘客在站点完成进出站，如静安寺站等，而有些站点则换乘客流偏多，乘客主要通过站点完成各线路的换乘，如人民广场站、世纪大道站。

问题 2：相较于一般站点，针对轨道交通枢纽的管理措施有哪些？

首先是职能设置集中化，实现统筹和高效利用。由于枢纽站内不同线路运营人员的劳动关系，一般都隶属各自的运营公司，相互之间的管理界面增多、沟通协调工作增多，直接影响到管理效率和质量。因此，按照"车站客运服务与设备运维业务隶属一家运营公司统管"的方式来设置车站人员的职能体系，可以实现人力资源的集约统筹和高效利用。

以上海地铁人民广场站为例，作为轨道交通1、2、8号线三条线路的换乘枢纽站，涉及运营一公司（1号线）、运营二公司（2号线）、运营四公司（8号线）三家运营公司。按照传统分线管理模式，将整个车站根据不同线路设置相应的管理区域，容易造成各家运营公司"自扫门前雪"的情况。因此，人民广场站采用了客运管理一体化的方式，由运营一公司负责统管车站的客运管理业务，有效实现了"人员精简、管理高效、服务优质"的管理目标。

其次是社会共治一体化，提升日常管理能力和效果。在日常管理方面，强化安全检查、客运服务、社会治安等全方位要求，确保乘客出行的安全、有序、高效。为充分整合社会资源、发挥社会共治效应，上海地铁推行了"四长联动"机制，即轨道交通站长、轨道交通公安警长、属地派出所所长、属地街镇长的"四长"建立起面向不同工况场景下的联动机制，并定期举行演练，熟悉作业环节、优化操作流程，推动地铁、社区、街道等管理资源、管理力量下沉，明显提升了应对各类日常管理情况的能力和效果。

再次是应急处置协同化，建立协调联动机制。在应急处置方面，强调协调联动一体化，按照"先期现场防控＋后期专业排故"的方式，充分整合地铁、公安、消防、医疗、公交等资源，针对各类突发事件和应急工况，建立相应的应急预案和人员、设备的跨组织、跨专业、跨线路的协调联动机制。在事件发生时，由地铁运营方判断、启动相应的应急预案，并先期进行现场处置，以疏导客流、防止事态扩大为主；待专业应急队伍到达现场后，由专业队伍进行抢险排故，恢复运营。

最后是资源调配区域化。在资源利用方面，强调区域协同一体化，充分重视枢纽站对关联线路、局部区域正常运转的影响，应以区域协同运作方式应对大客流管控或突发事件应急处置，而不仅仅由枢纽站独立应对。上海地铁建立了"区域站长＋车站值班站长"的协同管控模式，车站值班站长负责本（枢纽）站的日常管理与应急处置工作，区域站长

**站点的定期演练**
图片来源：上海申通地铁集团有限公司

则统管 3—4 座车站的人力和设备资源，根据需要调配相关资源，共同应对大客流等各类工况。

**问题 3：为应对枢纽大客流等情况，有哪些应急预案和保障措施？**

应急预案方面，为切实加强大客流应对处置能力，制定了《上海轨道交通大客流处置工作预案》《申通地铁集团有限公司公交配套保障应急处置专项预案》，明确大客流响应等级、启动条件、响应措施等应急处置要求，综合利用站内客流疏导管控、地面应急公交接驳等方式，及时疏散车站滞留乘客。车站在此基础上，结合本站客流特征和设施配置情况，制定形成车站现场大客流处置"一站一预案",将大客流启动条件和处置措施具体化,便于现场操作。

保障措施方面,一是加强预案演练培训。提炼车站大客流预案内容要点,制作各岗位应急处置提示卡,形成"小预案""小卡片",通过开展大客流演练,加强一线人员对预案的掌握,提升大客流的现场执行力。二是加强客流监测预警。通过现场设置观察哨、CCTV视频监控等手段,加强车站大客流监测预警。三是加强联动处置。对于不同运营公司管辖的换乘站,建立共管换乘站值班站长大客流轮值制,每季度分别由当值运营公司的值班站长负责该换乘站在大客流期间的信息联动、应急处置,加强不同线路的协调联动,提升大客流协同处置效率。四是加强信息多渠道告知。通过线上、线下多渠道及时告知乘客大客流相关信息。线上通过微博、微信、官方网站、Metro大都会App等渠道,告知乘客每日限流计划、突发故障影响、电子致歉信领取等信息,提前引导乘客避开拥堵区段,并引导乘客线上领取电子致歉信,避免现场排队领取、加剧大客流拥堵的情况;线下通过广播、PIS屏、导向牌等方式,落实大客流情况下的客流疏导及应急公交接驳引导,加快大客流疏散效率,并做好故障退票等服务补救措施。

车辆数字化运维管理中心
图片来源:上海申通地铁集团有限公司

问题4：随着客流的增长，一些枢纽的集散能力需要进一步提升，可否举个例子说明一下升级改造后的效果？

还是以人民广场站为例。它是上海市著名的超大客流枢纽站，轨道交通1、2、8号线三条线路在此换乘。其中1、2号线的换乘站是上海地铁最早的一个换乘站，后又规划建设了8号线。整个枢纽站是逐步、分期建成的，缺乏最初的整体规划，是典型的被动成网的枢纽站。在后续运营过程中，大客流的风险（客流对冲、拥堵）及运营管理上的问题非常突出，先后经历了四次改革。第一次是1、2号线的换乘单循环组织。由于两个方向的客流均在一个通道内换乘，随着换乘客流的增加，通道的宽度已无法满足客流量，导致两个方向客流对冲的风险越来越大。第二次是三角换乘大厅的建设，主要是由于8号线的开工建设。第三次是1、8号线扩容，原因是1、8号线运能的上升，给1、8号线站台带来了大客流冲击，站台和楼梯、扶梯乘客积压情况严重，产生较大的运营安全隐患。第四次是增加1、8号线站厅至站台的垂直交通能力，原因是车站客流继续呈现梯级增加，行车密度进一步提高，站台及楼梯、扶梯通行压力陡增，运营的风险持续加大。

改造中的人民广场站

图片来源：上海申通地铁集团有限公司

第七章 功能复合、层次分明的公共交通枢纽

改造后场景
图片来源：上海申通地铁集团有限公司

效果方面，彻底消除了客流的对冲，大大提高了换乘效率及安全度；缓解了换乘空间的客流压力，提升了车站的服务能力。

目前，我们正研究推进运营服务品质提升策划工作，结合轨道交通运营服务品质提升的相关要求，梳理形成运营服务品质提升三年行动计划的初步方案。后续将进一步深入分析现场难点、痛点，全面排摸、梳理、汇总每项具体情况，定制问题清单，结合轨道交通三年大修计划等项目分步落实改进，全力为乘客提供更加优质的出行服务。

447

# 公交枢纽的升级改造

上海作为国际大都市，居民对于生活空间的品质存在着多层次、多元化的需求。公交站点是与城市居民出行关系最为密切的公共活动场所，是城市公共交通展现服务水平的窗口，也是城市交通历史记忆和文化的空间载体。为了深入践行人民城市重要理念，提升城市精细化管理水平，促进城市更新与公共交通可持续发展，市道路运输局开始着手对本市的公交枢纽进行一系列升级改造。

访谈人：殷　波　上海市道路运输管理局客运处副处长

问题1：目前，上海正在开展公交枢纽升级改造，请您先介绍一下大型公交枢纽站的改造。

这几年，莘庄南广场枢纽、莲花路枢纽都先后进行了升级改造，取得了良好的效果。后续，我们也将对部分公交枢纽实施升级改造。不同规模的枢纽，升级改造的原因和侧重点也不相同。

我先介绍一下关于大型枢纽站的升级改造。我们将参照《公交站点品质提升设计导则》要求，实施"一站一策"整体设计，明确枢纽站的整体定位，强化站点与邻近城市门户枢纽、标志性建筑、周边景观的视觉协调，打造"功能丰富、绿色智慧、全龄友好"的公交集散中心，体现上海大都市风格特色，树立公交站点品质服务形象。对于它的升级改造主要考虑交通组织、候车环境、用房面积、便民设施、出行信息服务、无障碍设施及综合开发。因此我们的提升重点也聚焦于这七个方面。

一是优化枢纽交通组织。优化行车组织流线，采用灵活多变的方式实践集中候车、人车分流，加强标识引导，强化不同出行方式间转运换乘的指示，缩短乘客寻找线路时间。

二是改善候车环境。保障候车区域舒适、整洁、美观，站台设计安全、空间尺度合理、利于乘客上下车，候车亭（廊）兼具防晒、防雨、防雷、抗风等功能，在候车区设置乘客休息座椅。适当增加绿化面积、建筑景观小品，提高出行乐趣。依条件设置自由文创区，公共空间可适当作留白处理。

三是适当增加管理用房面积。保障场站管理、线路调度用房面积，适当增加行车人员休息室、茶水间、餐饮间、更衣室，设置行车人员专用卫生间，改善一线职工办公条件。

四是配置便民服务设施。公交枢纽站周围区域 300 米内无公共厕所的，应配建公共厕所；条件受限的，考虑设置移动式厕所。增设自动贩售机、交通卡充值机、自助手机充电设备、紧急通话亭等便民服务。

五是提升出行信息服务。结合 MaaS 系统设计，实现线路发车、客流信息与 MaaS 系统的互联互通，增设出行信息自助查询服务，可提供周边轨道交通首末班查询、周边地标导航、换乘信息查询、停车信息查询服务，提供出租车"一键叫车"服务等。

六是完善无障碍设计。根据无障碍设计相关规范，进一步细化站点无障碍设施的配建要求。考虑候车站台缘石高度、坡道设计，保证盲道连续设置，完善相关无障碍标识等。考虑设置盲文站牌或语音提示服务，提供的无障碍设施的位置、高度、形式、内容等应方便视觉障碍者使用。公共厕所宜设置无障碍厕位或第三卫生间。

七是鼓励枢纽综合开发。深化土地集约利用，结合周边地块改造更新实施综合开发，以高效的交通服务衔接提升区域能级，改善居民出行环境。

问题 2：请您再介绍一下关于一般枢纽站的改造设想。

关于一般枢纽（含首末站）的升级改造，我们参照《公交站点品质提升设计导则》要求，将打造"风格一致、标志醒目、候车舒适"的公交站点形象。对于它的升级改造主要考虑风格标识、候车体验、智慧交通、人文关怀，因此，提升重点也是聚焦于这几个方面。

风格一致，标识统一。对站点候车亭（廊）外观风格进行统一设计，增加公交站点辨识度，结合城市特色强化公交站点形象。

箱式站房，内外兼修。针对沿街箱式站房进行统一设计，形成造型简约、用材适配、配色协调的小型首末站风格，同时改善站房内部陈设，提升一线职工的办公管理环境。

候车舒适，体验升级。注重乘客候车区设计，增设候车座椅，配置自动贩售机、交通卡充值机、自助手机充电设备、紧急通话亭等，为乘客提供较为舒适的候车体验。

融入 MaaS，智慧出行。着重提升出行信息服务，在重要商圈、文体场馆、旅游休闲、三甲医院等公交站点，视情况增设信息自助查询服务、"一键叫车"服务等。

适老助残，人文关怀。配置标准化无障碍设施，考虑适老助幼设计。

最后，根据《上海公交站点品质提升行动计划（2023—2025 年）》，我们计划 2025 年底前启动公交站点品质提升项目 100 个，包括南浦大桥枢纽站、漕溪北路公交枢纽站等。相信经过未来三年的持续改造升级，我市地面公交的运行效率将稳步提高，市民的公交出行体验将进一步提升，城市公交优先发展成果将愈加巩固。

# 用绣花针功夫打造公交"微枢纽"

客运交通枢纽作为城市的重要交通基础设施之一,为车辆和乘客的停留、中转和换乘提供服务,对改善整个交通系统功能,提高运营效率和解决乘客的出行换乘问题具有重要意义。"微枢纽"模式是客运交通枢纽的补充,可以缓解城市用地特别是交通设施用地的紧张局面。

访谈人:张晓英　上海市杨浦区建设和管理委员会交通规划科三级主任科员

问题1:"微枢纽"规划设计初衷和已实现的功能有哪些?

"微枢纽"最早出现在上海市杨浦区江湾五角场地区,江湾五角场是由五条路的终点会集一处而得名,五个方向的多条公交线路,使得江湾五角场拥有了错综复杂的交通环境。高峰时车辆、行人交织,有出租车乱停靠,地下车库车辆出入与出租车扬招点车辆并行,市民打车时在车流里穿梭等现象,导致该区域既不方便又不安全,长此以往也不利于五角场商业圈的发展。

在市交通委的指导支持下,杨浦区全力推动江湾五角场城市副中心综合交通示范区试点建设,以改变道路拥堵、停车困难的情况,实现交通与城市综合治理。在经过多轮实地调研后,一种将轨道交通、地面公交、出租车、公共自行车等多种交通方式有机结合的概念开始成形——"微枢纽"。

公交"微枢纽"是区别于传统的利用城市建设用地建设的客运交通枢纽的一种小型枢纽,以不占用或少占用道路红线外土地资源为原则,通过整合轨道交通站点、地面公交站点、巴士上下客点、出租车停靠点、自行车停放点及共享单车停放点等资源,实现多种交通方式的汇集,让市民出行变得更加便利。

问题2:"微枢纽"目前的推进情况是怎样的?

2017年以来,在"微枢纽"陆续落地实施的基础上,杨浦区持续围绕大型公建设施及大型居住社区等进行复制、覆盖。截至目前,江湾五角场共设置16个"微枢纽"站点和2个出租车站点。其中,核心区就设置了5个"微枢纽"站点及2个出租车站点,方便了周边的大学、社区、和商业圈。逐步延伸覆盖的江湾城区域也已设置了11个"微枢纽"站点,让新江湾城区域内交通换乘更方便,交通组织更合理。

下一阶段,我们将推动出租车候客站建设,推动在商圈、园区、医院、大学等需求密集处建设巡游出租车候客站,为出租车司机提供免费停靠休息点,同时方便消费者出行。

"微枢纽"的出现,提高了各个设施的利用率,减少了乘客换乘时间,实现了"1+1>2"的效果,让公交、慢行和绿色优先发展迈出坚实一步。

第三节
Part 3

# 五大新城发力，公交枢纽引领
## The Development of Transit Hubs in Five New Towns

# 对标上海西枢纽功能定位，积极打造安亭枢纽

在上海五大新城中，只有嘉定新城规划了这一块土地边界与新城不相连的"飞地"，依托沪宁发展廊道上的沪宁城际和沪苏通铁路，将既有的安亭北站与安亭西站组合形成安亭枢纽，打造成为嘉定七线换乘的枢纽，结合沪苏通铁路安亭西站能级提升和市域铁宝嘉线、嘉青松金线规划建设，推动轨道交通14号线西延伸前期工作，推动形成集国家铁路、市域铁路、轨道交通、中运量客运、长途客运和常规公交于一体的上海西部地区综合交通枢纽。

访谈人：陆　凤　上海市嘉定区交通委员会主任

问题1：目前嘉定正在打造"一主两辅"三枢纽的整体格局，请您介绍一下整体情况，以及打造三枢纽的格局的原因。

嘉定新城规划了"一主两辅"交通枢纽体系："一主"是指以安亭北站、安亭西站为核心的安亭枢纽；"两辅"分别是嘉定北枢纽和嘉定东枢纽。

安亭枢纽处于长三角地区的中心位置，组合铁路安亭北站与安亭西站，依托国家铁路、市域铁路和轨道交通，辐射"安花白外"城镇圈，联系嘉定区与中心城区、其他新城组团，承载上海站和虹桥枢纽部分对外交通，是上海西北向对外门户，承担上海西枢纽的重要功能。未来，将具备省际内外交通衔接、区际交通联系、区内交通转换等多层次枢纽功能。

嘉定东枢纽位于马陆东，丰茂路澄浏中路交叉口，规划为嘉闵线、宝嘉线的换乘站，可为新城提供直达苏、锡、常的大容量、高可靠性公共交通服务，是嘉定新城最具潜力的核心引擎。

嘉定北枢纽位于城北路平城路交叉口，作为嘉闵线（含嘉闵线北延伸）、轨道交通11号线、嘉定新城轨道交通市区线三线换乘站，是新

城对外交通的重要节点，也是新城内外交通的重要转换节点。未来，将打造成为新城内部交通枢纽，形成嘉定新城对长三角区域近沪城市的辐射扇。

嘉定新城要想成为长三角区域综合性节点城市，其在功能配套上不但要满足区域内市民的需求，更要吸引周边昆山、太仓等诸多城市的人前来。因此，嘉定需要打通长三角区域一体化和虹桥国际开放枢纽的链接通道，用交通来连接彼此间的产业交流和来往客流，实现同城效应，这也是嘉定要同时打造"一主二辅"三个枢纽的原因。

问题 2：安亭枢纽与嘉定新城边界并不相连，是名副其实的飞地，它的选址初衷是怎样的？

一方面，嘉定新城主枢纽选址安亭可以依托沪宁发展廊道上的沪宁城际和沪苏通铁路，将既有的安亭北站与安亭西站组合形成安亭枢纽。另一方面，选址安亭还有两个很大的优势，即区位优势和产业优势。

那么如何理解区位优势呢？长三角地区是中国经济最为发达和人口最为密集的区域之一，安亭枢纽的选址使其成为连接嘉定区与中心城区、"安花白外"城镇圈及长三角其他城市的重要节点。同时，安亭枢纽处于沪宁走廊，是加快建设科创和先进制造业的潜力地区，也处于沿江沿海走廊，是构建沿江产业与港口协作的潜力平台。

产业优势又是如何理解呢？需要强调的是，汽车产业是本市最大的支柱产业，而嘉定正在建设世界级汽车产业中心核心承载区，安亭镇作为上海国际汽车城，集中了全区约 80% 的汽车产业。那么为了顺应嘉定区的产业定位及发展，安亭枢纽的设计理念就考虑了汽车产业的发展需求，吸引高端制造业和现代服务业的企业入驻，促进产业集聚和创新发展，以此来打造一个交通便捷、产业繁荣的综合性节点。

问题 3：安亭枢纽的特色有哪些？

安亭枢纽的特色是以"站城融合"与"产城融合"为基础来发挥其综合性枢纽的功能。

在"站城融合"方面,安亭枢纽汇聚了京沪高铁、京沪铁路、沪宁城际铁路和沪苏通铁路四条国铁与多条大运量轨道交通线路,包括轨道交通14号线西延伸、市域线嘉青松金线和宝嘉线等,围绕枢纽实施综合开发,建设站城一体化发展的综合枢纽和生态低碳区域活力中心。未来将融合交通、商业、文化、居住和服务等要素,坚持"一体化、多功能、综合型"开发模式,着力打造舒适的居住环境和便利的公共服务设施,形成一个具有综合功能和良好用户体验的"站城融合"枢纽。

在"产城融合"方面,安亭枢纽将围绕周边地区塑造城市综合开发中心,结合安亭汽车产业优越的产业环境、基础设施来促进产业链的完善和产业集群的形成;结合嘉定医疗产业来搭建科研平台,加强产学研合作,提升区域的科技创新能力和竞争力,打造一个产业集聚、创新研发和宜居便捷的综合性城市节点。

问题4:在推进智慧交通建设方面,安亭枢纽有哪些尝试?

在枢纽体系建设方面,安亭枢纽将以智慧化建设为契机,以智慧公交、信号联动等为手段,协同"二辅"打造区域联动的枢纽体系,强化枢纽间的协同关系,扩大枢纽体系的服务范围与辐射空间,催化嘉定新城与上海大都市圈各城市间的社会经济聚合效应。同时,作为国内首个多枢纽联动体系,安亭枢纽及后续相关联动辅枢纽的建设也将为今后类似的工程实践提供案例借鉴与模板。

在枢纽内部建设方面,安亭枢纽的智慧化将基于场景融合的理念,加强活动与空间的贴合度,通过动态显示、主动引导、增强现实(AR)等技术进行支撑实现,并以相对新颖的方式,引导用户主动通过个人手机终端,接入枢纽的智慧生态系统。这些创新实践不仅有助于打破乘客过去"先找路牌,再找路"的固化思维,还有助于枢纽服务从"被动适应"向"主动引导乘客、主动提供信息"转变,在增强用户出行体验的同时,进一步提高用户在枢纽内的出行与换乘效率。

# "四网融合"的松江综合交通枢纽

所谓"四网融合",是指通过松江综合交通枢纽的建设,将区域内的高铁网、轨道交通网、有轨电车网和常规公交网有机地融合起来,以充分发挥各自效能,让市民享受更多出行的便利。

访谈人:姜　立　上海市松江区交通委员会副主任

问题1:松江综合交通枢纽的设计理念是什么?

"上海2035"总规将松江南站确定为全市铁路枢纽总图中"四主多辅"之一,同时定位为上海卓越全球城市的"城市级枢纽"。因此我们以沪苏湖铁路建设为契机,全面升级既有松江南站成为松江枢纽,场站规模由原有的2台4线升级为9台23线,铁路站房规模将达到6万平方米。同时规划构建枢纽快速集散系统,完善车站周边道路网络,形成"市域快线+城市地铁+中运量公交"支撑的公共交通集散布局,将松江枢纽建设成为集国铁、城际、普速、地铁、公交车、出租车、中运量公交、社会车辆等多种交通方式于一体的大型综合交通枢纽。

更进一步,围绕"出站即中心"理念,松江枢纽核心区集聚G60科创走廊沿线商务功能,展现"科技芯·世界窗"目标愿景,将其打造为面向长三角区域和面向全国的上海西南门户枢纽,以及集区域高端商务、新城公共中心于一体的"站城融合"的综合性新城中心。

问题2:"四网融合"未来发挥的功能及愿景是怎样的?

松江枢纽是长三角区域更高质量一体化国家战略和G60科创走廊重要支点和引擎。除已有的沪昆铁路、沪苏湖高铁和沪昆普速铁路,还将承接上海南站普速设施,同时规划预留沪杭城际、东西联络线、嘉青松金线等。松江正全面推进包含国家高铁网、上海轨道交通网、有轨电车网和地面常规公交网的"四网融合"综合交通体系建设,将进一步支撑

松江综合交通枢纽规划设想图

图片来源：上海市松江区交通委员会

松江新城成为独立的综合性节点城市，实现"30、45、60"的目标，即30分钟实现松江新城内部通勤，45分钟实现松江新城与中心城区、其他新城乃至近沪城市的便捷通达，60分钟实现重要国际枢纽的通达。

问题3：松江综合交通枢纽的项目特色或亮点有哪些？

松江枢纽上新建站房与既有松江南站站房之间距离约350米，松江枢纽创造性地通过"三位一体"的方法，将新建站房、服务中心、原沪杭高铁松江南站等设计整合为一体，顺着城市南北轴线依次串联，同时与城市功能充分融合。松江枢纽站房建筑设计以"云间映玉兰，花开无限环"为设计理念，未来将形成大型交通综合体。松江枢纽站本体交通组织将实现集中检票进站、分散候车的方式。

问题 4：在规划及实践中，松江综合交通枢纽将如何引领松江新城的发展？

松江枢纽是打造松江新城成为独立的综合性节点城市的关键。松江枢纽将成为上海卓越全球城市的城市级枢纽，是上海市西南方向疏解虹桥枢纽压力、服务全市域的重点锚固节点，可有效带动和激活松江新城南部区域功能提升，形成功能多元、开放融合的"城市客厅"。

松江区将强化松江枢纽面向长三角区域的枢纽衔接作用，推进松江枢纽周边综合空间开发利用，建设集交通功能、商务功能、创新功能、公共空间等为一体面的向长三角区域的标志性门户功能区域，打造体现松江特色的"城市客厅"。发挥高铁时代"同城效应"，全面增强松江枢纽辐射带动能力，依托上海科技影都建设，承接虹桥外溢资源，升级打造辐射沪杭方向及上海西南地区的大型中央商务区。

问题 5：未来，松江综合交通枢纽的客流规模和结构是怎样的？

根据预测，未来松江枢纽年客流量将达到 2500 万人次，其中高铁客流总量约 1100 万人次 / 年，松江区内部客流占比约 75%—80%；普速客流总量约 1400 万人次 / 年，以区域客流为主，其中中心城浦西地区占比约 48.2%，松江区占比约 15.3%，闵行区占比约 14.6%，浦东地区占比约 9.7%。在进一步便利市民出行之余，还将有效带动和激活松江新城南部区域功能提升。

随着 2024 年底松江枢纽的建成通车，我们将力争"四网融合"齐头并进，让市民享受更多出行的便利。

第四节
Part 4

# 无形的线上交通枢纽——
# MaaS 平台

MaaS Platforms: Intangible Online Transportation Hubs

# 打造 MaaS 平台，推进数字化转型和碳普惠

目前，除了市内大大小小的交通枢纽在为我们提供有形的出行服务外，一种全新的、无形的线上交通枢纽开始步入我们的生活，即 MaaS 平台。MaaS（Mobility as a Service）意为"出行即服务"，主要是通过电子交互界面获取和管理交通相关服务，以满足消费者的出行要求。通过对这一体系的有效利用，可充分了解和共享整个城市交通所能提供的资源，以此实现无缝对接安全、舒适、便捷的出行服务。2022 年 10 月，上海市绿色出行一体化平台随申行 App 上线。一个 App 就集合了公交、轨道交通、轮渡等公共交通以及"一键叫车"、智慧停车等出行服务，如同一个无形的线上交通枢纽。

访谈人：李哲梁　上海市交通委员会科技信息处处长
　　　　唐　韶　上海随申行智慧交通科技有限公司总经理

问题 1：MaaS 出行即服务系统是交通行业数字化转型的经典案例，您能否讲一讲我们行业的数字化转型历程？

李哲梁：上海作为中国交通信息化建设起步最早的城市之一，从 20 世纪 80 年代建设道路交通信号控制系统开始，到 90 年代建设道路视频监控系统，再到 2000 年后道路流量采集系统建成和公共交通一卡通系统开通，上海交通信息化建设逐步全面铺开并快速发展起来。此后，上海交通在持续推进信息化基础设施和交通信息系统建设的同时，逐步扩展至交通信息共享、交通信息发布、交通研判和辅助决策等方面的应用，2012 年世博会后续陆续开展交通行业信息化建设，2014 年交通委成立后，更加聚焦交通行业信息化建设及整合工作，对公交、地铁、轮渡、港口、机场、铁路、运输等信息化工作加快推进和整合工作，特别是 2016 年上海市交通委员会交通指挥中心的成立，标志着交通行业进入全面融合阶段，以综合交通智能化为主线，实现了道路交通、公共交通、

对外交通综合交通信息数据在一个平台上的汇聚整合、综合处理、提供发布、共享交换等功能；道路交通信息采集、发布和监控管理已经覆盖全市干线公路、快速路、地面道路三张路网，智能交通技术在轨道交通、公共汽（电）车、公共停车、对外交通枢纽等交通行业广泛应用；形成了面向政府管理决策、公众出行的多层次交通信息服务。2019 年推进 ETC 全面改造，高速公路全面进入无感支付时代；2020 年全市推进数字化转型工作，上海交通从信息化、智能化进一步向数字化、智慧化进行新一轮提级发展；2021 年 4 月发布了上海首个行业数字化转型白皮书——《上海市交通行业数字化转型实施意见（2021—2023 年）》发布，列出 60 项数字化转型任务，从生活、经济、治理等三个方面全面构建数字交通"新场景"，数字化转型三年来的取得了显著成绩，也同时迫切需要新一轮的"重基础、强突破"，系统性、完整性、安全性的转型发展工作。

问题 2：上海开始创建 MaaS 平台的初衷是什么？这个 MaaS 平台有什么样的特点？

李哲梁：在十一届市委十次全会上，上海正式提出了"全面推进城市数字化转型"的目标，要围绕经济数字化、生活数字化、治理数字化打造具有世界影响力的国际数字之都。当前，超大城市普遍存在交通拥堵问题，倡导公交出行、绿色出行已经成为共识。在此大背景下，交通行业的数字化转型也急需加快，在优化出行体验、提高交通效率等方面发力。而推广"出行即服务"的理念是进一步落实公交优先战略、引导绿色和集约出行、提升出行品质工作的重要抓手。

基于前面的这些考虑，2021 年 8 月，市政府召开常务会议，明确组建上海随申行智慧交通科技有限公司，负责全市"出行即服务"MaaS 平台的建设及运营工作，并通过汇集全市交通公共数据，为城市交通数据一体化运用和深度挖掘奠定基础。

其实全国范围不少城市也都在陆续推出各自的 MaaS 平台，与其他城市的 MaaS 相比，我们有以下几个特点。

它是国内第一个由政府主导建设的 MaaS 平台。上海 MaaS 平台由 100% 国资全新组建公司运营，以上汽集团、久事公交、申通地铁集团等

随申行宣传图
图片来源：上海随申行智慧交通科技有限公司

六家国有企业作为出资人成立上海随申行智慧交通科技有限公司，是为城市数字化转型提供交通数据支撑的数据平台企业化实体，负责全市交通公共数据的运营。北京 MaaS 是由北京市交通委采取"政企合作"模式，以高德地图为平台主体。深圳 MaaS 和广州 MaaS 主要以研究机构和公交企业为主体进行探索。

它是整合全链路交通出行工具的一体化出行平台。我们独创性地将全市所有与市民出行相关的资源整合到一个平台上，包括公交、地铁、轮渡、出租、停车、网约车、共享单车、一键拖车、长途巴士、火车、航空，以及未来的市域铁路等各类新兴公共出行方式。而其他城市的 MaaS 平台还没有实现全链路交通出行工具的整合。

它能从数据驱动到数据分析反哺城市治理数字化。我们的 MaaS 平台能够打通数据孤岛，对接市大数据中心、市交通信息科技中心、公共

随申行 App 的 MaaS 功能模块图

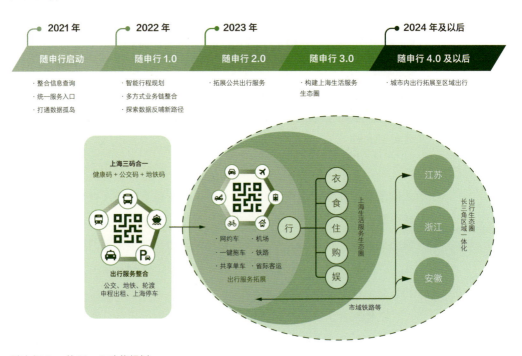

随申行 App 的 MaaS 功能规划

图片来源：上海随申行智慧交通科技有限公司

交通卡平台、久事公交数据中心、申通地铁数据中心等数据平台，涵盖公交、轨道、停车、出租车、网约车多维度设施和运行数据。并且能够以统一、完整的数据规则，整合城市内各种交通设施的数据资源，打破当下城市交通供需双盲的困局，将数据资源转化为政府决策能力，支撑城市交通数据化治理，提高交通设施时空资源利用效率。

它还开通了绿色出行碳普惠、碳交易。我们积极把握了交通行业实践碳普惠机制的先机，在 2022 年 12 月 30 日正式上线了绿色出行碳普惠平台，是上海首个碳普惠平台、首个获取绿色出行碳减排量的官方渠道。碳减排场景覆盖公交、轨道交通、轮渡、骑行、步行等多种低碳出行方式，平台通过绿色出行的积分激励，以游戏、实物激励、出行福利等多种形式核销普惠积分，鼓励更多市民绿色低碳出行，积极参与城市出行碳减排。

问题 3：目前这个 MaaS 平台已实现了哪些功能？

唐韶：我们依托"三码整合"，已基本统一公共出行的服务入口，初步打通交通行业数据孤岛。在过程中，我们持续贯彻以"小切口"实现"深突破"的工作精神及市政府"打通数据孤岛"的工作指示。

2022 年 10 月 10 日发布的随申行 App 1.0，可以实现"一码通行"、智慧停车、"一键叫车"、绿色积分等特色功能，覆盖上海市所有公交、轨道交通、轮渡线路，提供全链路出行服务。目前，随申行 App 2.0 也已开启试运行，能够拓展到共享单车、网约车、一键拖车、省际出行等公共出行及车生活服务，并启动打造临港 MaaS 专区，加快五大新城MaaS 探索。

问题 4：有没有一些差异化的特色服务？

唐韶：有的。我们下一步还想围绕"随申码"打造一些差异化特色。MaaS 平台所展示的码是"随申码"，即上海城市码，它是由上海市政府主导的个人数字身份识别码，为市民提供安全、便捷的"一码通行"服务。未来，MaaS 还将持续拓展，不断丰富上海城市码的各类出行应用场景。

一是"随申码"免申即享出行服务。我们正在同市大数据中心积极探索，通过大数据对特定人群进行标签化管理，从而提供个性化、差异化服务,让市民感受"码"上通行新方式。2022 年 12 月 3 日起,残疾军人和残疾消防救援人员、伤残警察、烈士遗属、享受离休待遇的军休干部、消防救援人员、盲人、离休干部等人员无需申请即可使用随申行 App 的"随申码",通过"刷码"方式乘坐公交、地铁、轮渡等公共交通工具。

二是城市码服务升级。随着"随申码"升级成为"城市码",MaaS 平台的服务能力也将大幅升级,并重点围绕深化个人服务做文章。不久的将来,城市码将不仅完善线下政务服务、打通交通出行,市民还可通过随申行展示城市码,"一码通行"更多的线下场景,如就医、文体、旅游、景点、场馆等。MaaS 将为市民提供便捷的"一码服务"体验。

三是联程服务及多元化票制服务。未来上海 MaaS 将为用户提供"门到门、一站式"的联程服务,不仅包括市域铁路和地铁、磁悬浮轨道交通之间的一票通乘,还包括轨道交通和地面公交、网约车/出租车、单车等出行服务的衔接,更将进一步探索各类出行服务与景点场馆相结合的"一票通行"服务。

此外,我们还正在逐步实现多元化票制服务,给市民提供多样的优惠票价方案,有日票、次票、月票等针对不同出行频次的套票;有学生票、通勤票、旅游票、老人票等针对不同人群的折扣票;以及联程换乘的票价减免。为市民带来更多的实惠和便利。

问题 5:您前面提到,随申行开通了绿色出行碳普惠、碳交易,请问当时上线这个功能的背景是什么?

唐韶:为贯彻落实习近平生态文明思想,落实碳达峰、碳中和目标,健全生态产品价值实现机制,大力推动全社会低碳行动,引导绿色低碳生产生活和消费方式,营造全社会节能降碳、资源节约氛围,上海市生态环境部门牵头开展碳普惠体系建设工作,分别发布《上海市碳普惠体系建设工作方案》《上海市碳普惠体系管理办法(试行)》,指导本市碳普惠体系的设计、建设、运营、管理、监督等各项工作。

在启动 MaaS 体系建设初期,市交通委就要求我们随申行公司积极

1 减排量
绑定个人碳账户体系
实时获取减排量

2 绿色出行攻略
为大众参与碳减排活动
提供多元化攻略

3 减排量榜
鼓励大众绿色出行
倡导低碳出行

4 碳积分兑换
碳积分兑换各类积分和
礼品

上海市碳普惠绿色出行示范场景

图片来源：上海随申行智慧交通科技有限公司

参与本市的碳普惠工作了，要在公共出行领域搭建统一的、具有广泛兼容性的、独立运行的碳普惠绿色出行平台。2022年底，随申行公司完成了探索性的碳普惠绿色出行平台1.0的搭建。2023年初，市交通委与市生态环境局肯定了我们的平台搭建成果，明确碳普惠体系建设和机制运行在交通领域通过"碳普惠绿色出行示范场景"的形式先行先试，在2023年内实现碳交易。现在，我们已完成了平台2.0迭代工作，在7月12日全国低碳日上海主场仪式上，由市生态环境局和市交通委一起发布了上海市碳普惠绿色出行的示范场景。

问题6：MaaS平台的建设运营对各类社会主体有什么价值？

唐韶：通过搭建本市绿色出行统一平台，可以为用户、企业、社会提供多个方面的赋能。

可以激励个人低碳出行。通过运用严谨的方法学，为用户科学计量其使用低碳出行方式实现的减排量，将个人对城市环保所作贡献进行量

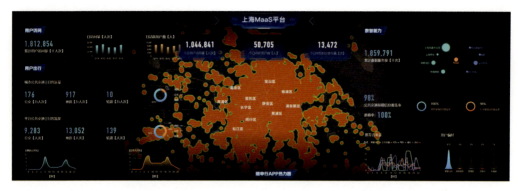

随申行 App 热力图
图片来源：上海随申行智慧交通科技有限公司

化，从而激发用户荣誉感和自豪感。在获得减排量的同时，用户还可选择参与个人碳交易获得资金回馈，或选择在平台运营方提供的消纳渠道参与前置普惠，从而鼓励用户更多低碳出行。

可以帮助创建企业绿色形象。碳普惠平台为各类企业提供了参与碳普惠事业的路径，出行服务提供方通过数据对接赋能其用户计量减排量，权益合作方平台通过权益供给前置普惠用户，其他企业亦可进入碳排放权交易市场直接购买平台所产生的减排量进行配额抵消或公益宣传。

通过数据反哺交通管理。交通行业致力于打通数据孤岛，实现各类出行方式的数据整合，从而全面评估全市交通出行体系运行效率。通过碳普惠平台实现了公交、地铁、轮渡、共享单车等场景的数据打通，同时将逐步探索慢行导航、驾车导航等其他出行方式的减排量计算，基本涵盖日常各类出行场景。通过平台各方的数据业务合作，厘清交通运行现状问题，为解决城市交通问题提供解决方案，从而实现交通数据治理反哺城市交通。

问题 7：随申行公司 MaaS 平台的技术创新点有哪些？

唐韶：随申行平台有不少技术创新点。首先，首度实现大小屏联动。在 2022 年 10 月，在市交通委、市道路运输局的统一部署和指导下，随申行与上海市出租车统一平台"申程出行"、上海 IPTV 业务平台"百视通"达成战略合作,在上海电信 IPTV 率先推出聚焦老年人智慧出行场景的家庭电视数字化出行助手——TV 智享出行产品。老年人在家通过熟悉的遥控器、操作步骤不超过三次,就能查询周边公交、地铁的信息,打通社区和家庭老年人出行服务的"最后一公里"。

其次,公共交通实时到站信息查询进一步辐射。目前已接入支付宝出行版块,用户占比已达到 70%。

再次,MaaS"一码通行"服务"上海城市出行码"将陆续开放至大流量平台。随申行充分发挥上海"出行即服务"平台整合公共出行服务入口的优势,与各大互联网公司展开积极对接,将"一码通行"便民项目做精、做细、做实,为市民提供更丰富多元的出行方式、更全面周到的一站式绿色出行服务。目前,已与高德地图达成合作,市民即将在高德地图上实现"一码通行"。

还有,前面提到的绿色出行碳普惠、碳交易,作为本市碳普惠体系推出的首个平台,在技术创新方面也有不少亮点。主要包括:

减排计算精。不同于当前各类鼓励性质的企业自循环低碳生态体系,我们严格按照方法学计量用户减排量,对数据质量要求高、计算能力要求强、处理策略要求全,最终计算得到的结果可向用户客观准确地反映其每次出行为环境治理所作出的贡献程度。正因为减排量计算的科学性和严谨性,支持该平台所生产的减排量可在碳排放权交易市场内进行流通交易。

接入场景全。相较于全国其他已开展交通碳普惠的城市,上海交通碳普惠覆盖场景既包括了公共交通相关场景,也纳入了共享单车场景,基本囊括了日常基于订单出行的全部低碳出行方式。通过完成场景接入,市民使用低碳出行后均可积累减排量,同时平台积极开展与各出行服务方的权益合作,旨在通过碳积分兑换乘车券、骑行券等权益形式,鼓励用户多用多惠,构建低碳出行的良性循环。

渠道覆盖广。我们通过打造开放性平台模式,支持与各类平台在产品服务和数据服务层面快速打通,并赋能平台用户参与碳普惠,从而聚拢了大量业务合作方。平台推广运营早期完成与各大流量三方平台对接,并集中完成几个主要权益合作方的业务合作，在行业内打造"样板间"和"示范标杆"，从而吸引更多平台参与合作。通过不断扩大渠道覆盖，在服务更多出行用户积累减排量的同时，也为用户提供了更多样化的权益消纳选择。

未来，随着 MaaS 功能进一步完善，普及率进一步提升，或将深刻地改变人们的出行习惯，对提高出行效率和便利度、推动城市交通可持续发展具有重要意义。

问题 8：上海交通行业转型下一步还有什么重点工作？

李哲梁：虽然过去几年，本市交通领域数字化转型有所进展，但我们也注意到，这一阶段的转型往往以场景建设为牵引，在整体推进上，缺乏系统性的顶层设计。与此同时，统一而强大的数据底座尚未健全，数据质量和系统安全还需进一步提升。这些问题的存在，都将影响本市交通领域数字化转型向更高层面的发展。

为此，我们将继续在市数字化办的指导下，重点围绕"1+1+3"，着力绘好一张蓝图、强化一个基础、深化三方面突破。

第一个"1"是"绘好一张蓝图"。我们计划从整体和重点领域两个层面着手，深化数字化转型顶层设计，全面提升系统性、完整性、安全性。一是围绕本市交通领域数字化转型取得的成果、经验和不足，做好本轮实施意见（2021—2023 年）的后评估；在这基础上，编制新的三年实施意见，新一轮的编制将突出系统性、完整性、安全性；重点是进一步找准交通数字化转型的方向定位，充分运用数字化新兴技术，为交通数字化转型提供有力支撑，打造智慧交通体系，赋能交通强国上海方案建设，并建立健全与之相适应的体制机制。二是针对几个重点领域，分别制定对应的三年行动计划或顶层设计方案。第一个是"出行即服务"的三年行动计划。第二个是总结评估上一轮交通行业一网统管三年行动计划实施情况，在这基础上，编制新一轮的一网统管三年行动计划。第三个就是编制数字孪生、区块链等新技术在交通领域应用的顶层设计方案。

第二个"1"是"强化一个基础"。这项工作，我们打算从数据基础、数据融合应用、底层智慧能力建设三个层面推动建设。一是数据基础层面，我们准备从开展数据质量治理、形成安全保证体系、参与数据产品交易这个三个维度入手，优化完善整个交通数字底座，建立数据分级分类管理制度，持续推动数据协同、共享、交易和安全监管。二是数据融合应用方面，我们将积极推动建设一个行业数据支撑融合平台和一条交通联盟链。充分发挥统筹作用，让来自不同条线的数据，可以通过"平台"和"联盟链"，实现汇聚融合和支撑应用。三是底层智慧能力建设方面，我们将聚焦数字孪生和人工智能的应用需求，推进交通行业数字孪生、人工智能与目前已有的系统协同应用，赋能交通数字化转型。

"3"是"深化三方面突破"。我们想以"转、创、焕""融、捷、惠""观、管、防"这九个字为目标，深化突破本市交通领域经济、生活、治理三方面数字化转型场景建设。在经济数字化转型方面，一是"转"，构建新生态，助推航运中心建设动能转换。二是"创"，抢占新赛道，引领智能网联示范创新。三是"焕"，加快新基建，促进传统行业焕发活力。在生活数字化转型方面，一是"融"，融合多元方式，上海随申行。二是"捷"，辐射多个场景，出行享便捷。三是"惠"，倡导绿色出行，公众得实惠。在治理数字化转型方面，一是"观"，依托数字底座，一屏观态势。二是"管"，搭建管控平台，一网管行业。三是"防"，整合他数据，动态防未然。

审图号：沪S〔2024〕033号

图书在版编目（CIP）数据

发展公共交通是现代城市发展的方向：公交都市卷 = Developing Public Transport is the Direction for Modern City Development：Transit Metropolis / 上海市交通委员会，上海市道路运输管理局编著. —北京：中国建筑工业出版社，2024.6

（新时代上海"人民城市"建设的探索与实践丛书）

ISBN 978-7-112-29653-8

Ⅰ.①发… Ⅱ.①上…②上… Ⅲ.①城市交通—交通运输管理—研究—上海 Ⅳ.①U491

中国国家版本馆CIP数据核字（2024）第055113号

责任编辑：刘 静 刘 丹 徐 冉
责任校对：赵 力

新时代上海"人民城市"建设的探索与实践丛书

## 发展公共交通是现代城市发展的方向　公交都市卷

Developing Public Transport is the Direction for Modern City Development
Transit Metropolis

上海市交通委员会　　编著
上海市道路运输管理局

\*

中国建筑工业出版社出版、发行（北京海淀三里河路9号）
各地新华书店、建筑书店经销
北京锋尚制版有限公司制版
北京雅昌艺术印刷有限公司印刷

\*

开本：787毫米×960毫米　1/16　印张：31¾　字数：472千字
2024年5月第一版　　2024年5月第一次印刷
定价：**249.00**元
ISBN 978-7-112-29653-8
（42354）

版权所有　翻印必究
如有内容及印装质量问题，请联系本社读者服务中心退换
电话：（010）58337283　QQ：2885381756
（地址：北京海淀三里河路9号中国建筑工业出版社604室　邮政编码：100037）